모든 기다림의
순간,

나는 책을 읽는다

일러두기

_단행본·잡지·신문·앨범 제목은 『 』, 미술작품·영화·단편소설·시 제목은 「 」, 전시회 제목은 〈 〉로 표기하였다.
_인명과 지명 등의 외래어 표기는 국립국어원의 규정을 따르는 것을 원칙으로 했으나 '반 고흐' '베르메르' 처럼 용례가 굳어진 경우에는 통용되는 표기를 따랐다.
_인용문은 아트북스의 교정 원칙을 따르지 않고 출처에 쓰인 대로 표기했다.

이 도서의 국립중앙도서관 출판시도서목록(CIP)은 e-CIP 홈페이지(http://www.nl.go.kr/ecip)에서 이용하실 수 있습니다.(CIP제어번호: CIP2009003419)

모든 기다림의
순간,

그리고 책과 함께 만난 그림들······

곽아람 지음

나는
책을 읽는다

아트북스

글머리에

어떤 책들은, 그림이 되어 마음속 풍경으로 남는다

우산 없이 출근했다가 비를 만나 흠뻑 젖은 생쥐 꼴로 귀가한 어느 겨울날, 나는 적막한 내 원룸의 침대에 누워 몸이 덥혀지길 기다리면서 마음속 가장 안쪽 방을 노크해 『소공녀』의 세라 크루를 불러냈다. 궂은 날 진창길을 걸어 심부름을 다녀온 고아 소녀가 싸늘한 다락방에서 잠이 들었다가 깨어보니 벽난로에 불이 활활 타고 있고, 눈앞엔 진수성찬이 차려져 있는 『소공녀』의 한 장면은 몸과 마음이 고달플 때 즐겨 떠올려 보는 이미지다. 그녀처럼 상상력과 이야기의 힘으로 힘든 현실을 잊을 수 있길 바라면서, 나는 가만히 눈을 감고 세라 크루의 모습을 그려보았다. 두 점의 그림이 떠올랐다. 19세기 영국 화가 존 에버렛 밀레이John Everett Millais의 「릴리 노블」에 등장하는, 빨간 케이프를 두르고 커다란 인형을 안은 진지한 눈빛의 소녀는 막 런던에 도착해 말벗이 되어줄 인형 에밀리를 데리고 기숙학교에 들어온 세라 크루다. 역시나 밀레이가 그린 「신데렐라」의 자존심 강해 보이는 누더기 차림의 소녀는 아버지의 죽음 후 다락방으로 내쫓겨 학교의 급사 일을 하게 된 세라의 모습이다. 안녕, 잘 지냈니? 덕분에 나는 잘 지내고 있어. 조금 힘들긴 하지만……. 그림 속 소녀들에게 정답게 인사를 건넨 후 나는 이내 잠이 들었다.

(좌) **릴리 노블**_ 존 에버렛 밀레이, 캔버스에 유채, 89.7×70.6cm, 1863-4, 개인소장

(우) **신데렐라**_ 존 에버렛 밀레이, 캔버스에 유채, 125×88.9cm, 1881, 앤드류 로이드 웨버 소장품

옛날에 어떤 왕이 현자賢者에게 마음의 평정을 유지할 수 있는 진리를 알려달라고 청했단다. 현자는 빙긋이 웃으며 왕에게 반지를 내밀었는데, 그 반지에는 다음과 같은 문구가 새겨져 있었다고 한다. '이 순간 또한 지나가리라.'

감명 깊게 읽은 책 속의 인상적인 장면들을 마음속으로 그려보다가 거기에 걸맞은 그림들을 대입해 내계內界의 깊숙한 곳에 고스란히 저장해 놓는 것은 나의 오랜 독서 습관이다. 삶이 버겁고 힘든 날이면 고요히 내 안으로 기어들어가 한 구석에 웅크린 채, 쌓여 있는 이미지들을 꺼내 하나씩 내면의 스크린에 비춰보곤 한다. 그것이 내가 삶을 견뎌내는 하나의 방편이다. 외계外界가 도저히 감내할 수 없는 강도로 압력을 가해올 때, 그 버거운 삶의 순간들이 지나가기를 기다리면서 나는 책을 읽는다. 그리고 어떤 책들은, 그림이 되어 마음속 풍경으로 간직된다.

이 책은 그 모든 기다림의 순간에 내가 읽은 책들과, 그 책 속 이미지들이 불러낸 그림에 대한 이야기다. 또한 문학과 그림이라는 두 장르의 예술을 함께 즐김으로써 삶에 자그마한 위안을 얻은 한 개인의 체험기이기도 하다. 나는 지독한 독서광도, 열정적인 미술 애호가도 아니다. 다만 이 책을 읽은 사람들이 그림을 책갈피 삼아 조금 더 아름다운 독서를, 문학을 액자 삼아 조금 더 풍요로운 그림 감상을

할 수 있었으면 좋겠다.

　첫 번째 장에서는 우리에게 익숙한 한국문학 작품들을 통해 우리의 정서를 다뤘다. 두 번째 장에서는 사랑의 여러 양상을, 세 번째 장에서는 예술가의 번민과 밥벌이의 고단함을 비롯한 인간의 고뇌에 대해 이야기하고자 했다. 마지막 장에서는 동화나 동화적 상상력이 가미된 작품들을 다루었는데, 현재 나 자신의 근간을 이루고 있는 것들의 상당 부분이 어린 시절의 독서에서 기인한다고 생각하기 때문이다.

　이 책의 완고完稿를 출판사에 넘긴 날, 새벽 세시까지 침대에 엎드려 무라카미 하루키村上春樹의 『1Q84』를 읽었다. 수많은 문장 속에서 다음의 구절이 내 마음에 다가와 안겼다. 사할린 출신의 조선인 보디가드 다마루가 여주인공 아오마메에게 어릴 적 친구에 대한 이야기를 하는 장면이다.

　"내가 말하려는 것 중 하나는 지금도 자주 그 녀석이 생각난다는 거야." 다마루는 말했다.
　"꼭 한 번 보고 싶다거나, 그런 게 아냐. 별로 만나고 싶진 않아. 이제 새삼 만나봤자 할 말도 없고. 다만 녀석이 한눈 한번 팔지 않고 나무토막 속에서 쥐를 '꺼집어내는' 광경은 내 머릿속에 아직도 선명하게 남아 있어. 그건 내게는 소중한 풍경 중 하나야. 항상 내게 뭔가를 가르쳐줘. 혹은 뭔가를 가르쳐주려고 해. 사람이 살아가기 위해서는 그런 것이 필요해. 말로는 잘 설명이 안되지만, 의미를 가진 그런 풍경. 우리는 그 뭔가에 제대로 설명을 달기 위해서 살아가는 그런 면이 있어. 난 그렇게 생각해."
　"그게 우리가 살아가기 위한 근거 같은 게 된다는 얘기인가요?"
　"아마도."

"내게도 그런 풍경이 있어요."
"그걸 소중히 간직하는 게 좋아."
"소중히 간직할게요." 아오마메는 말했다.

"그 뭔가에 제대로 설명을 달기 위해 살아가는, 의미를 가진 풍경"이라……. 하루키, 당신도 그걸 알고 있군요. 나는 연꽃을 손에 든 석가모니를 본 가섭처럼 미소를 지으며 책장을 넘겼다. 그리하여 소설의 그 장면은 또 다른 '의미를 가진 풍경'으로 내 마음에 남았다.

이 책은 이를테면 내 마음속 풍경을 다른 이들에게 선보이는 자리인 셈이다. 나는 살그머니 낯모르는 이들에게 다가가, 슬며시 그들의 손을 잡고 다정하게 속삭이고 싶다. '비밀의 방으로 당신을 초대합니다. 제가 소중히 간직해 온 풍경들을 보여드릴게요. 그리고 제게 이야기해 주세요. 당신의 마음속 풍경은 어떤 모습인가요?'

책을 쓰면서 많은 분들의 도움을 받았다. 근 1년에 가까운 긴 시간 동안 매주 원고에 대한 피드백을 하며 필자를 독려한 서영희 팀장님과, 오탈자로 뒤덮인 원고를 세심하게 손봐주신 손희경 편집장님께 가장 먼저 감사드린다. 항상 곁에서 응원해 준 내 다정한 친구들과 격려를 아끼지 않은 회사의 선·후배들께도 고마운 마음을 전하고 싶다. 무엇보다도 아주 어릴 때부터 나를 즐거운 독서와 아름다운 상상의 세계로 이끌어주신 부모님께, 사랑과 존경을 담아 이 책을 바친다.

2009년 가을에,
곽아람

차례

글머리에
어떤 책들은, 그림이 되어 마음속 풍경으로 남는다 | 004

여기 당신과 나의 삶을 펼치다

여자는 세상을 원망하지 않고 죽었다 015
박경리 『토지』 | 이유태 「탐구」

스스로 일찍 어른이 되어버린 아이들 025
오정희 「중국인 거리」 | 이인성 「애향」

그가 사랑한 것은 예술이 아니라 바로 사는 일이었다 037
박완서 『나목』 | 박수근 「나무와 두 여인」

외로운 사람은 편지를 쓴다 051
김승옥 「무진기행」 | 얀 베르메르 「편지를 읽고 있는 푸른 옷의 여인」

**내가 처음 너를 만났을 때
너는 작은 소녀였고 머리엔 제비꽃** 061
황순원 「소나기」 | 존 싱어 사전트 「바이올렛 사전트」

거룩한 아름다움, 영원의 얼굴을 찾아서 073
최인훈 「가면고」 | 에드가 드가 「스타」

사랑
아름답고 처연하다

한 여자에게 바쳐진 한 남자의 핑크 빛 심장 087
F. 스콧 피츠제럴드 『위대한 개츠비』 | 귀스타브 카유보트 「창가의 남자」

당신의 그녀에게서 낯선 우아함과 신비로움을 만난다면 097
제임스 조이스 「죽은 자들」 | 귀스타브 쿠르베 「조, 아름다운 아일랜드 여인」

살아남은 자가 아름답다 109
마거릿 미첼 『바람과 함께 사라지다』 | 제임스 티소 「과부」

신성한 인간의 마음을 따랐을 뿐 121
너대니얼 호손 『주홍 글자』 | 조르주 드 라 투르 「참회하는 막달라마리아」

싸늘하게 식어가는 당신에게 '안녕' 133
윌리엄 포크너 「에밀리를 위한 장미」 | 아서 휴스 「그건 피에몬테 사람이었네」

똑똑하고 능력 있는 그녀들의 로망 143
제인 오스틴 『오만과 편견』 | 메리 커샛 「자화상」

둘이서 나란히 걷기에는 너무나 좁은 길 155
앙드레 지드 『좁은 문』 | 프란츠 아이블 「책 읽는 소녀」

사랑에 미친 여자, 사랑에 배반당한 여자 169
샬럿 브론테 『제인 에어』
제임스 맥닐 휘슬러 「흰색의 심포니 No.1—흰 옷의 소녀」

인간, 더 인간다움을 고뇌하다

당신의 데미안과 마주한 적이 있나요 183
헤르만 헤세 『데미안』 | 페르낭 크노프 「침묵」

인간은 사랑스럽지 않은 존재를 사랑하지 않는다 195
프란츠 카프카 『변신』 | 르네 마그리트 「생존의 기술」

그리고 아무도 기다리지 않았다 207
알렉산드르 솔제니친 『이반 데니소비치, 수용소의 하루』
일랴 레핀 「아무도 기다리지 않았다」

차라리 하지 않는 편이 좋습니다 219
허먼 멜빌 「바틀비」 | 에드워드 호퍼 「소도시의 사무실」

예술이란, 위험한 칼춤을 민첩하게 추어내는 것 229
토마스 만 「토니오 크뢰거」
카스파르 다비트 프리드리히 「안개 낀 바다를 바라보는 나그네」

희망 역시 내가 만든 우상이 아니던가 239
루쉰 「고향」 | 장욱진 「자화상」

아름다움이란 충치와 같아, 아프게 하여 존재를 주장하는 것 251
미시마 유키오 『금각사』
우타가와 히로시게 「아사쿠사의 논과 도리노마치의 참배」

한 줄기 빛이 비스듬히 261
다자이 오사무 「사양」 | 에드바르트 뭉크 「봄」

아무래도 묘한 얼굴이군, 꽤나 지친 세기말적 얼굴 273
나쓰메 소세키 『산시로』 | 기시다 류세이 「다카쓰 고우치 군의 초상」

소녀
책을 추억하다

이 소녀를 나는 마음을 다해 사랑했네 287
루시 모드 몽고메리 『빨강머리 앤』 | 노먼 록웰 「눈에 멍이 든 소녀」

창피해서 술을 마실 때의 당신에게 299
앙투안 마리 로제 드 생텍쥐페리 『어린 왕자』
헤라르트 테르보르흐 「편지를 든 채 술을 마시는 여인」

7년을 갈고닦아, 거침없이 하이킥! 309
알퐁스 도데 「교황의 노새」 | 미켈란젤로 다 카라바조 「성 바울의 개종」

조그만 시골 마을에서도 살인은 벌어진다 321
애거사 크리스티 『열세 가지 수수께끼』 | 안나 도로테아 테르부슈 「자화상」

달님이 내게 들려준 이야기 333
한스 크리스티안 안데르센 『그림 없는 그림책』 | 마르크 샤갈 「달로 가는 화가」

신성이란 원래 낮은 곳으로 임하는 것 345
루머 고든 『부엌의 마리아님』 | 콘스탄티노플 화파 「블라디미르의 성모」

오늘밤에도 별이 바람에 스치운다 357
윤동주 『하늘과 바람과 별과 시』 | 빈센트 반 고흐 「별이 빛나는 밤」

토지
·
중국인 거리
·
나목
·
무진기행
·
소나기
·
가면고

여기

당신과
나의 삶을
펼치다

여자는
세상을
원망하지 않고
죽었다

토지

박경리 | 정갈하고 단정한 문체로 세상사를 읊었다. "여류 작가는 성(性)에 대해 자유롭게 말하지 않기 때문에 작가로서 한계가 있다"고 말하는 남자들에게 박경리를 읽어보라고 말하고 싶다. 『토지』라든가 『김약국의 딸들』 같은 그의 작품에는 성에 대한 노골적인 묘사가 없다. 그럼에도 불구하고, 끈질기면서도 흥미롭게 읽힌다. 성을 매개로 독자를 끌려고 하는 작가는 하수(下手)다.

이유태 | 근대적 여성상을 묘사하려 노력한 남성 화가다. 「탐구」에서 흰 가운을 입은 여자 과학자의 모습을 보여주었다면, 「화음」에서는 피아노 앞에 앉아 있는 긴 머리 여인을 그림으로써 피아노라는 신악기를 즐기는 여성을 표현하고자 했다. 한국 화폐 천원권의 퇴계 이황 초상도 그의 작품이다.

인용문 출처
박경리 지음, 『토지』, 솔출판사, 1995

그녀가 타계했을 때 나는 회사에서 일을 하고 있었다. 2008년의 어린이날 오후 2시 45분에 인터넷을 통해 박경리朴景利, 1926~2008의 부고를 접했던 그 순간 찰그랑, 하고 차가운 쇠사슬이 떨어지는 소리가 들렸다. 암전된 것만 같은 머릿속에서 자막처럼, 일본이 제2차 세계대전에 패했다는 소식을 들은 서희의 행동을 묘사한 『토지』의 마지막 장면이 빠르게 스쳐 지나갔다.

> 서희는 해당화 가지를 휘어잡았다. 그리고 땅바닥에 주저앉았다.
> "정말이냐……"
> 속삭이듯 물었다. 그 순간 서희는 자신을 휘감은 쇠사슬이 요란한 소리를 내며 땅에 떨어지는 것을 느낀다.

"요란한 소리를 내며 땅에 떨어지는 쇠사슬 소리", 광복光復을 묘사한 소리, 1969년부터 25년간 한 작품에만 머진한 대가大家가 마침내 세월의 질곡桎梏에서 벗어나는 소리, 더 이상 박경리가 이 세상에 존재하지 않는다는 소리. 그러자 문득 소설의 문장 하나가 또렷하게 떠올랐다.

여자는 세상을 원망하지 않고 죽었다.

200자 원고지 4만여 장에 걸치는 방대한 이 소설에서 내 기억에 가장 남았던 이 문장은 최참판댁 여종인 귀녀의 죽음에 대한 묘사다. 신분제에 대해 강한 반감을 가지고 있었던 귀녀는 몰락한 양반 김평산, 동네 건달 칠성이와 공모해 삼끈으로 서희의 아버지인 최치수를 교살한다. 그리고 최치수의 아이를 가진 것처럼 위장해 최참판댁의 재산을 차지하려 한다. 이 계략은 결국 최치수의 어머니인 윤씨 부인에게 발각되고, 옥에 갇힌 귀녀는 아이를 낳은 후 죽고 만다. 마지막 순간, 귀녀는 자신에게 순정을 바쳤던 강포수라는 사내에게 잘못을 뉘우친다고 털어놓는다. 누구보다도 세상에 많은 한을 품었을 것 같은 이 여인의 삶을 박경리는 "여자는 세상을 원망하지 않고 죽었다"라는 정갈한 한 문장으로 마무리했다. 나는 이것이 너무나도 인상적이어서 언젠가 작가를 만나게 되면 그 이유를 꼭 물어보고 싶었다.

"강포수, 내 잘못했소."
"알았이믄 됐다."
"내 그간 행패를 부리고 한 거는 후회스러바서 그, 그랬소. 포전鋪田 쪼고 당신하고 살 것을, 강포수 아, 아낙이 되어 자식 낳고 살 것을, 으흐흐흐……."

> 밖에 나온 강포수는 담벼락에 머리를 처박고 짐승같이 울었다. 하늘에는 별이 깜박이고 있었다. 북두칠성이 뚜렷하게 나타나서 깜박이고 있었다. 오월 중순이 지나서 귀녀는 옥 속에서 아들을 낳았다. 그리고 여자는 세상을 원망하지 않고 죽었다.

찬연한 5월의 녹음을 바라보면서 나는 잠시 생각했다. 작가도 세상을 원망하지 않고 죽었을까? 전쟁 중 남편과 아들을 잃고, 민청학련 사건으로 구속된 사위 김지하 시인의 옥바라지를 하고, 『토지』 집필 초기엔 유방암으로 가슴을 동여맨 채 글을 썼던 작가는 "내가 행복했더라면 문학을 하지 않았을 것"이라고 말했다고 한다.

『토지』의 구석구석을 기억한다. 책은 소설이라기보다는 생활의 일부분으로 곁에 있었다. 초등학교에 막 들어갔던 1980년대 중반, 지식산업사에서 출간됐던 세로쓰기 본의 『토지』를 읽으며 이야기를 나누던 어머니와 외할머니의 모습을 기억한다. 탤런트 최수지가 주인공 서희 역을 맡았던 드라마를 보고 어린 서희를 괴롭히는 조준구에 대한 분노를 일기장에 표출했던 초등학교 때 같은 반 친구를 기억한다. "1897년의 한가위"로 시작하는 『토지』의 앞부분을 지문으로 내놓고 '솟증소증(素症)'의 뜻을 물었던 수능시험 모의고사 문제도 기억한다. 용이의 아들 홍이가 동네 처녀 장이를 범하는 남강변의 풀숲은 집 근처에 있었다. 기생이 된 봉순이가 소속된 기방이 있던 옥봉동도 지척이었다. 통영 출신의 작가는 내 고향 진주에서 고등학교를 다녔다. 소설 속 인물들이 사용하는 말은 내 고향 말이었고, 소설 속에 나오는 장소들은 내 고향에 있거나 인근이었다.

『토지』를 여러 번 읽었다. 완간되기 전에도 읽었고, 완간된 후에도 읽었다. 고향집 서재 책장에는 여러 출판사에서 출간된 『토지』가 꽂혀 읽었다. 틈이 날 때마다 한 권씩 그 책들을 뽑아다 읽었다. 재미있어서 여러 번 읽은 권도 있고, 한 번 읽고 지나쳐간 권도 있다. 계집아이다운 허영심이 강했던 어릴 때는 여주인공 최서희에 끌렸다. 오만하고 당당하고 미인에다 영리하고 자존심 강한, 그러나 나중에는 자신의 머슴과 결혼하고 마는 여자. 『바람과 함께 사라지다』의 주인공 스칼렛 오하라와 비교하면서 서희가 나오는 부분만 쏙쏙 뽑아 읽곤 했다. 좀 더 자라고 나니 서희보다는 주변 인물들의 삶이 눈에 들어오기 시작했다. 선량한 농민의 표상으로 그려지는 용이와 무당의 딸 월선의 서글픈 사랑, 평생 딴 여자에게 마음을 준 남편 용이 때문에 속 끓이다 죽고 마는 강청댁, 바람기 많지만 원시적인 건강함을 지닌 임이네, 차마 자식에게 밝힐 수 없는 비밀을 간직한 어머니에 대한 최치수의 애증…….

한때는 용이와 월선이가 나오는 장면만 골라 읽었고, 한때는 기생이 된 봉순이가 나오는 부분만, 또 한때는 용이의 손녀인 상의가 등장하는 ES여고 부분만 뽑아내 읽었다. 그렇게 부분부분 읽어가며 짜깁

기한 『토지』는 어느새 머릿속에서 하나의 퍼즐처럼 짜맞춰져 거대한 이야기를 이뤘다. 700여 명의 등장인물들이 내가 나이를 먹고, 세상을 보는 관점이 달라짐에 따라 하나둘씩 스포트라이트를 받았다가, 무대 뒤로 사라졌다.

30대 초반에 들어선 지금, 『토지』에서 가장 내 관심을 끄는 인물은 서희의 양녀인 양현이다. 서희의 몸종이었던 봉순과 서희가 마음에 품었던 양반가 자제 이상현 사이에서 태어난 양현은 여의전女醫專을 졸업한 엘리트 여성이지만, 천한 출신 때문에 서희의 며느리로부터 괄시를 받는다. 서희는 자신의 작은 아들 윤국과 양현을 짝지어주려 하지만 정작 그녀가 마음에 두고 있는 사람은 백정의 외손자인 색소폰 연주자 영광이다. 여리디 여린 친어머니 봉순과 강하고 매서운 양어머니 서희 양쪽 모두를 닮은 양현은 봉건적 신분제가 붕괴된 새 시대를 이끌어나갈 주역으로 그려진다. 어린 계집아이였을 때 새로 주운 은행잎을 먼저 주운 잎과 비교하면서 하나를 버리곤 했던 완벽주의자, 추상 같은 서희로부터 "꽃 같은 기집애"라고 불렸던 여자. 그녀의 사랑은 실리 때문에 자신보다 신분이 낮은 남자와 결혼한 서희와도, 신분 때문에 사랑하는 남자를 포기하고 아편중독자가 되어 강물에 투신한 봉순과도 다르다. 조건 좋은 윤국과 결혼해 신분의 굴레를 벗어버릴 기회가 주어졌음에도 양현은 그를 거부한다. 그녀에게 사랑은 연민이다. 자신보다 모자라지도 넘치지도 않는 것, 천한 기생의 핏줄로서 천한 백정

탐구_ 이유태, 종이에 채색, 212×153cm, 1944, 국립현대미술관

의 핏줄에게 느끼는 동병상련의 것. 등가^{等價}의 사랑을 할 줄 아는 이 여자가 나는 참 좋아졌다. 그녀가 사람을 사랑하는 방식이 나와 비슷하기 때문이다. 나는 대개 동류^{同類}의식을 느낄 수 있는 상대에게 끌려왔다.

이당^{以堂} 김은호의 문하생으로 이화여대 미대 교수를 지낸 현초^{玄艸} 이유태^{李惟台, 1916~99}의 「탐구」를 처음 보았을 때, 양현을 그림으로 그린다면 이런 모습일 거라고 생각했다. 차분하고 조용한 외모 안에 불꽃같은 열정을 지닌 여자, 구시대 여성의 수동적인 태도에서 탈피해 혼자 힘으로 당당히 설 수 있는 총명한 여의사. 단아하게 앞가르마를 탄 그림 속의 여자는 정물처럼 단정히 앉아 있지만 그 손에 들린 것은 기존의 미인도에 흔히 등장하는 바느질거리나 가야금이 아니다. 흰 가운, 해부해야 할 토끼, 관찰을 위한 현미경, 여자의 뒤편에 놓인 플라스크들이 그녀의 직업을 말해준다.

"하얀 운동화, 날씬한 종아리, 녹색 계통의 주름진 꽃무늬 치마에 미색 블라우스를 입은" 양현이 운명의 상대, 영광과 처음 만나는 장소는 자신의 생모가 몸을 던져 목숨을 끊은 섬진강가다. 아버지의 장례를 치른 후 평사리를 찾았던 영광은 섬진강가에서 생모를 그리며 강물에 꽃다발을 던지고 있는 양현과 우연히 마주친다.

흰빛 보랏빛의 과꽃을 예쁘게 묶은 꽃다발을 여자는 들고 있었다. 천천히 물가까지 간 그는 무슨 말인지 중얼거리는 것 같았다. 아니 속삭이는 것 같았다. 그러더니 강물을 향해 꽃다발을 휙! 던지고 다시 누군가를 애절하게 부르는 것 같은 음성이 들렸다. 이상한 그 행동은 어떤 무속적巫俗的 의미를 담은 의식儀式 같이 느껴졌다. 한밤에 소지燒紙를 사르며 천지신명에게 소망을 고하는 소복의 여인과도 같은 엄숙하고 신비스러우며 절실한 염원을 느끼게 하는 모습. 어느덧 여자는 망부석이 된 듯 움직이지 않았고 말도 없었다. 강바람에 머리칼을 휘날리며 옷자락을 휘날리며 움직이지 않았다. 영광은 숨이 막히는 것 같았다. 인기척을 내자니 이미 시기를 놓쳤고 또 인기척을 낼 그런 분위기도 아니었다. 얼마 동안의 시간이 흘렀을까. 영광은 시간 속에 밀폐된 것 같았다. 결박을 당한 것 같았다.

여자는 몸을 굽히며 앉았다. 엎드려서 두 손에 물을 걷어 올리며 얼굴을 씻는다. 아마 그는 울었던 모양이다.

<u>스스로 일찍
어른이
되어버린
아이들</u>

중국인 거리

오정희 | 소슬한 가을바람 같은 소설들을 많이 썼다. 「바람의 넋」이라든가 「동경(銅鏡)」 같은 작품을 읽었을 때, 내 안 깊은 곳에서 치밀어 오르는 쓸쓸함의 정체는 무엇인가, 곰곰이 생각하게 했다. 깔끔하면서 서늘한 것이 이 작가의 특색이라고 생각하면서도 「중국인 거리」나 「유년의 뜰」에 등장하는 조숙한 어린 여주인공을 떠올리면 문득, 작가의 맨얼굴이 궁금해진다.

이인성 | 불의의 사고로 요절한 가엾은 화가. 일제강점기에 활동했던 수많은 화가가 그러했듯, 그 역시 조선총독부가 주관한 〈조선미술전람회〉에 작품을 출품했다. 구릿빛 피부를 지닌 반라의 조선 여인이 자연 속을 거니는 모습을 그린 1934년 〈조선미술전람회〉 특선작 「어느 가을날」은 일제가 식민지 조선의 이미지로 고착시키고자 했던 향토색을 표현한 대표적인 작품으로 여겨진다.

인용문 출처
오정희 지음, 「중국인 거리」, 『옛 우물』, 청아출판사, 1995

인천에 갔을 때, 오정희吳貞姬, 1947~를 생각했다. 꼬불꼬불한 차이나타운 골목에 들어서서, 울긋불긋한 중국 의상이며 비단주머니며 향香 등을 파는 가게를 지나, 춘장 볶는 냄새 가득한 중국 음식점 밀집지역에서 자장면 한 그릇을 먹고, 멀리 인천항이 보이는 선린문善隣門 아래 섰을 때, 소설 「중국인 거리」의 한 구절을 떠올렸다.

> 시의 정상에서 조망하는 중국인 거리는, 검게 그을린 목조 적산가옥 베란다에 널린 얼룩덜룩한 담요와 레이스의 속옷들은, 이 시의 풍물風物이었고 그림자였고 불가사의한 미소였으며 천칭의 한쪽 손에 얹혀 한없이 기우는 수은이었다. 또한 기우뚱 침몰하기 시작한 배의, 이미 물에 잠긴 고물船尾이었다.

오정희를 알게 된 것은 중학교 때 아버지의 서재 책장에 꽂혀 있던 삼성출판사의 '제3세대 한국문학전집'을 통해서였다. 여성 작가가 쓴 소설부터 읽고 싶었던 나는 책등에 한자로 적힌 작가 이름을 보고 책을 골라내었다. 제일 처음에 김승옥金承鈺을 집었다가 이름과는 달리 남자라는 사실을 알고는 다시 선택한 작가가 오정희였다. 「옛 우물」, 「저녁의 게임」, 「유년의 뜰」 등을 읽었다. 마음을 쓸쓸하게 만드는 작가라고 생각했다. 해질녘 모래밭 위의, 기우는 햇살을 받아 반짝이는 사금파리와 같이 그가 끌어내는 유년의 이야기들에서는 씁쓸하고 쓸쓸한 맛이 느껴졌다.

「중국인 거리」를 읽었던 것은 후덥지근한 여름날로 기억된다. 혼자 방 안에 틀어박혀 책을 읽으면서, 꼭 질식할 것처럼 텁텁하고 개운치 못했던 것은 기온 때문만은 아니었다. 탄가루를 덮어쓴 듯 답답한 소설의 전체적인 분위기 때문이기도 했다.

> 해안촌海岸村 혹은 중국인 거리라고도 불리는 우리 동네는 겨우내 북풍이 실어 나르는 탄가루로 그늘지고, 거무죽죽한 공기 속에 해는 낮달처럼 희미하게 걸려 있었다.
> 할머니는 언제나 짚수세미에 아궁이에서 긁어낸 고운 재를 묻혀 번쩍 광이 날 만큼 대야를 닦았다. 아버지의 와이셔츠만을 따로 빨기 위해서였다. 그러나 바람을 들이지 않는 차양 안쪽 깊숙이 넌 와이셔츠는 몇 번이고 다시 헹구어 푸새를 새로 하지 않으면 안 되었다.

작가가 1979년 발표한 이 소설은 열 살 정도 되는 여자아이의 눈을 통해 바라본 6.25전쟁 직후 '중국인 거리' 풍경에 대한 이야기다. 아버지의 직장 때문에 가족과 함께 이 도시로 이사온 '나'의 눈에 비친 도시는 '나'가 피난지인 시골에서 꿈꾸어오던 오색 비눗방울 같은 도회지와는 너무나도 달랐다. 딱히 스펙터클한 장면도 없고, 짜릿한 연애담이 펼쳐지는 것도 아닌 이 소설을 여러 번 읽었던 것은 내가 자라난 경남의 소도시에서는 좀처럼 구경할 수 없었던 이국적인 풍경에 대한 묘사 때문이었다.

> 그러나 저녁 무렵이 되면 바구니를 팔에 건 중국인들이 모여들었다. 뒤통수에 쇠똥처럼 바짝 말아 붙인 머리를 조금씩 흔들며 엄청나게 두꺼운 귓불에 은고리를 달고 전족한 발을 뒤뚱거리며 여자들은 여러 갈래로 난 길을 통해 마치 땅거미처럼 스름스름 중국인 거리를 향했다.
> 남자들은 가게 앞에 내놓은 의자에 앉아 말없이 오랫동안 대통 담배를 피우다가 올 때처럼 사라졌다. 그들은 대개 늙은이들이었다.
> 우리는 찻길과 인도를 가름짓는 낮고 좁은 턱에 엉덩이를 붙이고 나란히 앉아 발장단을 치며 그들을 손가락질했다.
> 아편을 피우고 있는 거야, 더러운 아편쟁이들.
> 정말 긴 대통을 통해 나오는 연기는 심상치 않은 노오란 빛으로 흐트러지고 있었다.
> 늙은 중국인들은 이러한 우리들에게 가끔 미소를 지었다.
> 통틀어 중국인 거리라고 불리는 동네에, 바로 그들과 인접해 살고 있으면서도 그들 중국인에게 관심을 갖는 것은 아이들뿐이었다. 어른들은 무관

심하게, 그러나 경멸하는 어조로 '뙤놈들'이라고 말했다.

인천이겠구나, 나는 생각했다. 소설의 그 어디에도 그 도시가 인천이라는 이야기는 없었지만, 인천에 차이나타운이 있다는 사실은 들어서 알고 있었다. 언젠가 내가 살고 있는 이 자그마한 도시를 떠나게 되면, 꼭 인천에 가보고 싶다는 생각을 한 것은 순전히 「중국인 거리」 때문이다.

화교촌 풍경과 함께 인상 깊게 남았던 것은 양공주를 세들인 친구의 집에 주인공이 놀러 갔을 때의 에피소드였다.

매기 언니의 방에서는 무엇이든 신기했다. 치옥이는 내가 매양 탄성으로 어루만지는 유리병, 화장품, 페티코트, 속눈썹 따위를 조금씩만 만지게 하고는 이내 손댄 흔적이 없이 본디대로 해놓았다.
좋은 수가 있어.
치옥이 침대 머릿장에서 초록색의 액체가 반쯤 남겨진 표주박 모양의 병을 꺼냈다. 병의 초록색이 찰랑대는 부분에 손톱을 대어 금을 만든 뒤 뚜껑을 열어 그것을 따라 내게 내밀었다.
먹어봐. 달고 화하단다.
내가 한 모금에 훌쩍 마시자 치옥이는 다시 뚜껑을 가득 채워 꿀꺽 마셨다. 그리고 손톱을 대고 있던 금부터 손가락 두 마디만큼 초록색 술이 줄어들자 줄어든 만큼 냉수를 부어 달아 머릿장에 넣었다.

감쪽같잖니? 어떻니? 맛있지?

입안은 박하를 한 입 문 듯 상쾌하게 화끈거렸다.

작가가 묘사한 '매기 언니'의 방 풍경을 따라 읽어가면서 나는 아라비안나이트에 나오는 비밀 동굴에라도 들어간 듯 아찔해졌다. 보수적인 부모님 밑에서 자란 내게 절대로 허락되지 않았던 금기禁忌의 세계에 가까이 다가간 듯한 느낌이었다. "난 커서 양갈보가 될 거야"라고 말하는 치옥이의 말은 일견 충격적이면서도 초록색 액체의 맛처럼 상쾌한 일탈로 느껴졌다. 혹시라도 치옥이가 초록색 액체 대신 물을 채워 넣었다는 것을 들킬까봐 조마조마해 하면서 나는 두고두고 초록색 액체의 정체를 궁금해했다.

시간이 흐르고, 많은 것들이 변한다. 국제결혼을 꿈꾸던 매기 언니는 동거하던 흑인 병사에게 살해당한다. 어머니의 서모庶母였던 할머니는 중풍을 맞아 쓰러진 후 시골의 할아버지에게 보내진다. 할머니의 반닫이에서는 동강난 비취 반지며, 녹슨 버클, 백동전 등을 싼 손수건이 나온다. 어머니가 쓸모없다며 버린 손수건 뭉치를 주인공은 밤에 공원에 가지고 가서 맥아더 장군 동상 근처에 파묻는다.

아직 겨울이고 깊은 밤이어서 나는 굳이 사람들의 눈을 피하지 않고도 쉽

게 장군의 동상에 올라갈 수 있었다. […중략…]

나는 깜깜하게 엎드린 바다를 보았다. 동지나해로부터 밤새워 불어오는 바람, 바람에 실린 해조류의 냄새를 깊이 들이마셨다. 그리고 중국인 거리, 언덕 위 이층집의 덧문이 열리며 쏟아져 나와 장방형으로 내려앉는 불빛과 드러나는 창백한 얼굴을 보았다. 차가운 공기 속에 연한 봄의 숨결이 숨어 있었다.

나는 따스한 핏속에서 돌아오르는 순癎을, 참을 수 없는 근지러움으로 감지했다.

인생이란…….

나는 중얼거렸다. 그러나 뒤를 이을 어떤 적절한 말도 떠오르지 않았다. 알 수 없는, 다만 복잡하고 분명치 않은 색채로 뒤범벅된 혼란에 가득찬 어제와 오늘과 수없이 다가올 내일들을 뭉뚱그릴 한마디의 말을 찾을 수 있을까.

    되바라지다시피 숙성한 아이를 주인공으로 내세운 이 소설을 좋아했던 것은 주인공 못지않게 복잡다단한 감정을 지닌 나 자신과 주인공의 성장이 서로 맞닿아 있었기 때문일 것이다. 소설을 읽었을 무렵의 나는 혈관에 슬픔의 망울이 흐르고 있는 것만 같은 기묘한 느낌에 사로잡힌 감수성 예민한 10대 소녀였다. 다음 구절에 나오는 '알지 못할 슬픔'이란 것을 100퍼센트 이해할 수 있었던 것은 그 때문이다.

나는 문의 쇠장식에 닿아오른 뺨을 대며 바깥을 내다보았다. 그리고 다시 중국인 거리의 이층집 열린 덧문과 이편을 보고 있는 젊은 남자의 얼굴을 보았다. 그러자 알지 못할 슬픔이, 비애라고나 말해야 할 아픔이 가슴에서부터 파상波狀을 이루며 전신으로 퍼져나갔다.

소설의 말미에서 6학년이 된 주인공은 언덕 위 이층집 중국인 남자로부터 중국인들이 명절 때 먹는 빵과 용이 장식된 엄지손가락만 한 등을 싼 종이뭉치를 받는다. 그것들을 금이 가서 쓰지 않는 빈 항아리 속에 넣은 주인공은 이층 벽장 속으로 숨어들어 죽음과도 같은 낮잠에 빠져들어 간다. 그리고 소설은 다음과 같이 끝이 난다.

내가 낮잠에서 깨어났을 때 어머니는 지독한 난산이었지만 여덟 번째 아이를 밀어내었다. 어두운 벽장 속에서 나는 이해할 수 없는 절망감과 막막함으로 어머니를 불렀다. 그리고 옷 속에 손을 넣어 거미줄처럼 온몸을 끈끈하게 죄고 있는 후덥덥한 열기를, 그 열기의 정체를 찾아내었다.
초조初潮였다.

전후戰後의 야단법석 속에서 여린 감성을 여기저기 부닥쳐가며 스스로 어른이 되어버린 조숙한 여자아이를 생각하고 있자면 이인성李仁星, 1912~50의 그림 「애향」이 떠오른다. 붉은색과 노란색이 섞인 머플러를

애향_ 이인성, 캔버스에 유채, 45.5×37.5cm, 1943년경

머리에 두르고 있는 단발머리 계집아이는 어린아이답지 않게 삶을 알아버린 듯한 눈빛을 하고 있다. 꾹 다문 야무진 입술에서 고집스럽고 예민한 성정이 느껴진다.

그림의 모델은 화가의 맏딸 애향이다. 1942년 아내를 잃은 화가는 거처를 옮겨 애향과 둘이 살았다. 이 그림은 애향이 아홉 살 무렵 그려진 것으로 추정되는데, 어린 나이에 어머니를 잃고 삶의 고단함을 알아버린 아이의 지친 듯한 눈망울이 그 아버지에 의해 솔직하게 잘 표현된 작품이다. 대구 출신으로 딸을 비롯한 어린 여자 아이들을 즐겨 그렸던 화가는 1950년 술을 마시고 길거리에서 순경과 시비가 붙었다가 총기 오발 사고로 서른아홉의 젊은 나이에 어이없이 세상을 뜬다. 소설가 최인호는 1974년 6월 『한국일보』에 이인성의 죽음을 소재로 한 「누가 천재를 쏘았는가」라는 글을 기고했다. 최인호는 "그의 그림은 남아서 우리에게 기쁨을 주고, 천재의 재능을 엿보이게 하고 있다"면서 "예술가가 무슨 특권이 있다고 통행금지 이후에 다닐 수 있담 하고 따지지 말라"라고 썼다.

부모를 모두 잃은 그림 속 소녀는 어떻게 전쟁을 겪어냈을까? 전쟁이 끝난 후 소녀는 전보다 훨씬 더 암팡지고 어른스러운 눈빛을 지니게 되었으리라. 본시 고왔던 품성도 세파에 시달려 거칠어질 수밖에 없었으리라.

상고머리예요. 가뜩이나 밉상인데 됫박머리는 안 돼요.

그런데 다 깎은 뒤 거울 속에 남은 것은 여전히 됫박머리였다.

이왕 깎은 걸 어떡하니 다음번에 다시 잘 깎아주마.

그러길래 왜 아저씨는 이발만 열심히 하지 잡담을 하느냔 말예요.

나는 바락바락 악을 썼다. 마침내 이발사는 덜컥 의자를 젖히며 말했다.

정말 접시처럼 발랑 되바라진 애우나, 못 쓰겠어. 엄마 뱃속에서 나올 때 주둥이부터 나왔니?

못 쓰면 끈 달아 쓸 테니 걱정 말아요. 아저씨는 손모가지에 가위부터 들고 나와 이발쟁이가 됐단 말예요?

이발소 안이 와아 웃음바다가 되었다. 나는 의기양양해서 사람들을 둘러보았다.

그가
사랑한 것은
예술이 아니라
바로
사는 일이었다

나목

박완서 | 수다스럽다. 그러나 밉지 않다. 세속적이다. 그러나 경박하지는 않다. 그녀가 관심을 갖는 것은 경건하고 엄숙한 제의적 삶이라기보다는 시장바닥에 놓인 생선처럼 비리고 구체적인 현실 속의 삶이다. 그녀가 그려내는 현실감 나는 인간들, 특히나 속물적인 모성(母性)에 대한 묘사를 읽고 있자면 삶이라는 것이 징그러울 정도로 실재하는 것으로 느껴진다. 『도시의 흉년』, 『목마른 계절』 등의 소설도 좋지만 『꼴찌에게 보내는 갈채』 등의 산문도 맛깔스럽다.

박수근 | 거칠고 소박한 고요. 황토벽을 연상시키는 그의 화면 속에서 투박하고 다정한 이 땅의 사람들의 일상이 들꽃처럼 피어난다. 보수적인 〈국전(國展)〉에 출품해 입상하면서도 자신만의 독특한 개성을 잃지 않고 꾸준히 그림을 그려간 심지 굳은 화가다.

인용문 출처
박완서 지음, 「나목」, 『나목/도둑맞은 가난』, 민음사, 1997
박완서 지음, 『그 산이 정말 거기 있었을까』, 세계사, 2008

박완서朴婉緖, 1931~를 처음 만난 것은 중학생 때, 아버지의 서재에서였다. 서재의 책장에는 흰색과 녹색이 어우러진 삼성출판사의 '제3세대 한국문학전집' 30여 권이 꽂혀 있었다. 읽을 것이 없어서 지루했던 나는 낯선 책으로의 탐험을 시도했다.

탐험은 수월치 않았다. 전집 각 권의 제목인 작가 이름이 한자로 되어 있었기 때문이다. 박완서는 내게 애초부터 만만치 않은 정복 대상이었다. 그의 이름 중 내가 읽을 수 있는 글자는 박朴자밖에 없었다. 이름도, 성별도 알 수 없는 미지의 작가가 쓴 책을 어느 날 손에 집히는 대로 꺼내 들었다. 책 겉표지에 작품 제목이 찍혀 있었다. 『목마른 季節』. 제목을 읽지 못해 한참을 망설였다. 계절 계季자를 오얏 리李자로 잘못 알았던 것이다.

엉겁결에 읽어 내려가기 시작한 『목마른 계절』은 순식간에 나를 책 속으로 끌어들였다. 다음 내용이 궁금해서 잠시도 손을 놓을 수 없었다. 6.25전쟁의 아수라장 속에서 방황하는 여대생의 이야기를 그린 그 소설은 어둡고 무거운 주제를 다루고 있음에도 불구하고 매혹적인 서사의 힘으로 나를 사로잡았다. 아, 그 유창하면서도 찰진 입담이라니! 박완서의 팬이 된 것은 그때부터다. 나는 없는 용돈을 털어서 자그마치 두 권짜리였던 『도시의 흉년』을 샀다. 학교 도서관에서 『엄마의 말뚝』과 『서 있는 여자』를 빌려 읽었다. 집에 있던 『꼴찌에게 보내는 갈채』를 읽은 것은 물론이고, 서재 구석에 쌓여 있던 『문학사상』을 뒤져 연재되었던 『미망』을 다 읽었다. 그러나 가장 궁금했던 단 한 작품만은 미처 읽지 못했다. 『나목裸木』. 1970년 『여성동아』 여류 장편소설 공모 당선작으로, 마흔의 주부를 작가로 만들어준 박완서의 첫 소설 말이다.

마침내 '그 소설'을 읽게 된 것은 대학교 때의 일이다. 어느 날 과방에 들렀더니 소파 위에 '그 책'이 굴러다니고 있었다. 다음 강의까지는 시간이 많이 남아 있었고, 나는 마땅히 할 일이 없었다. 저자 특유의 문체에 흡입되어 순식간에 책을 읽어 내려갔다. 책장을 덮으면서 중얼거렸다. "여기 나오는 화가, 박수근이구나."

'벌거벗은 나무'라는 뜻의 『나목』은 박완서의 작품들 중 다수가 그러하듯 6.25전쟁 직후의 서울을 배경으로 하고 있다. 스무 살의 주인공 이경李炅은 유복한 집안의 고명딸로 귀하게 자랐지만 전쟁 때 폭격으로 두 오빠를 잃고, 어머니와 단 둘이 낡아빠진 고가古家에 살고 있다. 전쟁 전 아버지를 병으로 잃고 졸지에 집안의 가장이 되어버린 경은 호구지책으로 미8군 PX의 초상화부에 취직, 미군들을 상대로 가족이며 애인 초상화를 그려주는 화가들을 감독하는 일을 한다. 그는 오빠들이 숨어 있을 장소를 결정한 게 자신이기 때문에 오빠들의 죽음에 책임이 있다는 자책과, 오빠들의 죽음 후 "하늘도 무심하시지. 아들들은 몽땅 잡아가시고 계집애만 남겨 놓으셨노" 하곤 마음을 닫아버린 어머니 때문에 마음에 상처를 받은 인물이다. 그런 경에게 어느 날 신선한 자극이 될 만한 일이 일어난다.

> 염색한 군복을 비좁은 듯이 입고 있는 그의 얼굴은 일종의 선량함, 어리석지 않은 선량함으로 의젓해 보였다.
> 그의 늠름한 체구와 구겨지지 않은 표정으로 해서 옆의 최만길이 한결 왜소하게, 그리고 말쑥한 양복과 붉은 타이가 갑자기 천박하게 보였다.
> 나는 그런 묘한 대조가 유쾌해서 그를 향해 마주 웃어주고는 책상 서랍에서 일거리를 꺼내 기한을 봐가며 급한 것부터 네 사람의 환쟁이들의 오늘의 일거리를 대충대충 몫을 지어봤다.
> "잠깐, 미스 리."
> "네?"
> "오늘부터 화가를 한 사람 더 쓰기로 했어."
> 나는 흠칫 놀라 두 사람을 다시 돌아다봤다.
> '저치도 저 나이에 기껏 환쟁이였군.'

초상화부에 새로운 화가 옥희도씨가 들어온 것이다. 그는 초상화부의 여느 화가들과는 달랐다. 사진을 보고 초상화를 그리면서도 곱게

수정된 사진과는 달리 실물과 닮게 인물을 그렸다. 게다가 경에게 관심을 가지는 젊은 전공電工 황태수의 말을 듣자 하니 일제 때 몇 번 선전鮮展에도 입선하고 특선까지 한 '진짜' 화가라는 것이다. 매일 지치도록 서투른 영어로 호객행위를 하고 필요하다면 미군에게 교태라도 부려야 하는 젊은 영혼이 전시에 보기 드문 '진짜'에게 호감을 느끼게 되는 것은 당연한 일일지도 모른다.

> 나는 문득 옥희도씨만은 다른 환쟁이들과 조금이라도 달랐으면 하고 바랐다. '그는 딴사람과 다르다. 그는 딴사람과 다르다' 나는 마치 꿀샘을 찾아낸 곤충의 예민한 촉각처럼 나의 새로운 생각에 강하게 집착했다.

경과 마찬가지로 옥희도씨도 경에게 이끌린다. 둘은 퇴근길에 태엽을 감으면 춤을 추며 술을 마시는 완구점의 침팬지를 함께 바라보며 서서히 가까워진다.

> 나는 완구점의 침팬지를 만나고 싶었다. 그 유쾌한 친구가 위스키를 따라 마시고 또 마시고 하는 광적인 폭음에서 차차 동작이 느려지며 허탈로 돌아가는 모습 앞에 있고 싶었다. [⋯중략⋯]
> 구경꾼들이 숨을 죽이기 시작하자 그놈들의 동작도 점점 느려졌다. 그들의 동작이 완전히 멈추자 맥이 탁 풀리며 몸이 흐느적흐느적 땅으로 흘러

내릴 듯한 피곤이 왔다.

눈귀의 눈물을 닦고 사람들이 흩어지고 새 사람이 오고 하는데 나는 그저 망연히 서 있었다. 머리가 텅 빈 채 아무런 생각도 들어서지 않았다. 나는 문득 내가 쓰러지지도, 땅으로 흘러내리지도 않고 서 있을 수 있음은 누군가의 부축 때문인 것을 깨닫는다. 그의 부축은 능숙하고 편안했다. 찬란한 빛처럼 어떤 예감이 왔다. 나는 돌아보지 않고 오래도록 그 예감만을 즐겼다.

"그만 가지."

예감대로 옥희도씨의 음성이었다. 따뜻하고 착한 시선이 나를 굽어보고 있었다. 오랜 별리 끝의 해후처럼 반가움이 벅차왔다. 우리는 사람을 헤치고 나와 같이 걸었다.

모딜리아니의 그림을 닮은 아내를 가진 아버지뻘의 가장에게 연정을 느끼는 스무 살 처녀, 딸뻘의 처녀와 가까워지는 중년의 화가. 이 어울리지 않는 그림이 설득력을 가질 수 있는 것은 그림의 배경이 전후戰後이기 때문이다. 전쟁은 청년에게서는 희망을, 중년에게서는 안식을 앗아가 버린다. 폐허 서울, 사람들이 웃으며 즐길 수 있는 것이라고는 완구점의 침팬지밖에 없는 곳. 이들도 자신들이 서로에게 이끌리는 것이 단지 전쟁 때문이라는 사실을 알고 있다.

"제에발 태수와 저 사이를 나쁘게 생각하진 말아주세요."

"무슨 소리야. 나쁘게 생각하긴…… 썩 잘 어울리는 한 쌍이라고 생각하고 있는데."

그는 완전히 평정을 회복하고 보기에 자애롭기까지 했다.

"농담하시면 싫어요. 어울리고 뭐고가 어디 있어요. 전 태수를 사랑하지 않는걸요. 저는 선생님을 사랑하고 있어요. 아시면서……"

나는 또렷이 말했으나 이내 섬뜩했다. 내가 그에게 사랑이라는 말을 써보긴 이번이 처음인데 그 말이 내 귀에 하도 공소空疎하게 들려서였다.

역시 사랑이란 말은 하도 여러 사람의 입에 오르내리느라 옥희도씨를 향한 내 지극한 열망을 담기에는 너무도 닳아 있었다.

마지막 상영을 끝낸 극장에서 사람들이 꾸역꾸역 쏟아져 나오더니 서서히 마지못한 듯이 흩어져 갔다. 나도 마지막 관객의 한 사람이었던 것처럼 허탈한 심정이었다.

"어울리는 사이라는 건 사랑하는 사이라는 것보다 몇 배나 더 축복받을 만한 가치가 있다고 나는 생각해."

말을 마친 그도 마지막 관객이었던 것처럼 목소리에 망연한 허망이 담겨 있었다.

[…중략…]

"염려 말고 저를 사랑하고 가지세요. 어차피 저에겐 긴 미래가 없을 테니까요."

"무슨 소리야? 왜 그런 생각을? 나 때문인가?"

"선생님 때문이 아녜요. 전쟁 때문이에요. 이 미친 전쟁이 멀지 않아 우리들을 차례차례 죽일 테니까요. 아무도 그 미친 손으로부터 놓여날 수는 없을걸요."

나는 신들린 무당처럼 자신 있게 말했다.

살육과 죽음 속에서 인간이라는 존재가 희미해져버린 전쟁의 틈바구니에서 어린 경은 나이 든 옥희도씨를 통해 자신의 존재를 확인하고 싶어하지만, 연륜이 있는 옥희도씨는 결국 경이 아닌 다른 것, 자신의 업業인 그림을 통해 제 존재를 찾으려 한다. "사람이고 싶어. 내가 사람이라는 확인을 하고 싶어"라며 경을 껴안았던 그는 이내 "내가 아직도 화가인가 알고 싶어"라는 말과 함께 며칠간 출근하지 않겠다고 선언한다. 이윽고 경의 어머니가 폐렴으로 숨진다. 가족처럼 경을 보살폈던 전공 태수는 경과 결혼을 희망하지만, 경은 옥희도씨와 그를 모두 불러놓고 옥희도씨를 사랑하노라 말한다. 그러나 옥희도씨는 "경아는 나를 사랑한 게 아냐. 나를 통해 아버지나 오빠를 환상하고 있었던 것뿐이야"라고 말하며 훌쩍 가버린다.

이후 세월이 흐르고, 어느새 중년이 된 경이 남편 태수와 함께 옥희도씨의 유작전을 관람하는 것으로 소설은 끝이 난다. 그 전시회에서 특히 경의 눈길을 끄는 그림이 한 점 있다. 경이 오래전 옥희도씨 셋방에서 보았던 그림이다.

S회관 화랑은 삼층이었다. 숨차게 계단을 오르자마자 화랑 입구였고 나는 마치 화랑을 들어서기도 전에 입구를 통해 한 그루의 커다란 나목裸木을 보았다.

나는 좌우에 걸린 그림들을 제쳐놓고 빨려들 듯이 곧장 나무 앞으로 다가갔다.

나무 옆을 두 여인이, 아기를 업은 한 여인은 서성대고 짐을 인 한 여인은 총총히 지나가고 있었다.

내가 지난날, 어두운 단칸방에서 본 한발 속의 고목枯木, 그러나 지금의 나에겐 웬일인지 그게 고목이 아니라 나목裸木이었다. 그것은 비슷하면서도 아주 달랐다.

김장철 소소리 바람에 떠는 나목, 이제 막 마지막 낙엽을 끝낸 김장철 나목이기에 봄은 아직 멀건만 그의 수심엔 봄에의 향기가 애닯도록 절실하다.

그러나 보채지 않고 늠름하게, 여러 가지들이 빈틈없이 완전한 조화를 이룬 채 서 있는 나목, 그 옆을 지나는 춥디추운 김장철 여인들.

여인들의 눈앞엔 겨울이 있고, 나목에겐 아직 멀지만 봄에의 믿음이 있다. 봄에의 믿음. 나목을 저리도 의연毅然하게 함이 바로 봄에의 믿음이리라.

나는 홀연히 옥희도씨가 바로 저 나목이었음을 안다. 그가 불우했던 시절, 온 민족이 암담했던 시절, 그 시절을 그는 바로 저 김장철의 나목처럼 살았

나무와 두 여인_ 박수근, 캔버스에 유채, 130×89cm, 1962

음을 나도 알고 있다.

나는 또한 내가 그 나목 곁을 잠깐 스쳐간 여인이었을 뿐임을, 부질없이 피곤한 심신을 달랠 녹음을 기대하며 그 옆을 서성댄 철없는 여인이었을 뿐임을 깨닫는다.

「나무와 여인」. 그 그림은 벌써 한 외국인의 소장으로 돼 있었다.

겨울날, 앙상한 나무 한 그루 곁을 임을 인 여인 한 명이 종종걸음을 치며 지나간다. 날이 몹시도 추운 모양인지 여인은 소매 속에 손을 넣고 팔짱을 낀 채 나무에겐 눈길도 주지 않고 지나간다. 황톳빛 배경과 갈색 나무를 등진 여인의 노란 저고리에 눈이 시다.

노란 저고리 여인이 지나쳐버린 나무 곁을 아이를 업은 흰 저고리의 여인이 서서 지킨다. 노란 저고리의 여인보다 몸피가 풍성한 흰 저고리 여인은 추위에도 불구하고 아기 엉덩이를 받친 두 손을 거둬들이지 않고 있다.

나무가 허리를 구부려 잠시 노란 저고리 여인을 향한다. 여인은 돌아보지 않는다. 발걸음 뗄 수 없는 뿌리 곁에 흰 저고리 여인이 머물러 있다. 이 그림에서 굳건해 보이는 것은 헐벗은 나무가 아니라 흰 저고리 여인이다.

박수근朴壽根, 1914~65을 처음 만난 것은 초등학교 때 백과사전 속에서였다. 심심풀이 삼아 넘겨보던 백과사전에서 빛깔 고운 화보들만 골라서 찾아보던 어느 날, 눈에 띄는 그림 몇 점을 발견했다. 매끈한 서양 그림들과는 달리 거칠거칠해 보이는 황토색 표면이 인상적이었다. '박수근'. 나는 화가의 이름을 외웠다. 틈이 날 때마다 그림을 들여다봤다. 어느새 화풍이 눈에 익고, 그림이 기억되기 시작했다.

아무런 정보 없이 「나목」을 읽었던 내가 그림에 대한 박완서의 묘사만으로 소설 속 화가가 실존 인물이라는 사실을 짐작할 수 있었던 것은 「나무와 두 여인」이 그 백과사전에 실려 있었기 때문이었다. 박수근 작품 중 책 읽는 소녀를 그린 「독서」를 가장 좋아했던 내겐 감흥 없었던 그림이 한 편의 소설에 영감을 주었다는 사실이 신선했다. 박완서와 박수근, 내가 좋아하는 두 박씨를 하나로 연결하는 고리가 있었다는 사실이 경이로웠다. 아무런 힌트 없이 단박에 그 고리를 간파해 낸 자신이 대견스러웠던 나는 혼자만이 아는 감동에 빠져 한참을 먹먹해했다.

평화로운 시절이었다면 만나기 어려웠을 이 두 사람을 한 곳에 있게 한 전쟁에 대해 생각했다. 박완서가 그의 작품들을 통해 수없이 불러내 지노귀굿 하듯 풀어간 전쟁과, 폐허와, 오빠의 죽음에 대해 생각했다. 박완서의 작품에서 '전쟁'이 지나치게 무겁지도, 공허하지도 않은 것은 그 전쟁이 작가가 직접 겪은 것이기 때문이다. 공상 속에서 만들어진 전쟁은 허황되게 낭만적이지만 현실의 전쟁에서는 생생한 살 비린내가 난다. 박완서는 전쟁과 무관한 세대인 내게 간접경험을 통해서나마 전쟁의 살풍경함을 맛보도록 해준 작가다.

박완서는 자전적 소설 『그 산이 정말 거기 있었을까』에서 전후 미8군 PX 초상화부에서 일하던 시절, 자기 그림이 실려 있는 〈선전〉 도록을 가져와 보여주었던 화가 박수근에 대해 다음과 같이 말한다.

> 그는 내가 몽상한 천재적인 예술가는 아니었다. 그가 만약 천재였다면 사는 일을 위해 예술을 희생하려 들진 않았을 것이다. 그는 예술보다는 사는 일을 우선했다. 그가 가장 사랑한 것도 아마 예술이 아니라 사는 일이었을 것이다. 사는 일을 위해 하나밖에 없는 재주로 열심히 작업을 했다. 그뿐이었다.

외로운 사람은
편지를
쓴다

무진기행

김승옥 | 지적이고, 명철한데다 스타일리시한 비애감까지 담고 있는 그의 소설들을 읽고 있자면 나 자신이 제법 지성을 지닌 인간처럼 느껴진다. 고백하자면, 김승옥을 읽었던 가장 큰 이유는 지적 허영 때문이었다. 「무진기행」과 「생명연습」, 「서울 1964년 겨울」은 지성인이 되고 싶었던 대학시절 부려보았던 자그마한 사치였다.

얀 베르메르 | 그의 그림들은 반짝거리는 표면과 색채를 통해 아련하면서 아득한 몽상의 세계로 나를 이끌어간다. 편지를 읽거나, 진주 귀고리를 하고 있거나, 목걸이를 들어 올리고 있는 베르메르의 여인들은 빛 속에서 부유하는 티끌들처럼 하느작거리는 존재다. 신비스러운, 영적인, 그러면서도 무척이나 사실적인, 기묘한 화가다.

인용문 출처
김승옥 지음, 「무진기행」, 『무진기행』, 문학동네, 2004

결별을 통보하는 이메일을 받는 것은, 이별을 통고하는 편지를 받는 것보다 수백 배쯤 더 쓰라리다.

펜으로 종이에 쓰는 수평적 행위를 통해 한때 사랑했던 이의 심장을 겨누는 일은 지극히 어렵다. 마음에 담았던 이에 대한 험한 말들을 자신의 필적으로 남기고 싶은 이는 별로 없다. 헤어지자고 이야기하는 편지는 수십 번 썼다 지우게 마련이다. 연서戀書를 쓸 때 그러했듯, 그 편지를 쓰는 시간도 으레 밤이다. 찢어버린 종이가 수북이 쌓이는 동안 날이 새고, 날 섰던 감정의 결도 얌전히 가라앉는다. 이별을 말하는 편지가 대개 아름다운 것은 그 때문이다.

잔뜩 성난 손가락으로 키보드 자판을 두들기는 수직적 행위라면 이야기가 다르다. 묵히지 않은 감정을 실어 매섭게 내리 꽂는 손가락들이 만들어내는 한 자, 한 자가 그대로 비수가 되어 상대의 가슴에 박힌다. 보내는 자는 인쇄체로 찍히는 말들에 대해 너그럽다. 받는 자는 무미無味한 그 자형字形 때문에 더욱 상처받는다. 홧김에 발신 버튼을 누르는 순간 메일이 발송된다. 그 어떤 손의 온기溫氣도 느껴보지 않은 말들이 차갑게 점멸하는 모니터 화면을 통해 수신인의 동공을 찌르는 것은 순간이다. 문자나 이메일로 이별을 이야기하는 것이 예의에 어긋나는 것은 그 때문이다.

　잔인하다시피 차가운 내용의 이메일로 이별을 통보받았던 날, 김승옥金承鈺, 1941~의 「무진기행霧津紀行」을 다시 읽었다. 소설 속 주인공들이 편지에 대해 이야기하는 부분을 되새기고 싶었기 때문이다.

> "세상에서 제일 먼저 편지를 쓴 사람은 어떤 사람이었을까요?" 내가 말했다. "아이, 편지. 정말 편지를 받는 것처럼 기쁜 일은 없어요. 정말 누구였을까요? 아마 선생님처럼 외로운 사람이었겠죠?" 여자의 손이 내 손 안에서 꼼지락거렸다. 나는 그 손이 그렇게 말하고 있는 듯한 느낌이 들었다. "그리고 인숙이처럼." 내가 말했다. "네." 우리는 서로 고개를 마주보며 웃음지었다.

　책장 위로 후두둑, 눈물이 떨어졌다. 「무진기행」을 좋아하는 사람이라면, 이메일 따위로 헤어지자고 해서는 안 되는 거잖아……. 고개를 숙이고 한참을 울었다.

　1964년 작인 이 소설에서, 편지와 대비되는 것은 이메일이 아니라 전보電報다. 돈 많은 과부와 결혼해 아내와 장인의 도움으로 곧 제약회사의 전무가 될 '나'는 주주총회 전 잠시 머리를 식히고 오라는 아내의 말을 따라 자신이 어린 시절을 보낸 무진으로 내려온다. 이 작은 읍내에서 그는 전쟁을 겪었고, 폐병을 앓았고, 골방에 박혀 '쓸쓸하다'

는 단어로 점철된 편지들을 썼었다. 오래간만에 만난 고향 친구들과 가진 술자리에서 그는 자신이 졸업한 중학교에 갓 부임해온 음악선생 하인숙을 만난다. 서울에서 음악대학을 졸업했고, 졸업 연주회 때 오페라 〈나비부인〉 중의 아리아 「어떤 개인 날」을 불렀다는 여자는 술자리에서 "광녀狂女의 냉소를 담아" 「목포의 눈물」을 부른다.

> 그 여자는 개성 있는 얼굴을 가지고 있었다. 윤곽은 갸름했고 눈이 컸고 얼굴색은 노리끼리했다. 전체로 보아서 병약한 느낌을 주고 있었지만 그러나 좀 높은 콧날과 두터운 입술이 병약하다는 인상을 버리도록 요구하고 있었다. 그리고 차랑차랑한 목소리가 코와 입이 주는 인상을 더욱 강하게 하고 있었다.

도회지에서 시골로 온 여자들이 으레 서울서 온 남자에게 그러하듯, 인숙은 '나'에게 친밀감을 표시하며 "밤길이 너무 조용해서 무서우니 조금만 바래다 달라"고 말한다. 개구리가 울던 그 밤길에서, 이전 투구泥田鬪狗가 벌어지는 현실로부터 잠시 벗어나 있는 서른세 살의 '나'는 문득 개구리 울음소리를 반짝이는 별들이라고 느꼈던, 별이 무수히 반짝이는 밤하늘을 보면서 분해서 못 견디어 했던 20대 초반의 푸릇했던 자신을 떠올린다. 그리고 마치 마법처럼, 그녀가 그에게로 온다.

> 나는 다시 여자와 나란히 서서 걸었다. 나는 갑자기 이 여자와 친해진 것 같았다. 다리가 끝나는 바로 거기에서부터, 그 여자가 정말 무서워서 떠는 듯한 목소리로 내게 바래다주기를 청했던 바로 그때부터 나는 그 여자가 내 생애 속에 끼어든 것을 느꼈다. 내 모든 친구들처럼, 이제는 모른다고 할 수 없는, 때로는 내가 그들을 훼손하기도 했지만 그러나 더욱 많이 그들이 나를 훼손시켰던 내 모든 친구들처럼.

다음 날 오후, 젊은 날 폐병을 다스리며 사람들에게 편지를 쓰곤 했던 바닷가의 집으로 인숙을 데리고 간 그는 자신이 예전에 머물렀던 방에서 "옛날의 내가 되어" 여자를 안는다.

> 나는 그 여자에게 '사랑한다'고 말하고 싶었다. 그러나 '사랑한다'라는 그 국어의 어색함이 그렇게 말하고 싶은 나의 충동을 쫓아버렸다.

아내로부터 급히 상경 바란다는 내용의 전보가 도착한 것은 이튿날 아침이다. 전보의 존재는 말한다. 무진에 와서 그가 한 모든 행동과 사고가 선입관 때문이라고, 모든 것이, 여행자에게 주어지는 그 자유 때문이라고. 고개를 내저으며 전보와의 타협을 망설이던 그는 "전보의 눈을 피해" 편지를 쓴다.

'갑자기 떠나게 되었습니다. 찾아가서 말로써 오늘 제가 먼저 가는 것을 알리고 싶었습니다만 대화란 항상 의외의 방향으로 나가버리기를 좋아하기 때문에 이렇게 글로써 알리는 것입니다. 간단히 쓰겠습니다. 사랑하고 있습니다. 왜냐하면 당신은 저 자신이기 때문에 적어도 제가 어렴풋이나마 사랑하고 있는 옛날의 저의 모습이기 때문입니다. 저는 옛날의 저를 오늘의 저로 끌어다 놓기 위하여 갖은 노력을 다하였듯이 당신을 햇볕 속으로 끌어 놓기 위하여 있는 힘을 다할 작정입니다. 저를 믿어주십시오. 그리고 서울에서 준비가 되는 대로 소식 드리면 당신은 무진을 떠나서 제게 와주십시오. 우리는 아마 행복할 수 있을 것입니다.' 쓰고 나서 나는 그 편지를 읽어봤다. 또 한 번 읽어봤다. 그리고 찢어버렸다.

"그리고 찢어버렸다." 나는 그 문장을 소리 내어 몇 번이고 읽어보았다. 그리고 이별 통보에 대한 답장으로 미친 듯이 손가락을 놀리며 타이핑 했던 이메일을 프린트해 읽어봤다. 또 한 번 읽어본 후 또각또각 걸어가 파쇄기에 넣어버렸다. 가시 돋치고 비루한 언어들이 잘디잘게 갈려 부서져나갔다. 'Top Secret.' 기계 표면에 붙어 있는 스티커의 까만 글씨를 바라보며 나는 심한 부끄러움을 느꼈다.

덜컹거리며 달리는 버스 속에 앉아서 나는 어디쯤에선가 길가에 세워진 하얀 팻말을 보았다. 거기에는 선명한 검은 글씨로 '당신은 무진읍을 떠나고 있습니다. 안녕히 가십시오'라고 씌어 있었다. 나는 심한 부끄러움을 느꼈다.

베르메르Jan Vermeer, 1632~75의 「편지를 읽고 있는 푸른 옷의 여인」은 「무진기행」의 책장을 덮는 순간 떠올린 그림이다. 소설 속 남자가 찢어버린 편지를 만일 여자가 발견했다면, 그 편지를 읽고 있는 여자는 아마도 이 그림과 같은 모습일 거라고 생각했다.

푸른 윗옷을 입은 여인이 자신의 방에서 막 도착한 편지를 읽는다. 여자는 고개를 약간 숙이고 입술을 약간 벌린 채, 편지를 쥔 양손에 잔뜩 힘을 주고 글을 읽어간다. 테이블 위에 놓인 여자의 진주목걸이를, 아직 읽지 않은 편지 한 장이 가리고 있다. 여자의 윗옷, 방 안의 의자, 테이블의 빛깔 모두가 푸른색으로 조응하며 명상적인 분위기를 자아낸다.

이 시기 네덜란드 화가들이 즐겨 그렸던 '편지를 읽고 있는 여인'이라는 주제는 대개 연애 문제에 관한 것이다. 주도면밀한 화가는 이 그림의 맥락에 대해 어떠한 직접적인 힌트도 주지 않는다. 다만 화가가 그려낸 빛과 그림자에 의해 미묘하게 감지되는 분위기가 관람자로 하여금 여인이 겪고 있는 감정의 농도를 느끼게 할 뿐이다.

여자는 이별을 통보받은 것일까? 흰 벽에 반사된 푸르스름하고 고요한 빛을 받은 여자의 입술이, 편지를 든 손이, 둥그스름한 어깨가 떨

편지를 읽고 있는 푸른 옷의 여인_ 얀 베르메르, 캔버스에 유채, 46.6 × 39.1 cm, 1663~64, 암스테르담 국립미술관

리고 있는 것처럼 보인다. 벽에 걸린 황토색 지도와 빈 의자가 연인의 부재를 암시한다. 여자의 부른 배가 심상치 않다. 이 그림이 18세기에 판매용 카탈로그에 실렸을 때, 평론가들은 "우아한 빛과 어둠이 선사하는 비현실적으로 아름다운 존재"라고 격찬했다. 아마도 그들은 그림 속 여인이 편지를 읽어가는 내내 구상하고 있었을 답장의 내용에 대해서는 고민하지 않았을 것이다. 무진霧津의 안개처럼 아스라하고 신비스러운 그림이라고, 나는 생각한다.

> 무진에 명산물이 없는 게 아니다. 나는 그것이 무엇인지 알고 있다. 그것은 안개다. 아침에 일어나서 밖으로 나오면, 밤사이에 진주해온 적군들처럼 안개가 무진을 뺑 둘러싸고 있는 것이었다. 무진을 둘러싸고 있던 산들도 안개에 의하여 보이지 않는 먼 곳으로 유배당해버리고 없었다. 안개는 마치 이승에 한이 있어서 매일 밤 찾아오는 여귀女鬼가 뿜어내놓는 입김과 같았다. 해가 떠오르고, 바람이 바다 쪽에서 방향을 바꾸어 불어오기 전에는 사람들의 힘으로써는 그것을 헤쳐버릴 수가 없었다. 손으로 잡을 수 없으면서도 그것은 뚜렷이 존재했고 사람들을 둘러쌌고 먼 곳에 있는 것으로부터 사람들을 떼어놓았다.

내가 처음
너를 만났을 때
너는 작은 소녀였고
머리엔 제비꽃

소나기

황순원 | '아름답다' 고밖에 표현할 수 없는 그의 단편들을 나는 단지 교과서에 실렸다는 이유로 한동안 평가절하했었다. 어른이 된 이후 다시 읽은 「소나기」와 「별」의 뛰어난 심리묘사가 이미 서른 줄에 접어든 나를 설레게 한다. 시대를 앞서간 감각적인 문장들을 구사한 대가(大家)에게 경의를 표한다.

존 싱어 사전트 | 사전트만큼 여인의 초상화를 잘 그리는 화가가 있을까. 그의 초상화 속 여인들은 화려하면서도 섬약하지 않아서 좋다. 생기에 가득 찬 눈빛을 지닌 그의 여인들을 바라보고 있자면 그림 속 그녀들처럼 당당하고 도도하게 살아보고 싶다.

인용문 출처
황순원 지음, 「소나기」, 『독 짓는 늙은이』, 문학과지성사, 2004
조동진 작사, 「제비꽃」, 『조동진 3집』, 1985

고백하자면, 나는 단 한 번도 누군가의 첫사랑이었던 적이 없다. 나는 누군가의 두 번째 사랑이거나, 네 번째 사랑이거나, 심지어 끝에서 두 번째 사랑이기도 했다. 다시 고백하자면, 나는 첫사랑을 가져본 적이 없다. 첫사랑과 첫 연애는 엄격히 구분되어야 한다. 전자가 풋풋한 어린 날의 아련한 기억이라면, 후자는 말 그대로, 단지 '첫 연애'일 뿐이다. 나이를 먹을 만큼 먹었을 때 첫 연애를 해보았을 뿐, 첫사랑이란 걸 지녀본 적이 없는 나는 첫사랑의 애틋함에 대한 이야기를 접할 때면 어려운 수학문제를 앞에 둔 것처럼 어리둥절해진다. 때로는 남들이 다 합격한 시험에 나 혼자만 낙방한 것만 같은 열등감이 솟구치기도 한다.

"너희들에게는 그런 첫사랑이 있어?" 나만 유별난 건지 궁금해 친구들에게 물어보았다. "청소년 간의 이성교제를 엄격하게 금지하는 대한민국에서 그게 가능해? 짝사랑이라면 해봤지." 모범생인 나의 친구들이 대답했다. "물론 있지. 넌 없니?" 이건 자유분방한 내 친구들의 반응이다.

흰 교복을 입은 갈래머리 소녀를 짝사랑하는 까까머리 소년의 이야기, 혹은 인근 학교의 훤칠한 남학생에게 쪽지를 건네주고 달아나는 단발머리 소녀의 이야기를 소설에서, 영화에서, 만화책에서 접했다. 그리하여 '첫사랑'이란 소년과 소녀 들의 특권, 어른이 되지 않은 자들의 조심스러운 이야기, 아름답고 순수한 약속처럼 여겨지곤 한다. 나는 오랫동안 황순원黃順元, 1915~2000의 「소나기」를 좋아하지 않았다. 학창 시절 모범생이었던 나로서는 이 소설이 첫사랑에 대한 모든 비현실적인 클리셰의 전범典範처럼 여겨졌기 때문이다.

「소나기」를 다시 읽은 것은 순전히 조동진의 「제비꽃」 때문이었다. 「제비꽃」은 80년대풍의 노래들을 좋아하는 내가, 그중에서도 특히나 좋아하는 노래다.

> 내가 처음 너를 만났을 때 너는 작은 소녀였고 머리엔 제비꽃
> 너는 웃으며 내게 말했지
> 아주 멀리 새처럼 날으고 싶어

처음 만났을 때 머리에 제비꽃을 꽂은 작은 소녀였던 '그녀'가 세월이 지나면서 여위어가고 이마에 땀방울이 맺혔다가, 결국은 평화로워지는 모습을 잔잔한 멜로디로 읊은 이 노래를 듣고 있자면 존 싱어 사전트John Singer Sargent, 1856~1925의 「바이올렛Violet」 초상화 연작이 떠올랐다. 바이올렛은 사전트의 막내 여동생으로 화가보다 열네 살 아래였다. 화가는 아마도 누이의 이름이 '보랏빛'을 뜻한다는 걸 인식하고 있었던 모

양으로, 그가 누이를 그린 초상화에는 모두 보랏빛이 감돈다. '바이올렛'에는 '보랏빛'뿐 아니라 '제비꽃'이란 뜻도 있다. 화가는 그림을 그릴 때마다 누이의 이름에서 빛깔을 연상했겠지만 조동진의 「제비꽃」을 들으면서 그림들을 보고 있자니 그 모든 초상화들이 꽃으로만 보였다.

조동진의 「제비꽃」과 사전트의 「바이올렛」 초상화 연작을 엮은 글을 회사 블로그에 올렸더니 해외에 거주하는 독자 한 분이 댓글을 달았다. "얘기를 읽으면서 순간 어렸을 때 읽었던 황순원의 「소나기」가 생각났습니다. 소년과 소녀가 산을 향해 달려가다 꽃을 꺾는데 소녀가 도라지꽃이 예쁘다고 하면서 자기는 보랏빛이 좋다고 하지요. 국어시간엔가 보랏빛은 이 소설의 종말에 소녀가 죽는 것을 예시하는 복선이라는 설명을 들은 기억이 어렴풋이 납니다."

아, 그런 장면이 있었지……. 나는 「제비꽃」을 배경음악 삼아 틀어 놓은 채 「소나기」를 다시 꺼내 읽기 시작했다. 서울에서 내려온 소녀를 보고 난생 처음으로 설렘을 느끼는 소년의 감정을 말간 수채화처럼 표현한 이 소설을 처음 접한 것은 중학교 1학년 국어 교과서에서다. 댓글을 단 독자가 언급한 보랏빛에 대한 구절은 다음과 같다.

산이 가까워졌다.

단풍이 눈에 따가웠다.

"야아!"

소녀가 산을 향해 달려갔다. 이번은 소년이 뒤따라 달리지 않았다. 그러고도 곧 소녀보다 더 많은 꽃을 꺾었다.

"이게 들국화, 이게 싸리꽃, 이게 도라지꽃……"

"도라지꽃이 이렇게 예쁜 줄은 몰랐네. 난 보랏빛이 좋아! ……근데 이 양산같이 생긴 노란 꽃이 뭐지?"

당시의 국어 시간에 우리는 "난 보랏빛이 좋아!"라는 소녀의 말에 밑줄을 쫙 긋고 선생님이 불러주는 대로 "보랏빛＝죽음을 상징하는 색, 소녀의 죽음을 암시하는 복선"이라고 적어 넣곤 했다. 보랏빛과 죽음과 복선의 관계를 묻는 문제가 시험에 단골로 출제됐기 때문이다. 그리하여 우리는 "산이 가까워졌다. 단풍이 눈에 따가웠다"라는 간결하면서도 감각적인 문장은 잊어버리고 오직 기계적으로 암기한 보랏빛에 대한 구절만 머릿속에 남겨놓은 채 성인이 되었다. 그래도 그 덕분에 어른이 된 후에도 소설을 떠올리고, 다시 읽고, 어렸던 중학생 때는 미처 이해하지 못했던 애틋한 감정을 음미할 수 있게 되었으니 오히려 다행인 걸까.

소녀가 속삭이듯이, 이리 들어와 앉으라고 했다. 괜찮다고 했다. 소녀가 다시 들어와 앉으라고 했다. 할 수 없이 뒷걸음질을 쳤다. 그 바람에 소녀가 안고 있는 꽃묶음이 우그러들었다. 그러나 소녀는 상관없다고 생각했

> 다. 비에 젖은 소녀의 몸 내음새가 확 코에 끼얹혀졌다. 그러나 고개를 돌리지 않았다. 도리어 소년의 몸 기운으로 해서 떨리던 몸이 적이 누그러지는 느낌이었다. [⋯중략⋯] 소년이 등을 돌려댔다. 소녀가 순순히 업혔다. 걷어올린 소년의 잠방이까지 물이 올라왔다. 소녀는, 어머나 소리를 지르며 소년의 목을 그러안았다.

소설에서 가장 인상적인 이 장면 묘사를 어른이 된 후 다시 읽어보니 숨이 멎을 정도로 아찔하게 느껴진다. 아무리 옛날 시골 아이들이 요즘 아이들에 비해 성숙했다고 해도 과연 초등학교 5학년짜리들이 느낄 수 있는 감각일까, 나는 잠시 당황스러워졌다. 이윽고 쓴웃음을 지었다. 이성교제를 하는 학생들은 문제아 취급하면서, 이토록 도발적인 소설을 중학교 수업 시간에 읽힌 대한민국 문학 교육의 모순이 어이없어서였다. 경험하지 않은 것들을 이해한다는 것은 어렵다. 남녀 사이의 성적 긴장감을 느껴보지 못한 어린 학생들이 이해하기에 「소나기」는 지나치게 어려운 소설이라고 생각했다. 소녀의 흰 목덜미에 흩어진 몇 가닥 머리칼처럼 애잔하면서도 요염한 작품이었다.

소나기를 맞은 후 소녀는 심하게 앓았고, 다음에 소년을 만났을 때 검붉은 진흙물이 든 분홍 스웨터를 입고 나온다. 개울을 건너면서 소년에게 업혔을 때 소년의 등에서 옮은 물이다. 그리고 다시 한참동안 소년은 소녀를 보지 못한다.

마을 갔던 아버지가 언제 돌아왔는지,

"윤초시 댁두 말이 아니여. 그 많던 전답을 다 팔아버리구, 대대루 살아오던 집마저 남의 손에 넘기더니, 또 악상까지 당하는 걸 보면……."

남폿불 밑에서 바느질감을 안고 있던 어머니가,

"증손이라곤 계집애 그 애 하나뿐이었지요?"

"그렇지. 사내애 둘 있던 건 어려서 잃우……."

"어쩌믄 그렇게 자식복이 없을까."

"글쎄 말이지. 이번 앤 꽤 여러 날 앓는 걸 약두 변변히 못 써봤다더군. 지금 같애서는 윤초시네두 대가 끊긴 셈이지. 그런데 참 이번 계집애는 어린 것이 여간 잔망스럽지가 않어. 글쎄 죽기 전에 이런 말을 했다지 않어? 자기가 죽거든 자기 입던 옷을 꼭 그대루 입혀서 묻어 달라구……."

근 20년만에 소설의 마지막 부분을 다시 읽고 나자 저절로 눈물이 툭, 떨어졌다. 시험을 잘 보기 위해 '악상惡喪'과 '잔망스럽다'의 뜻을 달달 외우며 읽었던 열네 살 때와는 판이한 감정이었다. 다시 소녀를 만날 기대에 부풀어 까무룩 잠이 들었다가 부모의 대화를 통해 소녀의 죽음에 대해 알게 된 소년의 감정이 그대로 전이되었던 것이다. 죽기 전에 소년의 몸에서 옮아온 물이 든 분홍 스웨터를 입혀 묻어달라고 말했던 소녀의 마음은 또 얼마나 애틋했을까. 두 형제의 죽음을 경험한 아이, 자신도 몸이 약해 자주 앓는 아이, 죽음을 눈앞에 두고 살아가는 아이는 아이답지 않게 어른스러워질 수밖에 없다. 제비꽃처럼 함초롬해야 할 나이의 소녀가 잔망스러운 것은 그 때문이다. 나는 한참을 그들에 대해 생각했다. 죽음을 준비했을 소녀, 그 소녀와 맞닥뜨린 소년. 저절로「제비꽃」의 마지막 노랫말이 떠올랐다.

> 내가 마지막 너를 보았을 때 너는 아주 평화롭고 창 너머 먼 눈길
> 너는 웃으며 내게 말했지
> 아주 한밤중에도 깨어 있고 싶어

사전트의「바이올렛」연작 중「소나기」의 소녀를 연상시키는 작품은 바이올렛이 열세 살이었던 1883년 화가가 연필로 스케치한 후 수채화로 그린 그림이다. 이 그림은 사전트의 가족이 프랑스 남부의 휴양지인 니스에 머물렀던 시기에 그려진 것으로 추정된다. 이 시기에 사전트가 자주 부모님을 방문했기 때문이다. 즐겨 사전트의 모델이 되었던 바이올렛은 특히 외광外光 연구를 위한 모델을 서곤 했다.

흰 얼굴, 도발적인 눈빛의 깡마른 소녀가 흰 원피스 차림으로 정면을 응시하고 서 있다. 아이답지 않게 예민하고 당돌해 보이는 그 눈빛은「소나기」의 주인공인 '잔망스러운' 소녀의 그것과 닮았으리라. 소녀가 허리에 맨 리본의 빛깔은 엷은 보랏빛, 소녀의 뒤에 비친 빛 그림자는 짙은 청보라 빛이다. 소녀의 당당하고 기품 있는 자세는 스페인

바이올렛 사전트_ 존 싱어 사전트, 종이에 연필과 수채, 45.1×21.6cm, 1883년경, 개인 소장

화가 벨라스케스의 「왕녀 마르가리타」 연작을 상기시킨다. 실제로 사전트는 벨라스케스의 작품에서 많은 영향을 받았다.

이 섬세한 초상화의 주인공인 바이올렛은 그러나 죽음의 빛깔을 뜻하는 이름에도 불구하고 「소나기」의 소녀와는 달리 요절하지 않았다. 그녀는 1891년 스위스 시가 제조업자의 아들인 프란시스 오몬드와 결혼해 6명의 아이를 낳았으며, 여든다섯 살까지 살았다.

조동진의 「제비꽃」을 회사 선배들과 점심을 먹으러 가는 차 안에서 들은 적이 있다. "제가 좋아하는 노래예요"라고 말하자, 한 남자 선배가 웃으며 말했다. "저 노래가 나온 게 내가 대학교 2학년 때였는데, 모든 여자들이 저 노래의 주인공이 자기라고 생각했어."

머리에 제비꽃을 꽂고 있던 노래 속 소녀는 아마도 노래하는 남자의 먼 옛날 첫사랑이었겠지. 많은 여자들이 가녀리고 투명한 이미지의 노래 속 소녀를 자신과 동일시했던 것은 한 남자의 마음속에 순수했던 소년 시절의 아련한 보랏빛 추억으로 영원히 남는 것이 세상 모든 여인들의 로망이기 때문일 것이다.

나이 든 남자의 첫 연애 상대가 되는 것은 브담스럽다. 소년의 첫사랑으로 기억되는 것은 영광스럽다. 누군가에게 첫사랑의 추억으로 남기에는 이젠 너무 나이가 들어버린 나는 「제비꽃」의 중간 부분을 흥얼거리며 잠시 무미無味했던 내 소녀 시절을 애도했다.

내가 다시 너를 만났을 때 너는 많이 야위었고 이마엔 땀방울
너는 웃으며 내게 말했지
아주 작은 일에도 눈물이 나와

거룩한
아름다움,
영원의 얼굴을
찾아서

가면고

최인훈 | 남성적인, 너무나 남성적인 작가. 담백한 그의 문체에서는 수컷의 냄새가 난다. 『광장』과 「가면고」에서 그가 그려낸 여성상은 자신을 희생해 남성을 구원하는 파우스트의 그레첸을 떠올리게 한다. 『광장』의 명준과 「가면고」의 민이 여성을 사랑하는 방식은 자신에게 구원을 주는 모성적 존재로서다. 그러나 어찌하겠는가. 여성이 여성다운 것처럼 남성도 남성다울 수밖에 없는 것을. 가식 없이 솔직한 남성다움은 때로 여성을 매혹한다.

에드가 드가 | 익히 알려진 대로 「발레리나」의 화가. 사진에 관심이 많았으며, 카메라를 통해 본 듯한 시점의 그림을 많이 그렸다. 그의 발레리나 그림들이 지겹다면 그가 1872~87년 사촌누이를 모델로 그린 「회복기의 환자」를 보기 바란다. 병색이 완연한 여인의 수척한 눈매를 묘사한 붓끝에서 인간혐오증에 시달렸던 화가의 마음 밑바닥에 자리했던 고독과 아픔이 시퍼런 날것으로 느껴진다.

인용문 출처
최인훈 지음, 「가면고」, 『크리스마스 캐럴/가면고』, 문학과지성사, 2005

그는 최인훈을 좋아했고, 나는 제인 오스틴을 좋아했다. 그는 여자가 쓴 소설은 읽지 않았고, 최인훈의 작품이라곤 『광장』밖에 읽지 않았던 나는 그 소설 속 여성상이 늘 못마땅했다. "『광장』의 여자들이란 주인공 남자에 종속된 존재 아니야? 난 작가가 여자를 바라보는 방식이 마음에 들지 않아." "꼭 어설픈 페미니스트들이 그런 말을 하더라." 그는 어이가 없다는 듯 나를 쳐다보았다.

그와 함께 동묘 앞 헌책방을 찾은 것은 백열등 불빛이 유난히도 따스해 보이던 어느 겨울날이었다. "아, 이 책이 여기 있네." 서가를 뒤적이던 그가 책 한 권을 꺼내 내게 보여주었다. "내가 가장 감명 깊게 읽은 소설이야." 세로쓰기에다가 책장마저 누렇게 바랜 그 책을 구입한 그는 싫다는 내게 부득부득 책을 쥐어주더니 장난스레 말했다. "읽고 독후감 써서 내게 검사 맡도록." 최인훈崔仁勳, 1936~ 의 「가면고假面考」를 읽은 것은 그 때문이다.

1960년 7월에 발표된 이 중편소설은 전후戰後의 혼란 속에서 진정한 자신의 '얼굴'을 찾기 위해 몸부림치는 젊음을 그리고 있다. 불안감 속에서 쫓기듯 살아가는 자신의 모습이 꼭 가면을 쓰고 있는 것만 같아서 그 가면을 벗고 "완성의 다음에 오는 저 느긋함과 덤비지 않는 의

젓한 얼굴"을 가지기를 애타게 바라는 한 젊은이의 모습을.

주인공 민은 전쟁을 겪고 막 군에서 제대한 30대 초입의 문인ㅈㅅ이다. 생계를 위해 발레 각본을 쓰는 일을 하고 있는 그는 자신의 예술적 재능에 대한 확신을 갖고 싶어하지만 뜻대로 되지 않자 초조해진다. 길을 가다가 우연히 발견한 심령학회에 들러 최면요법을 받게 된 민은 고대 인도의 왕자로서의 자신에 대한 환영을 보게 되는데, 꿈속에서의 민도 역시나 "거룩한 아름다움, 망설임을 넘어선 표정"을 지닌 '영원의 얼굴'을 지니길 갈망한다.

『광장』과 마찬가지로 「가면고」에도 두 여자가 등장한다. 화가인 미라는 예술지상주의자인 민의 지적 허영심을 충족시킬 만큼 지적이지만, 민보다는 자신의 예술을 더 사랑하는 여자다. 발레리나인 정임은 밝고 따스하면서 헌신적이지만 무지하다는 결점을 가지고 있다. 머리로는 미라를 사랑해야 한다고 생각하면서 마음은 정임에게 끌리는 자신의 모순을 다독이기 위해 민은 다음과 같이 자신을 설득한다.

> 문제를 가지지 않은 여자를 사랑하는 것은 해결이 아니고 회피다.

다분히 관념적이고 추상적인 이 소설은 최면에 빠진 민이 인도 왕자로서 구술하는 이야기가 겹쳐지면서 몽환적으로 흘러간다. 현실의 민은 철학적인 화제를 꺼내지는 않지만 자신과 대화하길 원하는 정임에게 마음이 가고, 최면 상태의 민은 코끼리의 소식小食과 같은 자질구레한 일상의 일을 늘어놓는 옆 나라 공주에게서 해방감을 맛본다. 최상의 얼굴을 찾기 위해 마법사를 시켜 산 사람의 얼굴 껍질을 벗겨 들이던 왕자는, 배움이 없음에도 불구하고 무잡성無雜性으로 빛나는 공주의 얼굴에서 성자聖者의 그것을 발견한다. 사랑이라는 명분 아래 왕자는 요구한다. "나를 위해 모든 것을 버려 달라. 부모도, 나라도, 네 얼굴까지도."

> 달리는 말 위에서 나는 눈을 감았다. 감은 눈 속에 살아 있던 때의 마가녀 공주의 얼굴이, 환히 떠올랐다. 쟁반에 담겨왔던 그녀의 얼굴은 웃고 있었다. 그때까지도 나는, 모진 마음이 허물어지지 않았다고 생각했다. 드디어 바람이 이루어지는 기쁨에 목이 메어 있는 것이라고, 내 가슴의 격동을 자신에게 일러줬었다. 그 얼굴을 아주 제가 가지는 것으로 그녀에 대한 사람으로서의 빚을 넉넉히 갚을 수 있다고 다짐하려 들었다. 그 얼굴을 쓴 순간의 기쁨과 두려움.
> 그리고 떨리는 손으로 다시 그 얼굴을 당겼을 때, 힘없이 손을 따라 묻어나온 얼굴을 두 손바닥에 받았을 때, 내게는 모든 것이 마침내 끝났던 것이다.

사랑을 담보로 얻은 희생은 달콤할까. 결코 그렇지 않았다. 공주의 얼굴을 얻은 후 죄책감과 아픔에 사로잡힌 왕자는 마술사의 집으로 말을 달려가 부르짖는다.

"후회한다……. 내 탈을 벗지 못해도 좋다. 영원히 깨닫지 못한 채 저주스런 탈을 쓰고 살아도 좋다. 만일 이 끔찍한 일을 하지만 않았다면, 이 죄만 없어진다면……."

왕자의 말을 들은 마술사가 손에 든 햇불을 왕녀의 얼굴에 갖다대자 그 얼굴은 녹아내린다. 마술사가 왕자를 위해 모아들였다고 하던 사람의 얼굴들은 모두 아교와 초로 만든 탈바가지였던 것이다. 문이 열리고, 살아 있는 왕녀가 걸어 들어온다. 어느새 브라마의 신神으로 바뀐 마술사가 말한다.

"왕자 다문고. 너의 한마디가 너의 업業을 치웠다. 탈은 벗겨졌다."
나는 발밑에 떨어진 것을 보았다. 흉하게 일그러진, 주름으로 얽히고 떨어지면서 비틀려 오그라진 나 자신의 업의 탈을.

한 여인의 희생으로 인해 한 남자가 구원받는다는 지극히 파우스트적인 이 장면을 읽고, 내게 책을 사 주었던 그 남자는 흐느껴 울었다고 했다. 그러나 나로 말할 것 같으면…… 섬뜩했다. 음. 그러니까 네가 내게 바라는 게 그런 거란 말이지? 너를 위해 목숨마저 걸 수 있는 구원의 여신女神. 난 그거 못하겠는데.

> 상큼하니 도사린 것 같으면서, 겉보기만큼 무정하지는 않은 그녀를 애인으로 가지고 있는 것은, 짐은 되면서도 버릴 수 없는 짐이었다. 그녀의 말대로 문화를 모르는 여자를 데리고 살지 않는 한 길은 한 가지, 서로 잘 해보는 길밖에는 없다.

두 여자를 놓고 끊임없이 고민하던 현실의 민은 마침내 머리 복잡한 여자인 미라를 버리고 단순하지만 자신만 바라봐주는 정임을 택한다. 미라와 말다툼을 하면서 "교양이 있으면서도 꼬치꼬치 캐지 않는 순수한 여자가 있다면……"이라고 속내를 내보였던, 정임과 이야기를 하면서 "모르는 게 너의 매력이고 모르는 게 단 한 가지 흠"이라고 생각했던 이 남자는 마침내 머리와 가슴의 부조화를 극복하고 수컷으로서의 본능을 좇기로 결심한 것이다.

물론 소설에서, 현실 속 민의 깨달음은 꿈속 왕자의 그것과 마찬가지로 극적이고 엄숙하게 그려진다. 민이 각색한 신데렐라 이야기가 정임을 주연으로 해 무대에 올랐던 날, 그는 미라로부터 파리로 떠난다는 내용이 적힌 쪽지를 받는다. 충격을 달래기 위해 옥상에 서 있는 민에게 막 공연을 마친 정임이 달려와 쪽지를 빼앗아 본다.

곁에 섰던 정임이 푸르르 달려가는 기척에, 민은 퍼뜩 머리를 들었다가, 얼어붙은 듯 숨을 죽였다. 달무리진 하늘을 뒤로 옥상의 휘칠한 난간 위에 발끝으로 선 정임의 등실한 포즈를 거기서 본것이다.

로터리의 휘부연 보도를 향하여 나비처럼 떨어져가는 그녀의 환상이 머리를 스쳐갔다. 침착하게…… 서둘지 말고…….

"알았어 알았다니까……"

속에서 타는 감동을 힘껏 감추며, 아무렇지도 않은 듯이, 가볍게, 무슨 장난이냐 하는 기분이 풍기게 소리냈다. 그러나 그렇게 말했을 뿐, 민은 한 발도 움직이기는커녕 손의 자리도 바꾸지 못했다. 만일 자기가 조금이라도 움직이면 그녀의 균형이 무너질 것 같았다. 자꾸 머리가 어지러워온다. 자기만 '사람'이고 다른 사람은 인형으로 알고 살아오던 사람이, 처음으로 또 다른 자기 밖의 '사람'을 발견한 현장에서 느끼는 멀미였다.

[…중략…]

툭.

그 기척에 바짝 정신을 차렸을 때, 정임은 사뿐히 뛰어내려 그의 옆에 서 있었다.

앞으로 고꾸라지는 민을 가슴으로 받으며 그녀는 웃고 있었다.

   자신을 위해 모든 걸 감내해주는 여성에 대한 '남자들의 판타지'라고, 이 장면을 읽어가던 나는 비웃었다. 그러나 참으로 아름다운 장면이라는 사실만은 여성으로서의 자의식을 아무리 발휘해보아도 부인할 수 없었다. 아니, 내가 여성이기 때문에 그 장면이 더욱더 아름답다고 느껴졌는지도 모르겠다. 자신과 다른 여인 사이에서 갈팡질팡하는 남자의 마음을 잡기 위해 허공 위로 가볍게 뛰어오르는 발레리나. 무구한 얼굴의 그녀는 중력에 저항하는 동시에 자신과 정반대의 극極에 서 있는 또 다른 여인의 인력引力에 안간힘을 써가며 팽팽히 맞서고 있으리라.

드가Edgar Degas, 1834~1917의 「스타」는 「가면고」의 이 장면을 연상시키는 파스텔화다. 붉은 꽃 장식이 달린 흰색 발레복을 입은 프리마 발레리나가 무대 한가운데에 서 있다. 한 다리로 자신을 지탱하고, 다른 한 다리는 뒤로 들어 올린 무희舞姬는 금방이라도 위로 풀쩍 뛰어오를 것만 같다. 그리고 커튼 뒤에서 차례를 기다리는 다른 발레리나들과 함께 무대 위의 스타를 지켜보는 한 남자의 모습이 보인다. 커튼에 얼굴이 가려진 검은 양복의 남자는 누구일까? 안무가? 감독? 발레리나의 연인? 무대의 여자는 황홀경에 빠진 얼굴을 한껏 뒤로 돌려 남자를 바라본다. 까다롭고 고집스러운 어둠 속의 남자는 이내 '마음과 얼굴이 하나인 채' 빛나는 여자의 표정에 심취할 것이다.

'작은 쥐들petits rats'이라고 불린 발레 연습생들을 즐겨 그렸던 드가는 발레 연습이 미술 작법 연구와 아주 비슷하다고 생각했다. 그는 "발레리나들은 같은 동작을 수십 수백 번 되풀이해야 한다. 예술에 있어서

스타_ 에드가 드가, 종이에 파스텔, 58×42cm, 1876~77년경, 파리 오르세 미술관

는 어떤 것도, 움직임 하나조차도 우연일 수가 없다"고 말했다. 드가는 적어도 머리를 쓰는 예술에는 지고의 가치를 부여하면서 몸을 쓰는 예술은 "애쓰지 않은 완성"이라며 격하했던 「가면고」의 주인공보다는 더 나은 인간이었을 것이다.

「가면고」를 읽었던 그 겨울에 나는 다음과 같은 내용의 이메일을 그에게 보냈다. "'결국 똑똑한 여자보다 예쁘고 착한 여자가 낫다'는 게 「가면고」의 결론이더군. 남자들이 그 소설을 왜 좋아하는지 알겠어." 답장이 왔다. "너는 인간 존재의 본질에 대한 성찰이 담긴 그 심오한 작품을 어쩌면 그렇게 통속적으로 간단히 요약할 수 있니? 제발 생각 좀 하고 살아라."

'무용하는 여자가 되어주지 못해서 미안', 나는 속으로 생각했다. 그림 그리는 여자와 마찬가지로 "지지 않겠다고 바득바득 기를 쓰며 달려드는" 나와 헤어진 후 그가 과연 "자기 세계를 고집하지 않고 나와의 대화를 늘 바라는" 여자를 만날 수 있었을지는 잘 모르겠다. 그가 내게 사준 헌 책의 속표지에 그 책의 최초 구매자는 다음과 같이 적어 놓았다. "1983. 10. 20. 아내 로사에게, 남편 돈 안드레아."

로사와 돈 안드레아는 과연 지금도 금슬 좋은 부부로 살고 있을까? 나는 종종 궁금해진다.

위대한 개츠비
·
죽은 자들
·
바람과 함께 사라지다
·
주홍 글자
·
에밀리를 위한 장미
·
오만과 편견
·
좁은 문
·
제인 에어

사랑,
아름답고 처연하다

한 여자에게
바쳐진
한 남자의
핑크 빛 심장

위대한
개츠비

F. 스콧 피츠제럴드 | 『위대한 개츠비』를 썼다는 것만으로 '위대한' 작가. 그의 다른 작품들은 읽어본 적이 없어서 평하지 못한다. "후춧가루를 뿌린 것 같은 별들", "웨이퍼 같은 달"처럼 섬세한 묘사에 감탄했다. 가질 수 없는 것에 대한 갈증을 아름답게 그려내는 것이 가능하다는 것을 나는 이 소설을 통해 처음 배웠다.

귀스타브 카유보트 | 카유보트를 처음 만난 것은 2004년 시카고 아트 인스티튜트에서다. 「비오는 날, 파리의 거리」를 보고서는 폭신폭신한 스폰지 같은 느낌이 드는 그 화면에서 깊은 인상을 받았다. 이후 광화문 지하보도의 노점상이 팔고 있는 우산에서 다시 그의 「비오는 날, 파리의 거리」와 마주쳤을 때, 정말로 '비 오는 날의 수채화' 같은 그림이라고 생각했다.

인용문 출처
F. 스콧 피츠제럴드 지음, 김욱동 옮김, 『위대한 개츠비』, 민음사, 2003

순정純情에 대한 논의는 20대에 졸업했어야 한다는 생각이 들지만, 나와 내 친구들은 아직도 종종 순정에 대해 이야기한다. 물론 이 경우 논의의 대상은 어디까지나 여자의 순정이 아니라 남자의 순정이다.

서른 살 막바지의 어느 휴일, 볕 좋은 카페에 앉아 차를 마시면서 '우리 나이에 연애 경험이 없는 남자와 사귀는 것'에 대해 이야기했을 때 친구 A는 반색을 하면서 "그게 어때서? 대환영이지" 하고 말했다. "그 사람에게 첫사랑으로 평생 가슴에 남을 수 있는 거잖아. 우리 나이에 그게 쉽니? 난 앞으로 영영 누군가의 첫사랑이 될 수 없다는 생각을 하면 가슴이 서늘해지더라." 나로 말할 것 같으면 내가 이 나이에 누군가의 첫사랑으로 평생 가슴에 남을 거라는 생각을 하면 가슴이 서늘해진다. 이유는 물론 부담스러워서다. 처음 연애를 시작하는 사람들이 상대에 대해 갖는 기대를 생각해보라! 한 회사 동료의 표현을 빌자면 "나는 빨리 수능시험 보고 대학에 입학하고 싶은데, 상대는 이제 막 성문 기본 영어책을 펼쳐들었을 때의 기분"이라고나 할까. 어쨌든 나는 이제 누군가의 첫사랑이기보다는 '마지막 사랑'이고 싶고, 연애 경험이 없는 남자보다는 다른 여자들에게 충분히 길들여져서 오래된 마호가니 책상처럼 반들반들 묵직하게 윤나는 남자가 좋다. (이런 이야길 하면 꼭 "넌 남이 신다 버린 신발이 좋냐?"라며 비아냥대는 사람들이 있다.)

그러나 그럼에도 불구하고, 한 여자에게 순정을 바치는 남자는 아름답다. 그런 남자는 내게 밤하늘의 별과 같은 존재로, 아스라이 멀리 있기 때문에 반짝이는 것이다. 미국 작가 스콧 피츠제럴드 Francis Scott Key Fitzgerald, 1896~1940의 1925년 작 『위대한 개츠비』는 한 여자에게 바쳐진 한 남자의 핑크 빛 심장에 관한 이야기다. 소설의 주인공인 제이 개츠비는 가난한 자신을 버리고 부유한 남자의 아내가 된 옛 연인 데이지의 곁에 있기 위해 술을 밀조密造해 거부가 된 후 데이지의 집 건너편에 있는 저택을 사들인다. 밤마다 파티를 열면서 마침내 데이지와 재회한 그는 이후 데이지가 저지른 교통사고를 뒤집어쓰고, 교통사고 사망자의 남편에게 사살당한다. 한 여자에게 모든 것을 건 남자의 비극적인 최후를 그린 이 소설은 많은 평론가들에 의해 물질주의에 의해 변질된 '미국의 꿈', 혹은 미국 동부에 대한 중·서부인의 동경과 좌절을 그린 것으로 해석돼왔다. 그러나 그러한 해석은 대공황 직전 호황을 누렸던 1920년대의 미국사회에 대해 잘 알고 있는 학자들의 것일 뿐, 일반 독자들에게 이 이야기는 지고지순하고 가슴 아픈 사랑 이야기로 읽힐 것이다. 첫 키스의 순간에 대한 회상을 이처럼 격조 있고 우아하게 묘사한 소설을 나는 여태껏 본 적이 없다.

데이지의 하얀 얼굴이 자신의 얼굴에 닿는 순간 그의 가슴은 점점 더 빨리 뛰었다. 이 아가씨와 입을 맞추고 말로 표현할 수 없는 자신의 꿈을 그녀의 불멸의 숨결과 영원히 결합시키면, 하나님처럼 다시는 마음이 뛰지 않으리라는 것을 잘 알고 있었다. 그래서 그는 별에 부딪힌 소리굽쇠가 내는 아름다운 소리에 귀를 기울이며 잠시 기다리고 있었다. 그러고 나서 그는 그녀에게 키스를 했다. 그의 입술에 닿자 그녀는 그를 위해 한 송이 꽃처럼 피어났고, 꿈은 실현되었다.

위에 언급한 "별에 부딪힌 소리굽쇠 the tuning-fork that had been struck upon a star"처럼 오감을 자극하는 절묘한 표현들이 이 소설에는 여러 번 등장한다. "웨이퍼 과자 같은 달 a wafer of a moon", 그리고 "은빛 후춧가루를 뿌려 놓은 듯한 별들 the silver pepper of the stars".

'picturesque 그림처럼 아름다운'라는 단어를 떠올리게 하는 "은빛 후춧가루를 뿌려놓은 듯한 별들"에 대한 묘사는 소설에서 가장 인상적인 구절에 등장한다. 만灣 이쪽의 개츠비가, 데이지의 집이 있는 만 저쪽의 부두 끝에 켜진 초록빛 불빛을 응시하는 장면이다.

50피트 떨어진 곳에 또 한 사람의 모습이 이웃집의 그림자 속에서 나타나 두 손을 주머니에 찌른 채 서서 은빛 후춧가루를 뿌려놓은 듯한 별들을 바라보고 있었다. […중략…] 그는 두 팔을 어두운 바다를 향해 뻗었는데,

나는 멀리 떨어져 있기는 했지만 그가 부르르 몸을 떨고 있다고 확신할 수 있었다. 무의식 중에 나도 바다 쪽을 바라보았다. 저 멀리 조그맣게 반짝이는, 부두의 맨 끝자락에 있는 것이 틀림없는 단 하나의 초록색 불빛을 빼고는 아무것도 보이지 않았다. 내가 다시 개츠비를 쳐다보았을 때 그는 그 자리에 없었고, 나는 어수선한 어둠 속에 또다시 혼자가 되었다.

가질 수 없는 것을 갈망해본 적이 있는 사람이라면, 항구의 초록색 불빛을 애타게 바라보는 개츠비의 마음을 이해할 수 있을 것이다. 소설 속에서 데이지는 그처럼 순수한 사랑을 받기에는 지나치게 부박한 여자로 나오지만, 사랑받는 자란 대개 품위 있기보다는 매력적인 존재가 아니던가. 데이지는 무일푼의 개츠비가 "난생 처음으로 알게 된 우아한 여자"였고, 사랑을 넘어선 동경憧憬의 대상, 개츠비에게 '상류사회'를 들여다보게 한 하나의 창窓이었으니 그것으로 그에겐 충분했을 것이다.

귀스타브 카유보트Gustave Caillebotte, 1848~94의 「창가의 남자」는 내게 항상 항구의 먼 불빛을 응시하는 개츠비의 뒷모습을 생각나게 한다. 소설의 배경은 밤이고, 그림의 배경은 낮이라는 점이 다르긴 하지만 호주머니에 두 손을 찌르고 창밖을 내다보고 있는 남자의 뒷모습에서 갈망으로 인한 허기가 느껴지기 때문이다. 남자의 시선이 향하는 거리에는 여인이 한 명 서 있다. 창가에 선 남자의 눈길이 여인을 좇는다. 그는 여인

창가의 남자_ 귀스타브 카유보트, 캔버스에 유채, 117×82cm, 1875, 개인 소장

이 고개를 돌려 자신을 바라봐주길 바라겠지만, 아마도 여인은 건물들 사이로 총총히 사라질 것이다. 이윽고 남자는 창문을 닫고, 의자에 앉아 머리를 싸맨 채 고뇌에 잠길 것이다. 그리고 다음 날이면 또 창문을 열고, 여인의 그림자를 찾아 부산한 거리를 끈질기게 응시할 것이다.

카유보트는 1848년 파리의 부유한 부르주아 가정에서 태어났고, 1894년 마흔여섯 살이라는 젊은 나이로 숨졌다. 그는 자신의 작품을 1876년의 〈제2회 인상파 전시회〉에 내놓았고 곧 잇따른 전시회들에서 '움직이는 권력'이 되었다. 그는 자신의 부富를 당대의 훌륭한 예술품들을 모으기 위해 썼고, 그가 모은 예술품들은 그가 사망한 후에 정부에 귀속돼 현재 오르세 미술관 컬렉션의 핵심부를 이루고 있다.

1875년 그려진 「창가의 남자」는 〈제2회 인상파 전시회〉에 출품된 것으로, 그림 속 도시 풍경은 파리의 미로메닐Miromesnil 거리와 리스본Lisbonne 거리가 만나는 지점과 그 너머의 말셰르브Malesherbes 대로를 묘사한 것이다. 창밖을 내다보고 있는 남자는 화가의 남동생 르네 카유보트로, 1876년 갑작스럽게 병에 걸려 사망했다.

평론가들은 이 그림이 작가 루이 에드몽 뒤랑티Louis-Edmond Duranty가 1876년 펴낸 소책자 『새로운 그림La Nouvelle Peinture』의 구절들과 일치한다고 이야기하곤 했다. 인상파 화가들을 위한 변명으로 여겨지는 이 유명한 글에서 뒤랑티는 이렇게 썼다. "주머니에 넣은 손은 웅변적이 될 수 있다. 내부로부터 우리는 창문을 통해 외부와 소통한다. 창문은 우리가 실내를 지나가는 상당한 시간 동안 끊임없이 우리와 함께하는 또 다른 프레임이다."

개츠비는 원하는 것을 멀리서나마 바라볼 수 있는 창을 내기 위해 5년을 기다렸고, 여전히 창밖에 있는 '그녀'를 자신의 창 안으로 들이기 위해 여름밤 내내 떠들썩한 파티를 열었다. 이러한 개츠비의 행동에 대해 개츠비의 이웃에 사는 소설의 화자話者는 다음과 같이 말한다.

> 그는 오 년을 기다려서 저택을 산 다음 우연히 날아드는 나방들에게 별빛을 나눠주었던 것이다. 정작 자신은 언젠가 남의 집 정원에 건너갈 수 있기만을 바라며 말이다.

미국 중서부의 유서 깊은 가문 출신으로 예일대를 졸업하고 1922년 동부로 와 증권업에 몸담기 시작한 화자는 개츠비의 꿈이 이루어지고 또한 쇠락하는 것을 바라보면서 서른 살이 된다. 작가의 표현에 따르면 서른 살은 "고독 속의 십 년을 약속하는 나이, 독신자 수가 점점 줄어드는 나이, 야심이라는 서류 가방도 점점 얄팍해지는 나이, 머리카락도 점점 줄어드는 나이"다. 그러나 서른 살의 그는 순정에 모든 것을 걸었다가 목숨마저 잃고 마는 사내를 평가절하하지 않는다. "희망에 대한 탁월한 재능"과 "낭만적 민감성"을 지닌 이 "위대한" 사내에 대해 그는 말한다.

개츠비는 그 초록색 불빛을, 해마다 우리 눈앞에서 뒤쪽으로 물러가고 있는 극도의 희열을 간직한 미래를 믿었던 것이다. 그것은 우리를 피해 갔지만 문제될 것은 없다. 내일 우리는 좀 더 빨리 달릴 것이고 좀 더 멀리 팔을 뻗칠 것이다. 그리고 어떤 맑게 갠 아침에는…… 그리하여 우리는 조류를 거스르는 배처럼 끊임없이 과거로 떠밀려가면서도 앞으로 앞으로 계속 전진하는 것이다.

당신의
그녀에게서
낯선 우아함과
신비로움을
만난다면

죽은 자들

● 제임스 조이스 | 『율리시스』의 작가로 알려져 있다. 안타깝게도 『율리시스』는 읽어보지 않았다. 어려울 것 같아서다. 『젊은 예술가의 초상』을 쓴 작가로도 유명하다. 아쉽게도 『젊은 예술가의 초상』은 읽다가 말았다. 『더블린 사람들』은 내가 유일하게, 그것도 영어 원문으로 완독한 조이스의 작품이다. 그의 품위 있는 문장들을 통해 영어 문장의 아름다움이란 어떤 것인가를 처음으로 깨달을 수 있었다.

● 귀스타브 쿠르베 | 19세기 사실주의 화파의 대표격으로 여겨지는 화가다. 「돌 깨는 사람들」이라든가 「안녕하세요 쿠르베 씨」와 같은 작품들은 사실주의 화가로서의 그의 일면만 보여준다. 감정이 있는 인간으로서의 쿠르베, 그의 보드라운 내면을 「조, 아름다운 아일랜드 처녀」와 마주하기 전에는 나는 알 수 없었다. 한 여자의 비슷한 초상을 네 점 그려 그중 한 점을 소중히 간직한 남자, 당대의 현실을 날카로운 붓끝으로 치밀하게 포착한 의식 있는 화가. 도대체 어느 쪽이 그의 진짜 모습일까?

● 인용문 출처
지은이의 번역

"검은 상장喪章을 단 꽃다발이 문손잡이에 리본으로 묶여 있었다. 가난한 행색의 두 여인과 전보 배달부 소년이 상장에 꽂힌 카드를 읽고 있었다. 나도 가까이 가서 읽어보았다. 1895년 7월 1일, 제임스 플린 신부, 전 미드가 성 캐서린 성당 사제, 향년 65세, 영면. 카드를 읽고 나니 비로소 그가 죽었다는 사실이 실감이 났다. 나는 슬픔을 억제하려는 나 자신을 발견하고는 혼란스러워졌다."

영어 문장을 해석해 나가던 노老교수가 손수건으로 땀을 훔쳤다. 9월 하순의 강의실은 창문을 열어놓았는데도 꽤나 더웠다. 교수의 검은 양복 옷깃에 삼베 상장喪章이 달려 있었다. 일순간 강의실 안이 침묵으로 가득 찼다. 윙윙거리는 파리 소리 말고는 아무것도 들리지 않았다. 소설가 황순원이 타계한 것이 불과 며칠 전이었다.

제임스 조이스James Joyce, 1882~1941의 단편집 『더블린 사람들Dubliners』을 처음 접한 것은 대학 2학년 때 들었던 '영미 단편소설 강독' 수업에서였다. 당시 담당 교수였던 황동규 선생님은 아버님 상을 치르고 오신 직후에 있었던 수업에서, 가깝게 지내던 신부神父의 죽음과 맞닥뜨린 소년의 이야기를 그린 「자매The Sisters」를 힘겹게 읽어 나갔다. 그 장면이 『더블린 사람들』을 떠올릴 때마다 습관적으로 생각나곤 한다.

20세기 초 아일랜드의 수도 더블린의 침체된 상황을 '마비상태'에 비유한 이 소설집은 전체적으로 갑갑하고 음울한 분위기여서 스무 살을 갓 넘긴 여대생에게 썩 호감을 주지는 않았다. 다만 수록된 15편의 소설 중 가장 마지막에 실린 「죽은 자들 The Dead」만은 "호모 사피엔스가 쓴 중편소설 중 가장 아름답다"는 황동규 선생님의 말씀이 아니었더라도 주인공이 눈 내리는 풍경을 바라보는 마지막 문장이 너무나도 아름다워서 눈 내리는 날이면 꼭 떠올릴 정도로 두고두고 기억에 남았다.

> 온 세상에 눈이 어렴풋이 내리는 소리, 그들의 마지막 종착지에 내리는 것처럼 모든 살아 있는 자들과 죽은 자들 위에 어렴풋이 눈 내리는 소리를 들으면서 그의 영혼은 서서히 아득해져갔다.
>
> His soul swooned slowly as he heard the snow falling faintly through the universe and faintly falling, like the descent of their last end, upon all the living and the dead.

조이스가 1907년에 탈고한 「죽은 자들」은 아내와 함께 이모 집에서 열린 크리스마스 파티에 참석한 가브리엘이라는 남자의 시점에서 전개된다. 작가의 분신임에 틀림없는 가브리엘은 "예민하고 신경질적인 눈에 안경을 쓴" 깐깐하고 자기중심적인 지식인으로 그려진다. 소설을 처음 읽은 지 정확히 8년 반 만에 다시 책을 꺼내어 읽으면서, 그새 이른바 '보수 신문' 기자가 된 나는 영국 보수 신문에 글을 쓴다는 이유로 아일랜드 민족주의자로부터 비난받는 가브리엘에게 동질감을 느끼는 나 자신을 발견하고는 쓴웃음을 지었다. "국가도, 종교도, 가정도 섬기지 않겠다"면서 37년을 고국 아일랜드를 떠나 망명자로 떠돌았던 코즈모폴리턴 조이스도 참 살기 힘들었겠구나, 하고 나는 생각했다.

어쨌든 이 소설의 중심축을 이루는 것은 아내 그레타에 대한 가브리엘의 재발견이다. 자신을 거북하게 만들던 민족주의자가 떠나고 파티가 절정에 접어드는 순간, 그는 초대받은 터너 가수가 노래하는 아일랜드 민요에 귀 기울이며 어둠 속에 서 있는 아내를 발견한다.

> 그는 현관의 어둠 속에 가만히 선 채 노래의 분위기를 파악하려 애쓰면서 아내를 쳐다보고 있었다. 그녀의 자태에는 무언가의 상징이라도 되는 것 같은 우아함과 신비스러움이 있었다. 그늘진 계단에 서서 멀리서 들려오는 음악에 귀 기울이고 있는 여인은 무엇의 상징일까, 그는 자문해 보았다. 만일 그가 화가였다면, 그는 아내의 저런 모습을 그렸을 것이다. 그녀의 푸른 펠트 모자가 어둠을 배경으로 한 그녀의 붉은 갈색 머리를 강조할 것이고, 치마의 어두운 부분이 밝은 부분을 두드러지게 할 것이다. 「아득한 음악」, 만일 그가 화가라면 그는 그림을 그렇게 부르리라.

일상이 제의祭儀가 되는 순간이란 이런 것일까. 아내의 낯선 모습에 가브리엘은 갑자기 치밀어 오르는 사랑과 욕정을 느낀다. 두 아이를 낳고, 언제나 옆에 있는 이 여자가 예전에 자신이 뜨겁게 사랑했던 그 여자와 동일인물이라는 사실을 깨달은 것이다. 그는 서둘러 둘만 있을 수 있는 호텔 방에 가기를 바라며 이모 집을 떠난다. "고요 속에서 촛농이 쟁반 위에 떨어지는 소리와 제 심장이 늑골에 부딪히는 소리"를 들을 수 있는 지경까지 다다른 가브리엘은 호텔 방에 도착해 그녀를 안으려 하지만 아내는 "아까 들었던 노래 생각이 난다"면서 와락 울음을 터뜨린다.

"왜 그래, 그레타?" 그는 물었다.
"옛날에 그 노래를 즐겨 부르던 사람 생각을 하고 있었어요."
"옛날의 그 사람이란 누구지?" 가브리엘은 미소를 띠며 물었다.
"내가 골웨이에서 할머니와 함께 살았을 때 알던 사람이에요."
가브리엘의 얼굴에서 미소가 사라졌다. 둔탁한 분노가 그의 마음속에 다시 뭉치기 시작했고, 사그라들었던 욕정이 혈관 안에서 다시 세차게 타오르기 시작했다.
"사랑했던 사람이야?" 그는 비꼬는 어조로 물었다.
"내가 알고 지내던 소년이었어요. 마이클 퓨어리라는 이름이었죠. 그가 그 노래를 부르곤 했어요. 「오그림의 처녀」말이에요. 아주 몸이 약했지요."

가브리엘은 입을 다물고 있었다. 그는 아내가 자신이 그 허약한 소년에게 관심을 보이고 있다고 생각하게 되길 원하지 않았다.

"그의 모습이 눈에 선해요." 잠시 후 그녀는 말을 이었다.

"그의 크고 검은 눈 말이에요! 그 눈엔 뭐라고 말할 수 없는 표정이 있었어요. 어떤 표정이!"

"오, 그렇다면 당신은 그를 사랑하고 있었군?" 가브리엘이 말했다.

"그와 함께 산책을 나가곤 했죠. 골웨이에 있을 때." 그녀가 답했다.

같은 꿈을 꾸고 있다고 생각했던 이가 동상이몽同床異夢 중이었다는 현실을 깨닫게 되었을 때의 기분은 참담하다. 그리고 그 상대가 살 부비고 살던 아내였을 때는 더욱 그럴 것이다. 질문을 계속해 아내의 그 남자가 이미 죽었으며, 가스 공장의 소년공이었다는 사실을 알아낸 가브리엘은 문득 질투심을 느꼈던 자기 자신을 부끄러워하며 다시 아내에게 묻는다.

"그런데 그는 왜 그렇게 일찍 죽었지, 그레타? 폐결핵이었나?"

"나 때문에 죽었다고 생각해요." 그녀는 대답했다.

그레타가 고향을 떠나 더블린의 수도원으로 공부하러 간다는 소식을 들은 마이클은, 그녀가 떠나기 전날 밤 그녀를 찾아왔다. 비가 몹시

왔고, 마당에 서 있는 소년에게 그레타는 제발 집으로 돌아가라고 애원했지만, 소년은 살고 싶지 않다고 대답한다. "지금도 그날 밤 그의 눈이 보이는 것 같아요!" 절규하던 그레타는 다시 침대 위에 털썩 엎드려 흐느낀다. 가브리엘은 어찌할 바를 몰라 그녀의 손을 잡지만, 이윽고, "그녀의 슬픔에 끼어드는 것이 조심스러워" 가만히 손을 놓고 창가로 조용히 걸어간다.

　이 소설의 백미白眉는 여기부터다. 지극히 자기중심적인 냉정한 한 사내가 아내조차도 자신과 별개의 독립된 개인이라는 사실을 인정하는 순간, "한 번도 부부로 산 적이 없었던 것처럼" 잠든 아내를 바라보며 그녀가 소녀 시절에 지녔을 아름다움을 상상하면서 "낯설면서도 친근한 연민이 영혼에 찾아드는 것"을 느끼는 순간. 그는 이윽고 아내 곁에 몸을 누이고 생각한다.

　　하나씩 하나씩, 사람들은 유령이 되어 사라진다. 나이를 먹어 쓸쓸히 시들어 사라지는 것보다는, 어떤 열정의 영광에 가득차 저 세상으로 용감히 가버리는 것이 더 낫지 않을까. 그는 옆에 누워 있는 그녀가 살고 싶지 않다고 말하던 순간의 애인의 눈빛을 얼마나 오랫동안 마음속에 지니고 있었을까를 생각해 보았다.
　　관용의 눈물이 가브리엘의 눈에 가득 어렸다. 그는 어떤 여자에 대해서도 그런 감정을 가져본 적이 없었지만, 그러한 감정이 사랑임에 틀림없다는 것을 알고 있었다. 눈물은 더욱더 차올랐고, 불완전한 어둠 속에서 그는 빗물이 뚝뚝 떨어지는 나무 아래 서 있는 젊은이의 모습을 그려보았다. 다른 형상들도 그 곁에 보였다. 그의 영혼은 무수히 많은 사자死者들이 거주하는 곳으로 벌써 다가갔다. 걷잡을 수 없이 명멸하는 사자들의 존재를 그는 의식할 수 있었으나, 붙잡을 수는 없었다. 그의 자아는 회색빛의 손에 잡히지 않는 세계로 사라져가고, 그들, 사자들이 한때 돌보고 살았던 견고한 세계 자체는 차츰 엷어지며 사그라들어갔다.

그리고 눈이 내린다. 생명을 상징하는 눈이. 마이클 퓨어리가 묻혀 있는 쓸쓸한 교회 묘지 위에도, 비뚤어진 십자가와 묘석 위에도, 조그만 대문의 뾰족한 문설주 위에도. 온 세상을 하얗게 뒤덮는 눈을 바라보며 가브리엘의 마음이 정화되는 것으로 소설은 끝이 난다.

냉철하고 지적인 주인공의 마음을 사로잡은 아내 그레타는 아일랜드 서부의 시골 출신이다. 그녀는 체면을 중시했던 시어머니로부터 "약삭빠른 촌뜨기"라고 경멸받았음에도 오랫동안 병석에 누워 있었던 시어머니를 간병했던 인물로 그려진다. 다정하면서 순종적인, 그러면서도 옛 애인을 가슴에 품고 살아갔던 적갈색 거리의 아름다운 아일랜드 여인은 쿠르베Gustave Courbet, 1819~77의 그림 속 여인을 닮았으리라.

폭포수처럼 물결치는 적갈색 머리카락을 매만지며, 백옥 같은 피부의 여인이 거울을 들여다본다. 치장에 몰두하며 매무새를 고쳐야 할

조, 아름다운 아일랜드 여인_ 귀스타브 쿠르베, 캔버스에 유채, 55.9×66cm, 1865~66, 뉴욕 메트로폴리탄 미술관

시간이건만, 여인의 파란 눈동자는 자신이 아닌 다른 곳을 보고 있다. 여자의 공허한 눈동자 너머로 빗물이 뚝뚝 떨어지는 나무 아래 서 있는 청년의 모습이 떠오른다. "더 이상 살고 싶지 않아"라고 외치는 남자의 이글거리는 눈빛이. 그녀는 곧 거울을 놓고 슬픔에 겨워 흐느낄 것이다. 치렁치렁한 붉은 머리칼이 얼굴을 파묻은 여인의 등허리 위로 흩어진다.

그림의 모델은 쿠르베와 친분이 있던 미국 화가 휘슬러의 정부情婦 조애너 히퍼넌Joanna Hiffernan이다. 히퍼넌의 아름다움을 자랑스럽게 여긴 휘슬러는 그녀를 쿠르베에게 데려갔을 때, 쿠르베에게 보여주기 위해 그녀의 머리를 풀어 어깨 아래로 늘어뜨리도록 했다. 휘슬러와 함께 프랑스 트루빌에 머물던 1865년 말, 그녀는 쿠르베를 위해 「아름다운 아일랜드 여인」의 모델이 되어주었다. '거울을 들고 있는 여인'의 도상은 전통적으로 허영vanity을 상징하지만, 쿠르베는 이 오래된 도상을 재해석해 사실주의적인 초상화로 그려냈다. 쿠르베는 히퍼넌을 모델로 한 같은 주제의 유사한 그림을 네 점 그렸는데, 그중 한 점을 죽을 때까지 지니고 있었다.

> 가브리엘은 외투와 모자를 소파 위에 던진 다음 방을 가로질러 창문 쪽으로 갔다. 그는 격정을 조금이라도 가라앉히기 위해 거리를 내려다보았다. 그리고 돌아서서 빛을 등진 채 옷장에 기대섰다. 그녀는 벌써 모자와 외투

를 벗고, 앞에 걸려 있는 커다란 거울 앞에 서서 허리의 후크를 끄르고 있는 중이었다. 가브리엘은 잠시 멈춰 서서 그녀를 지켜보다가 입을 열었다.
"그레타!"
그녀는 천천히 거울로부터 돌아서서 한 줄기 광선을 따라 그에게로 다가왔다. 그녀의 얼굴이 너무나도 심각하고 지쳐 보였기 때문에 가브리엘의 입에서는 하려던 말이 떨어지지 않았다.

살아남은
자가
아름답다

바람과 함께
사라지다

마거릿 미첼 | 자칫하면 방탕한 한 여인의 일대기쯤으로 전락할 수도 있었던 이야기에 생존과 인간 본성의 의미를 부여함으로써 통속을 통속이 아닌 것으로 만들었다. 이야기를 재미있게 이끌어 가는 탁월한 재능을 지닌 작가다. 기억한다. 고양이 같은 스칼렛의 표정을. 얄밉지만 결코 미워할 수 없는 사랑스러운 여인을.

제임스 티소 | 여인의 화려하고 사치스러운 일상에 주목했던 화가다. 나풀거리면서 나른한 호사를 부리고 싶은 오후에는 티소의 그림 속 여자들을 생각한다. 프릴이 잔뜩 달린 드레스를 입고 차를 마시고, 산책을 하고, 남자를 만나는 인형처럼 예쁜 여자들을.

인용문 출처
마거릿 미첼 지음, 윤종혁 옮김, 『바람과 함께 사라지다 1, 2』, 신원문화사, 2005

"어머, 이건 너희들이 읽는 책이 아니야."

피아노 뚜껑 위에 펼쳐놓은 『바람과 함께 사라지다』를 본 엄마는 당황하며 말했다. 초등학교 6학년이었던 나는 의아했다. 왜 이 책을 읽으면 안 된다는 거지? 아버지 책장에 꽂혀 있던 세계명작 전집 목록에서 뽑아온 책이었다. '세계명작'이란 좋은 책이 아닌가?

그 후로 여러 번 『바람과 함께 사라지다』를 읽었다. 중학교 때도, 고등학교 때도, 대학에 입학해서도. 서른이 넘은 지금까지도 나는 대체 왜 그때 엄마가 이 작품을 '초등학교 6학년생이 보면 안 되는 책'이라고 생각했는지 잘 모르겠다. 이듬해 중학교에 입학한 내게 엄마가 가장 먼저 사 준 책은 토머스 하디의 『테스』였는데, 여주인공이 성폭행 당하는 그 책에 비하면 노골적인 성행위 장면 같은 건 하나도 없는 이 책은 건전하기 그지없었다.

"스칼렛 오하라는 그리 예쁜 여자는 아니었다"는 문장으로 시작하는 마거릿 미첼Margaret Mitchell, 1900~49의 이 작품은 단언컨대, 내가 지금까지 읽은 소위 '세계명작' 중에서 가장 재미있고, 가장 흥미진진하며, 여자로서 가장 배울 점이 많은 책이다. 예를 들자면 이런 구절들.

가정교사를 계속적으로 두었고 2년 정도 파이에트빌 여학교에 다니긴 했지만 배운 학문은 극히 얕은 지식뿐이었다. 그러나 이 지방에서 그녀만큼 우아하게 춤추는 아가씨는 하나도 없었다. 어떻게 웃어야 보조개가 만들어지며 어떻게 걸어야 스커트가 멋지게 흔들리는지, 남자의 얼굴을 쳐다보다가 눈을 내려뜨고 갑자기 깜빡이면 마치 부드러운 감정에 차 있는 것같이 보일 수 있다는 것 등등 그녀는 모두 알고 있었다. 그중에서도 가장 중요한 것은 어린이처럼 아름답고 순진한 얼굴 안에 남자들에게 눈치 채이지 않도록 빠른 두뇌 회전을 어떻게 하면 숨길 수 있는가를 습득하는 것이었다.

남자들의 마음을 사로잡는 법, 19세기 중반 미국 남부의 양가집 규수들이 어머니와 유모로부터 전수받았던 이 귀중한 비법을 나도 어릴 때부터 체계적으로 교육받았다면 얼마나 좋을까. 그때 그곳에서나 지금 이곳에서나 남녀 관계의 이치란 똑같은데. 나는 여성적인 매력을 한껏 발휘해 남자의 마음을 사로잡을 줄 아는 것이 페미니즘의 본령에 어긋난다고 생각하지 않는다. 남자가 자신이 모든 권력을 갖고 있다고 믿게 만들면서 실질적으로는 교묘하게 남자를 지배할 줄 아는 것이 대놓고 으르딱딱대어 그들을 적으로 만드는 것보다 훨씬 효율적이지 않은가.

미국 남북전쟁1861~65 당시의 조지아 주 애틀랜타 인근을 배경으로 스칼렛 오하라라는 강인하고 매력적인 여성의 일생을 그린 이 작품을 그저 그런 통속소설로 치부하는 사람들이 꽤 있다. 아마도 남의 남편을 마음에 둔 채, 다른 남자와 세 번이나 결혼하는 주인공 스칼렛의 화려한 남성 편력이 작품의 중심 소재이기 때문일 것이다. 자신이 짝사랑하던 이웃 청년 애슐리 윌크스가 사촌 멜라니 해밀턴과 결혼한다는 소식을 듣고 충격을 받은 스칼렛은 충동적으로 멜라니의 오빠 찰스와 결혼한다. 전쟁에 나간 찰스가 병으로 죽자 과부가 된 스칼렛은 폐허가 된 고향 농장 타라를 되살리기 위해 여동생의 애인인 프랭크 케네디와 재혼한다. KKK단에 가입했던 프랭크가 총에 맞아 죽은 후 그녀는 보수적인 애틀랜타 사람들로부터 망나니 취급을 받고 있던 부유한 레트 버틀러와 다시 결혼한다. 레트는 진심으로 스칼렛을 사랑했지만 스칼렛의 마음속에는 애슐리밖에 없었고, 비로소 스칼렛이 레트를 사랑하는 자신을 깨달았을 땐 이미 마음이 변한 레트는 떠나버린다. 그리고 소설의 마지막 장면에서 스칼렛은 인구에 회자되던 그 유명한 대사를 읊는 것이다.

> 모든 것은 내일 타라에서 생각하기로 하자. 그러면 어떻게 견딜 수 있을 거야. 그 사람을 되찾을 방법은 내일 생각하기로 하자. 내일은 또 내일의 해가 뜨는 거야.
>
> I'll think of it all tomorrow, at Tara. I can stand it then.

Tomorrow, I'll think of some way to get him back. After all, tomorrow is another day.

"스칼렛을 좀 본받아라. '내일은 내일의 해가 뜬다'는 말이 왜 유명해진 줄 아니? 다가오지 않은 일에 대해 지금 걱정해보았자 아무 소용도 없다는 걸 모두 알기 때문이야." 중학교 때 처음『바람과 함께 사라지다』를 읽고 스칼렛의 남성 편력이 몹시 불쾌했다는 보수적인 우리 아버지마저도 안달복달하는 나를 보고 이런 이야기를 했던 걸 보면 이 구절이 명문名文이긴 한 모양이다. 어릴 때부터 '오늘 할 일을 내일로 미루지 말라'는 이야기를 듣고 자란 나 같은 사람에게 이 문장은 퍽이나 도발적이었지만, 실천하기는 어려웠다.

『바람과 함께 사라지다』가 단순한 통속소설의 차원을 뛰어넘어 1937년 퓰리처상을 받고, 길이 남는 고전으로 자리 잡을 수 있었던 이유는 이 소설이 근본적으로 제기하고 있는 문제가 '극한의 상황에 처했을 때 드러나는 인간의 본성'과 '기존 체제의 전복 후 재편되는 사회질서 속에서 살아남는 자'에 관한 것이기 때문이다. 평화롭고 풍요로운 환경에서 모든 인간은 선량하다. 인간의 밑바닥은 극한 상황에 부딪혔을 때 드러난다. 포장도 거품도 없이 맨살을 드러낸 인간의 바닥이 그 사람이 지닌 참모습이다. 전쟁이 일어나지 않았다면 스칼렛 오하라는 다소 제멋대로이긴 하지만 매력적이고 아름다운 양가집 규수로 대접받으면서 안온하게 살았을 것이다. 딸린 식솔을 먹여 살리기 위해 뙤약볕에서 목화를 딸 일도, 농장에 침입한 북군北軍 병사를 죽일 일도, 동생의 약혼자를 뺏을 일도, 돈을 벌기 위해 제재소를 경영해 사람들의 눈 밖에 날 일도 없었을 것이다. 무엇보다도 자신의 강인함을 발휘할 기회조차 주어지지 않았을 것이다. 그러나 극한 상황에 부딪힌 민얼굴의 스칼렛은 자신의 내면에 숨어 있던 불굴의 의지와 악착 같은 성격을 깨닫게 된다.

> 그녀는 눈앞에서 꿈틀거리는, 야윈 동생들의 모습을 바라보았다. 둘을 싸고 있는 홑이불은 흘린 물로 검게 젖어 있다. 그녀는 수엘렌이 싫었다. 그녀는 이제 이 사실을 확실하게 알았다. 그렇다고 특별히 캐린이 좋은 것도 아니었다. 그녀는 누구나 약한 사람은 좋아할 수가 없었던 것이다.

스칼렛이 그토록 사랑해 마지않았던 애슐리 윌크스는 또 어떤가. 문학과 예술을 사랑하는 섬세한 기질의 이 남자 역시 전쟁이 일어나지 않았다면 그냥 우아하고 기품 있는 학자형 남성으로 영원히 남을 수 있었을 것이다. 그러나 막상 닥쳐온 가난 앞에서 그는 나약하고 현실 도피적이며 공허한 이상주의자일 뿐이다. 반면 스칼렛이 "거위에게도 소리치지 못할 겁쟁이"라며 무시했던 멜라니는 막상 어려움이 닥치자 따뜻한 미소 뒤에 숨겨놓았던 굳센 의지를 발휘하는 외유내강형 여성으로 거듭난다. 오랫동안 스칼렛의 이웃이었던 폰테인 할머니는 이를 정확히 지적한다.

"그 사람은 뒤집혀진 거북이처럼 쓸모없는 사람이지. 윌크스가 사람들 중에 이 어려운 시대를 헤쳐나갈 만한 인물이 있다면 그건 멜라니지 애슐리가 아니야."

"멜라니라니요? 어머나, 할머니! 무슨 말씀을 하시는 거예요? 전 멜라니와 오랫동안 같이 지내봐서 잘 알고 있는데요. 그녀는 약골인데다 마음이 약해서 거위 한 마리 쫓아버릴 힘도 없는 여자예요."

"도대체 거위에게 호통을 치는 짓 따위를 하고 싶은 사람이 어디 있다던? 그건 내가 볼 때 언제나 공연한 시간 낭비로밖에는 생각되지 않아. 멜라니는 거위에게 호통치는 짓 따위는 하지 않을지 모르지만 그가 사랑하는 애슐리나, 아들, 자기가 소중히 여기는 것들을 괴롭히는 대상이라면 세상 사람을 위시해서 북부 정부라 하더라도 당당히 호통을 칠 수 있는 여자야. 그녀의 방법은 네 방법과는 좀 다르지, 스칼렛. 그리고 내 방식하고도 다르고…… 네 어머니가 아직 살아 있다면 꼭 그렇게 했을 그런 방식이야. 멜라니는 나로 하여금 젊었을 때의 네 어머니를 연상케 하는구나. 멜라니는 반드시 윌크스가를 위기에서 구하고 말 거야."

"어머나. 멜라니는 마음씨만 착한 바보예요. 게다가 할머니는 애슐리를 무척 오해하고 계셔요. 그분은……"

"천만의 말씀! 애슐리는 책을 읽는 것밖에는 할 수 없도록 자라났어. 그 따위는 우리가 지금 처해 있는 어려운 생활로부터 벗어나는 데 아무런 도움도 되지 못해. 듣건대 그는 이 마을에서 가장 쓸모없는 농부라고 하잖아?"

소설을 여러 번 읽은 것과 마찬가지로 나는 비비안 리와 클라크 게이블이 주연한 동명의 영화를 수차례 봤다. 두 주연 배우의 호연이 너무나도 인상 깊어서, 많은 사람들에게 그러하듯 나 역시 책 속 스칼렛 오하라와 비비안 리의 얼굴을 떼어놓고 생각하기가 어렵다. 그럼에도 불구하고 굳이 『바람과 함께 사라지다』의 한 장면을 떠올리게 하는 그림을 꼽으라면, 말년에 영국에서 활동한 프랑스 출신 화가 티소^{James Tissot, 1836~1902}의 1868년 작 「과부」가 생각난다.

1869년 파리 〈살롱〉에 출품된 이 작품은 19세기 문학작품에 자주 등장했던 '젊은 과부'라는 소재를 시각화하고 있다. 여자는 바느질을 잠시 멈추고 꿈꾸는 듯한 표정을 짓고 있다. 이는 빅토리아 시대의 엄격한 풍습이 그녀에게 부과한 지루하고 긴장감 넘치는 애도의 기간으로부터, 그녀의 마음이 표류하고 있다는 것을 암시한다. 그녀의 뒤편에 있는 「활줄을 조이는 큐피드」 상은 새로운 사랑을 찾고자 하는 그녀의 갈망을 상징한다. 들뜬 소녀와 침착한 노파 사이에 앉아 있는 그녀의 위치는 생동하는 젊음과 성숙한 자제력 사이에서 갈등하는 여자의 현재 상황을 나타낸다.

과부_ 제임스 티소, 캔버스에 유채, 68.6×49.5cm, 1868, 개인 소장

스칼렛은 두 번 과부가 되었다. 처음 과부가 되었을 때는 겨우 열여섯 살이었고, 답답한 상복과 근신의 시간을 견디지 못하고 자선무도회에서 그녀의 세 번째 남편이 될 레트 버틀러와 춤을 춰 사람들의 입방아에 올랐을 때는 열일곱 살에 불과했다. 상복을 입고도 뭇 남성들로부터 구애를 받을 수 있었던 스칼렛을 생각할 때마다, 서른을 넘긴 미혼 여성으로서 어쩐지 열등감이 느껴진다. 엄격한 당시의 관습을 깨뜨리고 남자를 유혹할 수 있는 '매혹적인 과부'란 어떤 모습일지가 언제나 궁금했다. 그림 속의 아리따운 젊은 과부가 새 남편을 얻는 것은 시간문제일 것만 같다. 미모는 관습을 압도한다.

'처녀 때에도 마음껏 즐길 수 있는 오락이나 재미라고는 털끝만큼도 없었는데 미망인이라면 이건 마치 산송장이구나!' 미망인은 우중충한 검은 의상을 입어야 했다. 그 어두운 느낌을 다소 활기 있게 하기 위하여 꽃이나 리본이나 레이스는 물론 보석까지 한 올의 장식도 달 수 없으며, 줄마노의 상복에 다는 브로치나 죽은 이의 머리털로 만든 목걸이밖엔 허용되지 않았다. 모자에서부터 내려오는 크레이프의 베일은 늘어뜨려서 무릎까지 닿아야 하고, 삼주기가 지나서야 겨우 어깨까지의 길이로 줄이는 것이 허락된다. 미망인이라는 것은 결코 재미있는 듯이 지껄이든가 높은 소리로 웃는다든가 해서는 안된다. 미소를 지을 때라도 그늘지고 슬픈 것 같은 미소라야 한다. 그러나 무엇보다도 가장 두려운 것은 미망인은 신사들과 자리를 같이 하더라도 그들에 대하여 여하한 관심도 나타내서는 안 된다는 것이다. 만일에 교양이 없는 신사가 나타나서 그녀에게 흥미를 보인다든가 하더라도, 그녀는 품위를 가지고 의젓하게 죽은 남편에 대하여 언급하고, 그 신사의 관심이 식도록 하지 않으면 안 된다. 스칼렛은 서글퍼졌다.

신성한
인간의 마음을
따랐을 뿐

주홍 글자

● 너대니얼 호손 | 교과서에 실렸던 교훈적인 작품 「큰바위 얼굴」의 작가가 『주홍 글자』의 작가와 동일인이라는 사실을 아는 사람은 얼마나 될까? 이 작가가 더 궁금하다면 음험한 악(惡)과 핑크빛 신실함 사이에서 갈등하는 사내의 이야기를 그린 단편 「젊은 굿맨 브라운」을 읽어보기 바란다.

● 조르주 드 라 투르 | 은은한 촛불에 비친 사물의 명암을 잘 포착해 신비스러운 분위기의 그림을 많이 그려 '촛불의 화가'로 불린다. 「사기꾼들」이라든가 「카드놀이 하는 사람들」 같은 풍자적인 그림들로도 유명하지만, 역시 라 투르의 그림들 중 촛불의 명상적인 분위기를 가장 잘 나타낸 것은 「참회하는 막달라 마리아」다. 촛불은 왜 인간을 명상적으로 만드는가? 프랑스 철학자 가스통 바슐라르는 저서 『촛불의 미학』에서 "불꽃은 우리들을 깨어 있게 하는 저 몽상의 의식 속에 붙들어 놓는다. 사람이 불 앞에서는 잠을 자지만 촛불의 불꽃 앞에서는 잠을 자지 않는다"고 썼다

● 인용문 출처
너대니얼 호손 저, 김욱동 옮김, 『주홍 글자』, 민음사, 2009

2년차 기자였을 때, 성매매특별법이 발효됐다. 그리고 '그들'이 거리로 나왔다. 항상 어둠 속에서 숨죽이며 살아왔던 성매매 여성들이 '생존권 보장'을 외치며 햇살 아래 모습을 드러낸 것이다. "아람씨," 당시 부장이 나를 불렀다. "성매매 여성 대표 인터부 좀 해보지." 그리고 우여곡절 끝에, 마침내 '그녀'를 만났다.

인터뷰는 무사히 끝났다. 화류계 여성들도 알고 보니 다 사연 많은 사람들이었다. 그들은 일자리를 잃고 싶지 않다고 했고, 공창제公娼制를 원한다고도 했다. 최대한 그들의 입장에서 기사를 쓰려고 노력했다. 운이 좋아서 부모 잘 만나고, 운이 좋아서 교육 많이 받고, 운이 좋아서 제도권 안에 무사히 정착했다는 이유만으로 내게 제도권 밖의 그들을 비난할 권리가 없다고 생각했기 때문이다. 기사가 게재되고 나자, 수많은 이메일이 쏟아졌다. 보낸 사람들 대부분이 남성이었고, 태반이 욕설이었다. 그들에 따르면 나는 '성매매를 옹호하는 더러운 여자'(표현은 더 심했지만 여기에 차마 옮기지 못하겠다)였다. 성매매를 하는 남성들에 대한 비난은 그 어디에도 없었다. 누구도 성性을 사는 남성들을 부정不淨하다고 하지 않았다. '부정'이란 단어는 성을 파는 여성들에 국한돼 사용됐다. 내가 여기자가 아니라 남자 기자였더라도 그들이 이런

메일을 보냈을까? 나는 문득 궁금해졌다.

그리고 문제가 생겼다. 그녀가 인터뷰에서 거짓말을 한 것이 드러났다. 성매매를 해 번 돈으로 어머니를 봉양하고 있다고 말했지만, 사실이 아니었던 것이다. 그 일로 나는 여기저기서 공격을 받았다. 주변에서들 말했다. "그런 여자들이 원래 그래. 어떻게 그런 여자를 믿니?" '그런 여자'들을 모두 믿을 수 없는 여자들로 싸잡아 말하는 것은 공정하지 못하다고 생각했지만, 상황이 상황이니만큼 가만히 있을 수밖에 없었다.

그 일련의 사건들을 겪는 동안, 자주 헤스터 프린을 생각했다. 불륜을 저질렀다는 이유로 평생 가슴에 '주홍 글자'를 달고 다녔던 여자, 여자이기 때문에 같은 여자들로부터 더 비난받고, 여자이기 때문에 남자들로부터 백안시당했던 소위 '부정한' 여자. 성에 관련된 문제가 불거졌을 때 일반적으로 사회의 비난을 받는 쪽은 남자가 아닌 여자라는 사실을 몸소 깨닫기 전에는 호손Nathaniel Hawthorne, 1804~64의 『주홍 글자』를 제대로 이해하지 못했다.

17세기 중반의 어느 여름날 아침, 미국 보스턴의 한 감옥에서 여죄수 한 명이 석방된다. 남편 몰래 간통을 저지른 혐의로 옥에 갇힌 이 여자는 불륜으로 잉태된 갓난아이와 함께 출옥하지만, 윗사람들의 엄중한 추궁에도 끝내 아이의 아버지를 밝히지 않는다. 형벌로 평생 '간통adultery'의 이니셜인 'A'를 주홍색 천 조각으로 만들어 가슴에 달고 다녀야만 했던 여자의 이름은 헤스터 프린. 어린 딸 펄Pearl을 데리고 삯바느질을 하며 생계를 꾸려나가는 그녀가 지나갈 때마다 마을 사람들은 그녀 가슴의 주홍 글자를 가리키며 손가락질하지만, 그녀는 개의치 않고 가난하고 어려운 사람들을 도우면서 꿋꿋이 살아나간다. 한편 이 마을에는 만인에게 존경받는 젊은 목사가 있었는데, 헤스터 프린의 석방 이후 7년간 점점 수척해져 가던 그는 어느 축제일에 마을 사람들 앞에서 자신이 헤스터 프린의 불륜 상대였음을 고백한 후 그대로 절명한다.

인간이 다른 인간의 죄를 섣불리 심판할 수 없다는 것, 한 인간이 어떤 면에서 비도덕적이라고 해서 다른 모든 면에서도 비도덕적이지는 않다는 것, 인간을 겉보기로만 판단해서는 안 된다는 것을 역설하는 이 소설을 처음 접한 것은 초등학교 때 어린이용 축약본을 통해서였다. '간통'의 의미를 정확히 알지 못했던 그 시절에도 나는 이 소설을 무척이나 좋아했다. 다음과 같은 구절 때문이다.

> 주홍 글자는 그녀의 소명을 상징했다. 그녀에게는 놀라울 만큼 남에게 도움을 주는 힘이 있었기 때문에, 남을 돕는 힘도, 동정하는 힘도 많았기 때문에, 이제 사람들은 주홍 글자 'A'를 본래의 뜻대로 해석하려 들지 않았다. 그들은 주홍 글자가 '능력Able'을 뜻한다고 했다.

어린 내가 기표記標와 기의記意 간의 복잡한 관계를 알 리가 없었다. 어쨌든 죄의 상징이었던 그 글자가 한 가지 뜻으로만 읽히지 않게 되었다는 것이 좋았다. 한 인간에게 찍힌 낙인이 노력에 의해 다른 의미로 바뀔 수 있다는 사실이 못내 기뻤던 것은 어른들로부터 항상 '이기적이고 못된 아이'로 불렸던 나 자신을 헤스터 프린과 동일시했기 때문일 것이다. 아래의 구절을 읽고 나는 그녀가 너무나도 가엾어서 울어버리고 말았다.

> 그녀가 놓은 자수는 총독의 주름 깃 위에서도 볼 수 있었다. 군인들은 어깨에 메는 전대에, 목사들은 가슴에 매는 띠에 달았다. 갓난아이의 조그마한 모자를 장식하기도 했으며, 시체와 함께 관 속에 들어가 곰팡이를 피우며 썩어 없어지기도 했다. 그러나 신부新婦의 순결한 수줍음을 가려줄 하얀 면사포에 수를 놓아 달라고 그녀의 정교한 솜씨를 요구해왔다는 기록은 단 한 번도 나오지 않는다.

그녀는 얼마나 그 새하얀 면사포에 수를 놓고 싶었을까! 눈물을 훔치며 나는 생각했다. 필요할 때는 그녀의 재능을 쏙쏙 뽑아내 가면서 결정적인 순간에는 그녀에게 두터운 벽을 쌓아버렸던 청교도인들의 잔인함에 치를 떨었다.

그러나 어린 내 눈에 비친 것과는 달리 사실 헤스터는 그렇게 가엾은 여자가 아니었다. 오히려 꿋꿋하고 당당하게 자기 삶을 꾸려나간 주체적이고 능동적인 여성이었다. 최근 이 책을 다시 읽으면서 가장 흥미로웠던 부분은 여성에 대한 헤스터의 생각들을 나열한 구절들이다.

> 실제로 여성 전체에 관해서도 이와 똑같은 암담한 물음이 가끔 헤스터의 가슴속에 떠올랐다. 아무리 가장 행복한 여성일지라도 여성으로서의 삶이란 과연 받아들일 만한 가치가 있는 것인가? […중략…] 무엇보다도 먼저 첫 단계로 사회조직을 모두 깨부수어 새로이 세워야 한다. 그러고 나서 남성의 천성 자체나 오랫동안에 걸쳐 천성이 되다시피 한 유전적인 습관을 여성도 정당하고 적절한 지위 비슷한 것이나마 차지하게 될 때까지 뿌리째 뜯어고쳐야 한다. 나머지 난관이 마침내 모두 극복되더라도 여성 자신이 크게 달라지기 전에는 이런 초보적인 개혁을 이용할 수 없을 것이다. 그런 상태에서는 여성의 가장 참다운 삶을 찾아볼 수 있는 영혼의 정수가 수증기처럼 사라져버리고 말 것이다.

아니, 이건 현대의 페미니스트들이 주창하는 것과 똑같은 이야기가 아닌가. '나약하고 불쌍한' 여성으로서 헤스터 프린의 이미지는 어느새 사라지고 급진파 사회개혁가로서 헤스터의 모습이 각인된 것은 그때부터였다. 그와 함께 속죄양으로서의 헤스터에 대해서도 다시 생각해보게 되었다. 7년 만에 다시 목사와 마음을 터놓게 되었을 때 헤스터는 "우리는 결코 이 세상에서 가장 나쁜 죄인은 아니다. 우리는 신성한 인간의 마음을 범한 적이 한 번도 없다"고 말하는 목사에게 다음과 같이 이야기한다.

"없고말고요. 단 한 번도 없었지요!" 그녀가 속삭였다. "우리들이 저지른 일에는 그 나름대로 신성함이 있었어요. 우리들 자신이 그것을 느꼈잖아요! 우린 서로에게 그렇다고 얘기했었지요! 당신은 그것을 잊으셨나요?"

헤스터는 자신의 잘못을 속죄하기 위한 삶을 살아왔던 것이 아니었다. 부모의 뜻에 따라 사랑하지도 않는 늙은 남자와 결혼했던 그녀는 단지 사랑하고 싶은 남자를 사랑했을 뿐이었다. 가슴에 달린 주홍 글자를 화려하게 꾸미고, 주홍 글자를 닮은 딸아이를 앞에 내세우고 다님으로써 헤스터는 자신을 냉대한 세상에 여보란 듯 저항하고 있었던 것이다.

호손은 이 당찬 여인의 외양을 다음과 같이 그려낸다.

이 키가 큰 젊은 여자는 몸매가 이를 데 없이 우아했다. 검고 풍성한 머리채는 너무나 윤기가 흘러 햇빛이 반사되어 눈이 다 부실 정도였다. 얼굴은 이목구비가 단정하고 살빛이 화사한데다가 훤히 드러난 이마와 움푹한 검은 눈 때문에 한층 더 인상적이었다.

작가는 헤스터 프린의 출감 장면을 묘사하면서 아이를 안은 그녀의 모습을 성모마리아에 빗댔지만, 나는 그녀를 떠올릴 때마다 조르주 드 라 투르Georges de La Tour, 1593~1652의 「참회하는 막달라마리아」를 생각했다.

화가는 당시 유행했던 이 주제의 그림을 여러 점 그렸는데, 그중 내가 가장 좋아하는 것은 워싱턴 내셔널갤러리에 소장돼 있는 작품이다. 치렁치렁한 검은 머리를 등 뒤로 늘어뜨린 여자가 턱을 괸 채 탁자 앞에 앉아 있다. 두꺼운 책 위에 해골이 놓여 있고, 그 해골에 기름 램프가 가려져 있다. 해골의 정수리 위로 여인의 숨결이 닿기라도 한 듯 구부러진 불꽃의 끄트머리가 보인다. 테이블 저 쪽에는 거울이 하나 놓여 있다. 거울을 지탱하고 있는 것은 향유병인데, 향유병은 전통적으로 막달라마리아를 상징하는 물건으로 여겨져왔다.

여자는 물끄러미 거울을 들여다본다. 거울에 해골과 불꽃이 비친다. 거울은 허영의 상징으로, 매음賣淫을 하며 호사스러운 생활을 해왔던 막달라마리아의 과거를 암시하는 동시에, 지상에서의 우리 인간의 삶이 환영幻影일 뿐이라는 것을 의미한다. 여인이 한 손을 올려놓고 있는 해골은 '메멘토 모리memento mori, 죽음을 기억하라'의 상징이다. 이는 항상 인간이 필멸의 존재라는 사실을 염두에 두고 경건하게 삶을 살아나가야 한다는 충고다. 일렁이는 불꽃은 신의 상징인 빛으로 볼 수 있는데 막달라마리아가 이 빛을 응시하고 있는 것은 모든 인간이 막달라마리

참회하는 막달라마리아_ 조르주 드 라 투르, 캔버스에 유채, 113×92.7cm, 1640년경
워싱턴 D.C. 내셔널갤러리

아처럼 오랫동안 숙고한 후에야 불꽃이 신의 뜻임을 이해할 수 있기 때문이다.

'몸 파는 여자'라는 이유로 모든 사람들로부터 천대받았던 여자, "너희 중 죄 없는 자가 이 여인에게 돌을 던지라"는 예수의 말에 의해 구원받고 그의 발에 향유를 부은 후 그것을 머리카락과 눈물로 닦아낸 여자, 남자인 예수의 제자들을 제치고 부활한 예수를 가장 먼저 만난 영광을 누렸던 이 여자는, 과연 불꽃을 바라보며 자신이 과거에 창녀 노릇을 하면서 지은 죄를 뉘우치고 있는 것일까?

아니, 그렇지 않다. 철저히 남성 위주의 사회에서 뭇 남성의 노리개로 살아오면서 갖은 모멸감을 맛봐야 했던 이 여자는 깊은 명상에 잠긴 끝에 얻은 다음과 같은 결론을 되새기고 있을 것이다.

>앞으로 하나님의 계시를 전할 천사요 사도는 모름지기 여자일 것이로되, 고귀하고 순결하고 아름다운 여성이어야 할 것이다.

이는 목사가 죽은 후 딸과 함께 보스턴을 떠났다가 혼자 돌아와 "상처 받은 사랑이니 버림받은 사랑이니 불륜의 사랑이니 잘못 택한 사랑이니 실수하여 죄를 범한 사랑 때문에 끊임없이 되풀이하여 시련을 받고 있는" 여성들을 위한 상담사 역할을 하면서 여생을 보냈던 헤스터가 남긴 말이다.

인터뷰 대상이었던 그녀로부터는 "이야기를 하다 보니 동정 받고 싶다는 생각에 그렇게 되었다. 당신에게 피해를 줘서 미안하다"는 사과 전화를 받았다. 그로부터 3년 후, 그녀의 근거지 근처를 지나갈 일이 있어서 연락을 해보았다. 그녀는 반갑게 전화를 받았지만 만나자는 내 요청을 정중히 거절했다. "아하하, 일하고 있는 중이라 바빠서 시간이 나지 않네요." 어떤 일을 하고 있는지는 물어보지 않았다. 그것이 예의라고 생각했다.

싸늘하게 식어가는
당신에게
'안녕'

에밀리를
위한 장미

●
윌리엄 포크너 | 사무실 책상 위에 포크너의 『8월의 빛』이 놓여 있지만, 아직 읽지 않았다. 포크너의 작품 중 읽은 것이 「에밀리를 위한 장미」밖에 없다는 것이 안타까울 뿐이다. 품위와 격식을 중시하는 미국 남부 상류사회의 이면에 숨겨져 있던 비인간성에 관심을 가졌던 작가. 그는 인간에 대한 넘치는 애정을 가졌던 작가였다. 1949년 노벨문학상을 받았다.

●
아서 휴스 | 처음 아서 휴스를 만난 것은 테니슨의 시에서 모티프를 얻은 「창가의 마리아나」를 통해서였다. 그림 속 여자의 얼굴이 꼭 만화가 김혜린의 『북해의 별』 여주인공을 닮아서 마음이 갔다. 라파엘전파 화가답게 문학작품의 내용을 많이 그렸는데, 여인들이 하나같이 순정만화 주인공처럼 어여쁘다. 그의 작품들은 그 자체로 하나의 이야기다.

●
인용문 출처
윌리엄 포크너 지음, 장경렬 옮김, 「에밀리를 위한 장미」, 『이문열 세계명작산책 1: 사랑의 여러 빛깔』, 살림출판사, 2003

15세 중학생이 어머니 시신을 6개월 동안 옆방에 두고 함께 보냈다. 학교도 가지 않았다. 그러나 이웃도, 친구도, 선생님도 그 오랜 시간 이 사실을 알지 못했다.

—2003년 12월 6일자 『조선일보』 사회 A9면—

2003년 겨울의 어느 토요일, 무심코 신문을 집어 들었다가 사회면 톱기사를 보고 가벼운 탄식을 내뱉었다. 소설 속에나 있을 법한 일이 실제로 일어났구나……, 나는 생각했다. 죽은 애인의 시신과 40여 년간 베갯머리를 나란히 해온 가엾은 여인의 이야기를 알고 있었다. 「에밀리를 위한 장미 A Rose for Emily」. 미국 남부사회가 변천해온 모습을 연대기적으로 써내려간 작품들로 노벨문학상, 퓰리처상 등을 받은 미국 작가 윌리엄 포크너 William Cuthbert Faulkner, 1897~1962가 1930년 잡지 『포럼』에 발표한 단편소설이다.

미국 남부의 한 마을에서 가장 유서 깊은 가문의 마지막 후손인 에밀리 그리어슨의 장례식 장면으로 소설은 시작된다. 1894년 아버지가 죽은 이래 50년 넘게 마을 사람들과 거의 왕래 없이 혼자 살아온 노처녀, 전통을 중시하는 노인들에게는 마을의 자랑이었지만 젊은이들에겐 마을의 짐이었을 뿐인 이 화석 같은 여인에 대한 호기심을 이기지 못한 마을 사람들은 장례가 끝나자마자 에밀리의 집으로 들어가 수십 년 동안 굳게 잠겨 있던 위층 방문을 부순다. "무덤의 관 덮개와도 같은 엷고 매캐한 먼지"로 뒤덮인 이 방 침대 위에는 포옹하는 듯한 자세를 취한 남자의 해골이 심오한 미소를 지은 채 누워 있었다. 그리고 누군가 머리를 뉘었던 것처럼 움푹 팬 그 옆의 베개 위에서, 사람들 중 한 명이 무언가를 집어 올린다.

> 우리들 가운데 누군가가 거기에서 무언가를 들어올렸다. 그 희미하고 눈에 잘 띄지 않는 마르고 매캐한 먼지를 콧구멍으로 느끼면서, 우리는 몸을 굽힌 채 들여다보았다. 그것은 철회색을 띤 길다란 머리카락이었다.

머리카락은 물론 죽기 직전 머리가 철회색으로 세었던 에밀리의 것이고, 해골은 오래전 마을에서 자취를 감춘 에밀리의 애인 호머 배론의 것이다. 호머 배론은 북부 출신의 뜨내기에다가 동성애자라는 소문마저 있어서 마을의 완고한 어른들로부터 지체 높은 그리어슨가 따님의 상대로 부적절하다고 여겨졌었다. 자신에게 관심을 보이는 청년들을 "우리 가문에 걸맞지 않다"며 모두 쫓아 보냈던 괴팍한 아버지의 죽음 후에야 비로소 찾아온 사랑, 이 사랑에 대한 욕망과 집안의 전통을 지킬 의무 사이에서 갈등하던 에밀리는 애인 이름의 머리글자를 새긴 남성용 은제 화장 도구와 잠옷, 옷가지를 사들여 신방을 꾸민다. 그리고 약국으로 가서 애인을 독살하기 위한 비소를 구입한다.

이 작품을 처음 읽은 것은 막 중학생이 되었을 무렵인데, 애초에 책장을 넘긴 이유는 순전히 제목이 매혹적이기 때문이었다. 『죄와 벌』, 『무기여 잘 있거라』, 『구토』…… 서재에 꽂혀 있던 두꺼운 세계문학 전집의 무겁고 진지한 제목들 속에서 「에밀리를 위한 장미」라는 제목의 책은 그야말로 '소녀에게 어울리는 소설'처럼 보였다. 소공녀 세라의 말벗이 돼주었던 사랑스러운 인형의 이름인 '에밀리'와 사랑의 꽃인 '장미'가 결합된 책 제목은 화사한 핑크 색 리본으로 묶인 섬세한 흰색 레이스 커튼을 연상케 했다. 그러나 웬걸. 제목에 혹해 책장을 넘겼다가 음울한 분위기에 일단 실망하고, 엽기적인 결말에 깜짝 놀랐다가 이내 서글퍼졌던 기억이 아직도 생생하다. 살아 있는 채로는 결코 곁에 둘 수 없었던 애인을 죽여서라도 소유하고 싶었던 여자의 처절한 고독을 겨우 열서너 살 된 여중생이 이해할 리는 만무했지만, 희미한 해골 옆에 놓인 먼지투성이 베개에서 에밀리의 철회색 머리카락이 발견되는 장면만은 그 묘사가 너무나도 세밀하고 인상적이어서 또렷하게 머릿속에 남았다.

오랫동안 나는 왜 이 음침하고 엽기적인 소설의 제목이 「에밀리를 위한 장미」였는지가 궁금했다. 소설의 제목은 출판사에 따라 때론 「에밀리에게 장미를」이라는 보다 우회적인 문구로 번역돼 나오기도 했는데, 소설 그 어디에도 누군가 에밀리에게 장미를 건네며 구애하는 장면이 없었기 때문이다. 의문은 최근 작품의 영어 원문을 읽고 나서야 비로소 풀렸다. (원문을 읽느라 낯선 단어의 의미를 곱씹다 보면 작품의 핵심에 보다 근접하게 되기도 한다.)

작품 전체에서 '장미rose'라는 단어는 딱 두 번 등장하는데, 두 번 다 에밀리가 애인의 시신을 뉘어두었던 방 안 풍경에 대한 묘사에서다.

무덤의 관 덮개와도 같은 엷고 매캐한 먼지가 신혼 첫날밤을 위해 꾸미고 장식한 이 방 어디에나 덮여 있었다. 침대를 장식한 희미하게 퇴색된 장밋빛 빛깔의 커튼 위에도, 장밋빛 전등 갓 위에도, 화장대 위에도, 일련의 섬세한 크리스털 그릇과 변색된 은으로 감싸인 남성용 은제 화장 도구 위에도 엷고 매캐한 먼지가 덮여 있었다. 남성용 화장 도구의 은은 너무도 심하게 변색되어 그 위에 새겨진 글자가 보이지 않을 정도였다.

A thin, acrid pall as of the tomb seemed to lie everywhere upon this room decked and furnished as for a bridal: upon the valance curtains of faded rose color, upon the rose-shaded lights, upon the dressing table, upon the delicate array of crystal and the man's toilet things backed with tarnished silver, silver so tarnished that the monogram was obscured.

엄격한 가풍에 속박돼 남들에겐 완고하고 차가운 철의 여인으로만 보였던 에밀리가 신방을 장식하면서 마음속에 품었을 결혼에 대한 처녀다운 장밋빛 꿈, 햇살 아래 피어보지 못하고 바래버린 그 빛깔과 베개에 붙어 있던 철회색 머리카락의 선명한 대비가 애달파서 가슴이 메어왔다. 결국 「에밀리를 위한 장미」는 에밀리가 그녀 자신을 위해 마련했던 죽음의 혼례에 바친 꽃이었던 셈이다.

남몰래 장밋빛 꿈을 간직해왔던 이 여인은 죽음의 강을 건너 영계靈界로 떠나버린, 그러나 한평생 육신만은 자신의 곁에 있게 된 애인에게 어떻게 작별을 고했을까? 소설을 떠올릴 때마다 나는 항상 호리호리한 몸집에 검은 눈동자를 지닌 젊은 시절의 에밀리, 포크너의 묘사에 따르면 "교회의 채색 유리창에 그려진 천사들과 어딘가 닮아서 비극적인 고요함을 느끼게 했던" 그녀가 자신이 독살한 애인에게 작별을 고하는 장면을 상상해보곤 한다. 결혼식이자 장례식인 혼자만의 의식을 치르기 위해 성장盛裝한 그녀가 눈물을 글썽이며 싸늘하게 식어가는 남자의 손을 잡은 채 가만히 "안녕" 하고 속삭이는 애달픈 모습을.

그건 아마도 영국 라파엘전파Pre-Raphaelite Brotherhood의 일원인 아서 휴스Arthur Hughes, 1832~1915의 그림 같은 풍경일 것이다. 엄숙한 죽음의 순간과 맞닥뜨린 남녀를 그린 휴스의 1862년 작 「그건 피에몬테 사람이었네」 같은.

갈색 머리에 진주를 두르고 풍성한 드레스를 입은 젊은 여자가 숨진 남자의 차가운 손을 꼭 붙들고 있다. 눈빛에서는 슬픔이, 굳게 다문 입술에서는 결연한 의지가 묻어난다. 여자의 옷 빛깔은 화사하면서도 엄숙한 자줏빛, 고귀함과 죽음을 동시에 상징하는 빛깔이다.

　미술품 컬렉터인 엘렌 히튼의 주문을 받아 제작된 이 작품은 영국의 여성 시인인 엘리자베스 배릿 브라우닝의 시 「궁정의 여인A Court Lady」에서 모티프를 얻은 것이다. 액자에는 시의 마지막 구절인 "그건 피에몬테 사람이었네! 그리고 이곳이 왕의 궁정이구나That was a Piedmontese! and this is the Court of the King"가 새겨져 있다. 이른 아침 왕의 궁정에 나아갈 때나 입는 옷을 차려입고 길을 나선 한 여인이, 조국 이탈리아를 위해 싸우다가 부상당한 병사들이 누워 있는 병원을 방문해 숨지기 직전인 피에몬테 출신 병사의 손을 잡고 그의 애국심을 칭송하는 장면을 읊은 이 시는 고귀한 '죽음'을 '왕'에 빗대고 있다. 화가는 병사의 죽음을 접한 여인의 절규보다 그 이후에 다가올 고요한 장면을 그리기를 원했다. 당대의 비평가인 러스킨은 이 작품에 대해 "여인의 옷차림도, 얼굴도, 몸가짐도 궁정과는 전혀 어울리지 않아서 브라우닝의 시와 걸맞기 보다는 '이탈리아의 귀족 간호사'라는 제목이 차라리 어울린다"고 비판하기도 했다.

　나는 순정만화 속의 주인공들을 연상시키는 휴스 특유의 아련한 분위기가 잘 표현된 이 그림에 진정으로 어울리는 이름은 난해한 시구도, 러스킨의 냉소도 아니라고 생각한다. 대학 시절 화집을 넘기다가

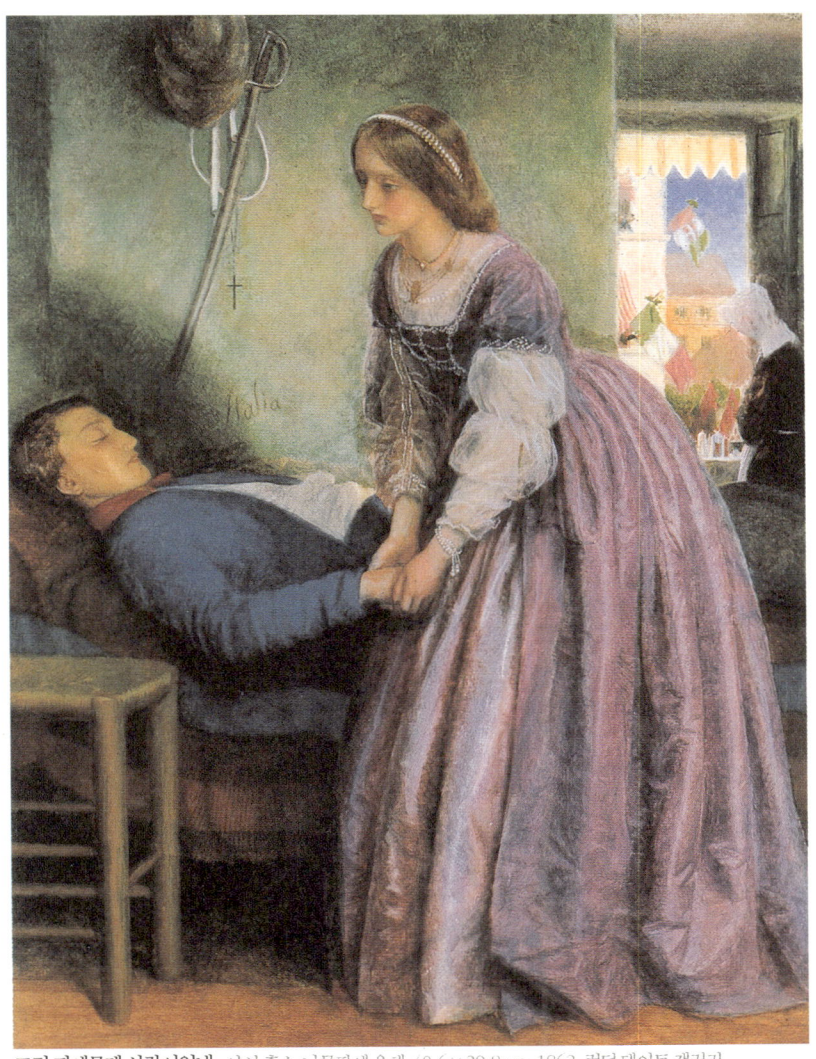

그건 피에몬테 사람이었네_ 아서 휴스, 나무판에 유채, 40.6 × 29.8cm, 1862, 런던 테이트 갤러리

우연히 이 그림과 맞닥뜨린 순간부터 나는 언제나 이 그림을 「에밀리를 위한 장미」라고 불렀다. 그림 속 여인의 애절한 눈빛이 일면식도 없는 병사의 죽음을 애도한다기보다는 영겁의 세월을 함께할 연인을 바라보는 것처럼 보였기 때문이다.

만일 내게 휴스의 명작을 망가뜨리지 않을 만한 화재가 주어진다면, 감히 붓을 들어 침대 옆 탁자 위에 장미 한 송이를 그려 넣겠다. 죽음을 끌어안은 에밀리의 가녀린 손가락에 쥐여줄 빛바랜 분홍 장미 한 송이를.

똑똑하고
능력 있는
그녀들의
로망

오만과 편견

제인 오스틴 | 재기발랄하고 지적이면서 날카로운 세 치 혀를 지닌 작가. 그녀는 육체적 구조로서가 아니라 지적 총체로서의 여성이란 어떤 것인가를 글을 통해 보여주었다. 그리하여 오스틴은 지극히 여성적이다. 『이성과 감성』, 『에마』도 훌륭하지만 역시 오스틴 하면 『오만과 편견』. 그녀는 남성 중심의 사회에서 똑똑한 여자가 어떻게 자신을 표현하는가에 대한 관심을 놓지 않는다.

메리 커샛 | 미국 피츠버그 출신으로 파리 인상파 운동에 직접 참여한 유일한 미국인 여성이었다. 드가로부터 많은 영향을 받았다. 생의 절반을 유럽 상류사회에서 보냈는데, 어떤 사람들은 그녀의 이름 '커샛'을 프랑스식으로 '카사'라고 부르기도 한다. 아기를 돌보는 어머니의 모습 같은 여성적인 소재의 그림들을 즐겨 그렸다. 다사로운 빛을 내뿜는 그녀의 그림들을 보면, 보송보송한 솜털이불과 봄 햇살이 떠오른다.

인용문 출처
제인 오스틴 지음, 윤지관·전승희 옮김, 『오만과 편견』, 민음사, 2006

"평범한 여자는 되지 말라고 배웠어. 그저 예쁘고 상냥하고 다소곳하기만 한 여자 말이야. 그런 여자가 되지 않으려고 20년 넘게 안간힘을 써가면서 노력했는데 막상 결혼 적령기가 되니까 온 세상이 날더러 그런 '평범한 여자'가 되라는 거야. 내가 그렇게도 벗어나고 싶어했던 그런 여자 말이야."

동갑내기이자 나와 마찬가지로 미혼인 친구의 탄식 앞에서 나는 고개를 끄덕였다. 이제 혼기가 찼으니 무엇보다도 '예쁘고 상냥하고 다소곳하여 남자들을 기죽게 하지 않는' 여자가 되도록 하라는 소리는 나도 귀에 못이 박히도록 듣고 있던 터였다. 20대 후반부터 주위에서 슬금슬금 들려오던 이 잔소리는 30대를 넘어서자 융단폭격처럼 쏟아졌다.

"눈을 좀 낮춰 보지 그래. 세상에 별 남자 없어" 하고 누군가가 말했다. 나는 어이없어 하면서 대꾸했다. "제가 눈이 높은 게 아니라 남자들이 눈이 높은 거라고요. 다들 어리고, 예쁘고, 말 잘 듣는 여자만 좋아하잖아요. 저처럼 나이 차고, 드세고, 험한 직업 가진 여자 말구요." 말을 꺼낸 이는 내 말에 동의한다는 듯이 고개를 끄덕이면서 슬며시 웃었다.

제인 오스틴Jane Austen, 1775~1817의 『오만과 편견Pride and Prejudice』을 좋아하는 이유는 남자 앞에서 애교나 교태를 부리지 않고 자기 할 말 다 하는 여자도 괜찮은 남자를 만날 수 있다는 희망을 주기 때문이다. 물론 일부 극렬 페미니스트들은 "그래봤자 그 소설도 결론적으로는 뻔한 신데렐라 이야기 아니냐" 등등 갖은 비판을 가하겠지만, 나는 결혼을 하게 된다면 내 결혼이 『오만과 편견』의 주인공 엘리자베스 베넷처럼만 이루어진다면 더 바랄 것이 없겠다. 굳이 남자 앞에서 나 자신을 낮추어 '연약하고 가녀려서 대단한 당신의 보호가 필요한 여인'인 척하지 않더라도 내 영혼과 자신의 영혼이 공명共鳴한다는 이유만으로 진심으로 나를 사랑해주는 남자를 만나고 싶다는 이야기다. 상대 남자가 곧은 품성과 빼어난 지성, 탄탄한 경제력을 갖췄다면 물론 금상첨화겠다. 특별히 예쁜 것도 아니고, 집에 돈이 많은 것도 아니고, 남자의 비위를 맞추기 위해 애를 쓰지도 않는 여자가 잘생기고 부유한데다가 똑똑하고 콧대 높은 남자의 진심 어린 애정을 얻는다는 이 이야기가 1813년 첫 출판된 이래 200년 가까운 세월 동안 잊히지 않고 꾸준히 사랑을 받아온 것은 여주인공과 자신을 동일시한 뭇 여성들 덕분 아니겠는가.

재기 넘치는 이 소설의 첫머리는 다음과 같이 시작한다.

재산깨나 있는 독신 남자에게 아내가 꼭 필요하다는 것은 누구나 인정하는 진리다.

이런 남자가 이웃이 되면 그 사람의 감정이나 생각을 거의 모른다고 해도, 이 진리가 동네 사람들의 마음속에 너무나 확고하게 자리 잡고 있어서, 그를 자기네 딸들 가운데 하나가 차지해야 할 재산으로 여기게 마련이다.

200년 전에도 어머니들은 나이 찬 딸들을 부잣집에 시집보내지 못해 안달이었던 모양이다. 이웃집에 갑부 총각 빙리 씨가 이사 왔다는 소식을 들은 베넷 부인은 다섯 딸 중 맏이인 제인을 빙리와 결혼시키기 위해 갖은 계책을 세운다. 빙리를 저녁 식사에 초대하려 애쓰는 것은 그렇다 치고, 심지어 제인이 빙리의 누이들로부터 식사 초대를 받은 날 비가 올 것만 같자 일부러 마차가 아닌 말을 태워 제인을 내보내 비를 흠뻑 맞고 감기에 걸려 빙리의 저택에서 며칠간 머무르도록 하는 술수를 쓰기도 한다.

지극히 동물적이고 속물적인 이 어머니의 모성母性은 그러나 빙리의 절친한 친구인 깐깐한 다아시 씨의 비위를 건드린다. 다아시로 말할 것 같으면 빙리보다 두 배는 많은 재산을 가지고 있고, 신분도 높은데다가 인물마저 출중한 청년. 그러나 거만하고, 남들을 무시하는데다가 까다로워서 주변 사람들을 불쾌하게 만드는 인물이다. "제인의 반만큼도 예쁘지 않고, 막내 리디아의 반만큼도 사근사근하지 않아서" 어머니의 눈 밖에 나 있던 베넷가의 당돌한 둘째딸 엘리자베스가 첫눈에 다아시를 싫어하게 된 것은 당연한 일이다. 게다가 무도회에서 엘리자베스와 춤을 추라는 빙리의 권유에 다아시는 다음과 같이 말한다.

"그럭저럭 봐줄 만은 하군. 그렇지만 내 구미가 동할 만큼 예쁘지는 않아."

그리하여 두 사람은 앙숙이 되는데, 문제는 다아시가 왠지 모르게 자신이 경멸해마지않는 속물적인 집안의 딸인 엘리자베스에게 계속 끌린다는 것이다.

무도회에서 그녀를 보았을 때 대단한 미인이라는 생각은 전혀 들지 않았다. 그리고 다음번에 그녀를 만나보았을 때도 흠만 눈에 띄었다. 그러나 자신과 주변 사람들에게 그녀의 이목구비에 특별히 뛰어난 데가 없다는 점을 분명히 하자마자, 그는 그녀의 검은 눈에 어린 아름다운 표정으로 그녀의 얼굴이 남달리 지적으로 보인다는 것을 깨닫게 되었다. 그 점을 깨달은 데 이어, 그에 못지않게 체면이 상하는 다른 깨달음이 뒤따랐다. 몸매의 균형을 깨뜨리는 곳을 예리하게도 하나 이상 찾아내었음에도 불구하고, 그는 그녀의 모습이 발랄하고 보기 좋다는 것을 인정하지 않을 수 없었다. 그리고 그녀가 상류 사회의 예절에 맞지 않게 행동한다는 것을 알면서도, 오히려 자연스러운 장난기에 매혹되고 말았다.

『오만과 편견』이 소위 '많이 배운 여자'들의 환심을 사는 것은 바로 이런 구절들 때문이다. 미인은 아니지만 영민한 눈빛 덕분에 지적인 매력을 풍기는 여자가 되어, 오만하기 짝이 없는 멋진 남성의 마음을 사로잡는 것. '예쁘고 착한 그녀'들이 미모와 교태를 갈고 닦는 동안 머리 질끈 묶고 화장기 없는 얼굴로 공부와 일에 매진했다고 자위하는 자칭 '똑똑하고 능력 있는 그녀'들의 로망 아니겠는가.

스무 살 때 이웃의 한 남자를 사랑했지만 더 배경이 좋은 여자를 원했던 남자 쪽 친척들의 방해로 결혼이 무산되는 아픔을 겪었던 작가는 자신의 쓰라린 체험을 바탕으로 이 소설을 썼다고 한다. 가진 것이라고는 글재주밖에 없는 똑똑한 여자가 세속적인 조건이 열등하다는 이유로 사랑에 실패했을 때, 세상에 할 수 있는 가장 큰 복수는 자신과 마찬가지로 지적이고 당찬 여인이 재치와 지성을 무기로 사랑을 쟁취하는 이야기를 글로 써내는 것이다. 그리하여 제인 오스틴은 승리를 거뒀다. 여자의 행복은 결혼이라고 믿었던 당시의 통념과, 여성의 됨됨이보다는 지위와 재산을 바라고 결혼을 하고자 했던 수많은 남성들의 행태를 날카롭게 풍자하고 나섬으로써 수많은 여성들에게 짜릿한 쾌감을 안겨주었던 것이다.

소설은 제목에 걸맞도록 가진 것 없고 계층이 낮은 사람들에 대한 다아시의 '오만'과 부유하고 고귀한 신분의 남자에 대한 엘리자베스의 '편견' 양쪽 모두에게 칼끝을 겨누고 있지만, 기실 작가는 엘리자베스의 편견보다는 다아시의 오만이 무너지는 과정에 더 방점을 찍음으로써 이 자그마한 싸움에서 엘리자베스의 손을 들어주고 있다.

엘리자베스에게 청혼을 했다가 된통 쓴소리를 들으며 거절당한 후, 반성하고 다시 청혼하는 다아시의 다음과 같은 고백을 읽고 있자면, 떠나버린 연인의 입을 통해 이 말들을 듣고 싶었을 작가의 아픔이 느껴져서 비장한 기분마저 든다.

> "당신으로 하여, 저는 겸손해졌습니다. 제가 당신께 청혼하러 갔을 때 전 승낙받을 것을 조금도 의심치 않았습니다. 사랑받을 자격이 있는 여자를 기쁘게 해줄 모든 조건을 갖추고 있다고 자임했지요. 그런데 당신은 그렇게 자임하기에는 제가 얼마나 모자라는 사람인지를 보여주었습니다."

첫사랑에 실패한 오스틴은 스물일곱 살 때 오랫동안 알고 지내왔던 친구 오빠의 청혼을 수락했다가 다음날 아침 바로 철회했다. 청혼한 남자는 부유한 집안의 상속자였지만 작가는 사랑 없는 결혼보다는 차라리 평생을 독신으로 사는 편을 택했다. 엘리자베스와 다아시의 결혼을 통해 다아시의 여동생인 조지애너가 받게 되는 영향에 대해 서술한 다음 부분은 작가의 여성관을 여과 없이 보여준다. 남성 우월주의가 지배했던 빅토리아 시대를 살아가면서도 남편에게 종속된 존재로서가 아니라 남편과 동등한 관계 맺기를 꿈꿨던 당찬 여성 제인 오스틴을.

> 조지애너는 엘리자베스를 높이 우러러보았다. 처음에는 발랄하고 장난스러운 말투로 자기 오빠를 대하는 것을 보고 거의 경악하다시피 했지만 말이다. 자기의 애정까지 압도당할 만큼 존경심을 불러 일으키던 오빠가 이제 터놓고 농담할 수 있는 대상이 되는 것을 본 것이다. 예전 같으면 꿈에도 해보지 못했던 생각들이 이제 그녀에게 생겨나게 되었다. 엘리자베스의 행동을 보고, 그녀는 여자도 남편에게 무람하게 굴 수 있다는 점을 이해하기 시작했다.

제인 오스틴에 대해 생각하고 있자면 자연히 또 한 명의 여성 예술가 메리 커샛Mary Cassatt, 1845~1926이 떠오른다. 오스틴은 영국인, 커샛은 미국인으로 비록 국적은 다르지만 평생을 독신으로 살았고, 역시나 독신인 손위 언니를 끔찍이 아꼈으며, 여성 예술가에 대한 편견에 맞서 예술혼을 불태웠다는 점 등 이 두 사람은 많은 점에서 닮았다.

가족들의 반대에도 불구하고 화가가 되기로 결심하고 펜실베이니아 미술 아카데미에서 공부한 후 파리로 건너간 커샛은 드가를 비롯한 인상주의 화가들과 활발히 교유하며 인상주의 운동에 뛰어들었다. 그녀는 아이를 목욕시키는 어머니, 신문을 읽는 여인 등 여성의 소소한 일상에서 여성 화가만이 포착해낼 수 있는 친밀감을 소재로 한 그림을

자화상_ 메리 커샛, 종이에 과슈, 59.7×44.5cm, 1878, 뉴욕 메트로폴리탄 미술관

사랑, 아름답고 처연하다

즐겨 그렸는데 이는 여인들의 수다에 흔히 등장할 법한 가정사, 남녀 간의 사랑과 결혼 문제를 소설의 소재로 삼곤 했던 제인 오스틴과 비견된다.

뉴욕 메트로폴리탄 미술관에 소장된 커샛의 「자화상」은 그녀가 서른세 살 때인 1878년에 그린 것이다. '과슈 gouache'라고 불리는 불투명한 수채물감으로 그려진 여인은 진지한 얼굴로 소파에 기대 앉아 있다. 흰 드레스와는 그다지 어울리지 않아 보이는 화려한 붉은 꽃 장식이 달린 모자를 쓴 여자는 까다롭고 총명해 보이지만, 안타깝게도 그다지 예쁘지 않다. 예쁘지 않은 자신을 솔직한 필치로 자신감 있게 그려낸 화가는 자신의 총기 넘치는 눈빛이 지닌 지적인 매력을 누군가 알아봐주기를 바라지 않았을까. 당돌하기 짝이 없는 엘리자베스의 두 눈에 깃들어 있던 맑은 영혼의 빛깔을 영민한 다시 씨가 날카롭게 찾아내었던 것처럼.

재능이 넘쳤으나 생전에는 화가로서 제대로 평가받지 못했던 이 여인은 말년에 백내장에 걸려 실명, 그 명철한 눈빛을 잃고야 만다.

"추측이 완전히 빗나갔습니다. 더 즐거운 생각을 하고 있었거든요. 어여쁜 얼굴의 아름다운 두 눈이 베푸는 큰 즐거움에 대해서 명상하고 있었습니다."

빙리 양은 즉시 그의 얼굴을 쳐다보면서, 그런 생각을 불러일으킨 여자 분이 누구인지 말해 달라고 했다. 다아시 씨는 아주 대담하게도 이렇게 대답했다.

"엘리자베스 베넷 양입니다."

둘이서
나란히 걷기에는
너무나
좁은 길

좁은 문

● 앙드레 지드 | 진지하고, 영적이며, 그래서 때로는 지루하다. 앙드레 지드의 진수를 맛보려면 『배덕자』를 읽어보라는 충고를 여러 번 들었지만 아직 시도하지 못했다. 심각하고 고답적인 내용에도 불구하고 『좁은 문』은 아름답고 인상적인 작품이다. 내면의 결벽성 때문에 갈등해본 적이 있는 사람들에겐 더욱더.

● 프란츠 아이블 | 19세기 오스트리아에서 활동했던 초상화가 겸 석판화가로 빈의 귀족적·부르주아적 특성을 강하게 표현했다. 그의 그림을 처음 본 것은 2000년 유럽 여행을 갔을 때 빈 벨베데레 미술관에 걸려 있던 「책 읽는 소녀」를 통해서였는데, 8년 후인 2008년 여름 출장으로 빈에 갔을 때도 그 그림이 여전히 거기 걸려 있는 걸 보고는 반가웠다. 그는 어떤 사람이었을까?

● 인용문 출처
앙드레 지드 지음, 이정 옮김, 『좁은 문』, 혜원출판사, 1994
이문열 지음, 『변경』, 문학과지성사, 1998

17년 만에 앙드레 지드André-Paul-Guillaume Gide, 1869~1951의 『좁은 문』을 다시 읽었다. 책장을 덮는 순간 쓴웃음을 지었다. 나도 나이를 먹었구나.

하얀 표지의 범우 사르비아 문고로 『좁은 문』을 처음 읽었던 열네 살 때, 여주인공 알리사는 순결과 숭고함, 지성과 성스러움의 현현처럼 느껴졌다. 그녀의 편지와 일기를 읽어가던 내 입술은 제단 위의 성배聖杯라도 가까이한 듯 경외감에 움찔거렸다. 그에 비해 그녀를 사랑했던 고종 사촌 동생 제롬은 그녀의 청정함을 갉아먹는 세속의 벌레처럼 여겨지곤 했다. 나는 사랑을 한다면 알리사처럼 경건하게 하리라고 생각했다. 영혼을 고양시키는 정신적인 사랑, 내가 좋아했던 미사의 경구처럼 수르숨 코르다sursum corda, 마음을 드높이.

그러나 서른한 살의 나는 책장을 넘기면서 계속 중얼거렸다. 광신도! 교리에 경도돼 순진한 젊은이의 마음을 괴롭히다니! 어느새 나는 내가 그렇게도 경멸해 마지않던 제롬의 편이 되어 있었다. 나는 더 이상 영적인 사랑을 믿지 않게 된 것이다.

『좁은 문』은 앙드레 지드의 1909년 작으로 청교도적인 금욕주의에 빠져 세속의 사랑을 거부하다가 병에 걸려 죽어간 젊은 여인의 이야기를 그리고 있다. 주인공 제롬은 진지하고 명상적인 두 살 위의 외사촌

누이 알리사를 사랑하게 된다. 둘은 어느새 결혼을 염두에 두는 사이가 되지만 자신의 여동생 쥘리에트가 제롬을 마음에 두고 있다는 것을 알게 된 알리사는 제롬의 청혼을 거절한다. 언니가 자기 때문에 사랑하는 사람을 버리려고 한다는 사실을 알게 된 쥘리에트는 마음에도 없는 남자와 결혼을 하고, 알리사와 제롬은 서로 떨어진 채 편지만 주고받는다.

 시간이 흐르고 마침내 제롬은 다시 알리사에게 "이젠 쥘리에트도 행복하게 되지 않았냐"며 결혼 이야기를 꺼내지만 이미 쥘리에트의 문제보다 더 고차원적인 문제에 골몰한 알리사는 제롬의 말을 잘라버린다.

"제롬!" 하고 그녀는 나를 돌아보지도 않은 채 말을 시작했다. "네 곁에서 나는 더할 수 없는 행복을 느끼고 있어…… 하지만 내 말을 들어 봐, 우리는 행복하려고 태어난 건 아냐."
"그렇다면 영혼은 행복 외에 무엇을 택한단 말이야?" 하고 나는 성급히 소리쳤다.
그녀는 이렇게 중얼거렸다. "성스러운 것을……." 그 목소리가 너무나 낮았기 때문에 나는 이 말을 들었다기보다는 그러한 말일 거라고 짐작했을 뿐이다.
나의 모든 행복은 날개를 펴고 나를 버린 채 하늘로 날아가고 있었다.

"너 없이 나는 그렇게 될 수가 없어" 하고 나는 그녀의 두 무릎에 이마를 파묻고 어린아이처럼 울면서 말을 이었다. "너 없이는 안 돼, 너 없이는 안 돼!"

세속적인 행복을 거부하고 성스러운 것을 택하기로 결심한 알리사는 그 이후로 더욱 더 제롬에게 냉정해진다. 그녀는 '더 좋은 것', 소위 '덕德'을 향해 가겠다는 숭고한 이상에 사로잡혀 현실의 제롬을 거부한다. 알리사를 마지막으로 만난 지 한 달쯤 지났던 어느 날, 쥘리에트로부터 알리사가 파리의 한 요양원에서 쓸쓸히 세상을 떠났다는 내용의 편지가 도착한다. 그리고 그 편지에는 알리사의 일기가 동봉되어 있다.

알리사는 썼다.

주여! 제롬과 제가 손을 맞잡고 서로 의지하면서 당신에게로 나아가게 하여 주시옵소서. 한평생을 통해 마치 두 사람의 순례자처럼 때때로 둘 중 한 사람이 "피곤하면 내게 기대" 하고 말하면 다른 한 사람이 "네가 곁에 있는 것을 느끼는 것만으로 충분해……"라고 대답하면서 당신을 향해 나아가도록 해주시옵소서. 아닙니다, 주여! 당신이 우리에게 가르쳐주시는 길은 좁은 길입니다. 둘이서 나란히 걸어가기에는 너무도 좁은 길입니다.

알리사가 이른 '좁은 길'이란 "좁은 문으로 들어가기를 힘쓰라. 멸망으로 인도하는 문은 크고 그 길이 넓어 그리로 들어가는 자가 많고, 생명으로 인도하는 문은 좁고 그 길이 협착하여 찾는 이가 적음이라"는 성경 구절과 연관돼 있다. 제롬을 지극히 사랑하면서도 『좁은 문』을 통한 신(神)에의 사랑에 더 가치를 부여했던 알리사는 죽음에 가까워져서야 자신이 잘못 생각했다는 것을 깨닫는다.

> 무슨 일이 있었던가? 그에게 무엇이라 이야기했던가? 내가 무엇을 했던가? 무슨 필요로 나는 그의 앞에서 언제나 나의 덕을 과장하는 것일까? 나의 온 마음이 부정하는 덕이 무슨 가치가 있는 것일까? 하나님이 나의 입술에서 나오게 하신 말씀을 나는 몰래 배반하고 있었다. 내 마음속에 가득 차 있던 것은 하나도 이야기하지 않았다.

그리고 알리사는 마지막으로 적는다.

> 제롬, 나는 네게 완전한 기쁨을 가르쳐주고 싶어.

이는 육체적인 사랑을 넘어서, 자신이 지고의 가치이자 완전한 기쁨으로 여겼던 정신의 고양됨을 제롬에게도 가르쳐주는 것이 그를 진정으로 사랑하는 방법이라고 생각했다는 고백이다.

작가는 알리사가 죽은 지 10여 년이 지난 후, 제롬이 쥘리에트를 다시 만나는 것으로 이 섬세하면서도 서글픈 소설을 끝맺었다.

"언제까지 결혼하지 않을 작정이세요?"
"여러 가지 일을 잊을 때까지."
나는 그녀의 얼굴이 붉어지는 것을 보았다.
"곧 잊고 싶으세요?"
"언제까지나 잊고 싶지 않아."
그녀는 불쑥 "이리로 오세요" 하고 좀더 작고 벌써 어둠이 깃든 방으로 앞장서 들어갔다.
그 방에는 두 개의 문이 있어 하나는 쥘리에트의 방으로 통해 있고, 다른 하나는 응접실로 통해 있었다.
"잠시라도 틈이 있으면 이 방에서 쉬곤 해요. 이 집에선 제일 조용한 방이에요. 여기에 오면 생활의 피난처 같은 느낌이 들어요."
이 작은 방의 창은 다른 방들처럼 시가지의 소음이 들리는 곳으로 나 있지 않고 나무가 있는 안뜰을 향해 있었다.
"앉으세요"하고 그녀는 안락의자에 힘없이 앉으면서 말했다. "내 생각이 틀리지 않는다면 오빠는 언제까지나 알리사의 추억에 성실하려는 거죠?"
나는 잠시 대답이 없이 앉아 있었다.
"오히려 알리사가 나에 대해 생각하여 주던 것에 관해서겠지…… 아니,

내가 무슨 칭찬받을 일이나 한 것처럼 생각지는 말아. 그렇게 할 수밖에 없었다고 생각해. 설사 다른 여자와 결혼을 한다 할지라도 나는 단지 그 여자를 사랑하는 척할 수밖에 없을 것 같아."

"아아!" 하고 그녀는 짐짓 무관심한 듯이 말했다. 그리고는 내게서 얼굴을 돌리더니 무슨 잃어버린 물건이라도 찾아내려는 것처럼 마룻바닥을 내려다보고 있었다.

"그렇다면 아무런 희망도 없는 사랑이 그처럼 오래도록 마음속에 간직될 수 있다고 생각하세요?"

"그래, 줄리에트."

"그리고 하루하루 생활이라는 바람이 그 위를 불고 지나가도 그 사랑이 꺼지지 않으리라고 생각하세요……?"

땅거미가 잿빛 밀물처럼 몰려와 물건들을 하나하나 어둠 속에 잠기게 하자, 이러한 물건들은 어둠 속에서 되살아나 제각기 지난 날의 추억을 속삭이는 것 같았다. 나는 알리사의 방을 다시 보는 듯했다. 줄리에트가 이 방에 그 모든 가구를 옮겨 놓았던 것이다. 이제 그녀는 다시 내게로 얼굴을 돌렸다. 이미 얼굴의 윤곽을 구별할 수 없어, 그녀가 눈을 감고 있었는지 알 수가 없었다. 그녀는 몹시 아름다워 보였다. 그리고 우리 두 사람은 아무 말 없이 앉아 있었다.

"자! 이제 잠을 깨야죠……" 하고 마침내 그녀가 입을 열었다.

나는 그녀가 일어서는 것을 보았다. 그리고 한걸음 내딛더니 맥이 빠진 듯

> 곁에 있는 의자에 다시 털썩 주저앉는 것이었다. 그녀는 두 손을 얼굴로 가져갔다. 울고 있는 것 같았다. 램프를 들고 하녀가 들어왔다.

"램프를 들고 하녀가 들어왔다"라는 간명한 마지막 문장을 읽으면서 흐느껴 울었던 것은 '아무런 희망도 없는 사랑'이 오래도록 마음속에 간직될 수 있다고 믿는 제롬 때문이었다. 17년 전 소녀다운 결벽증으로 알리사의 죽음을 슬퍼하며 울었던 나는, 이제 사랑을 아는 어른이 되어 아직도 기약 없이 알리사를 사랑하는 제롬이 가엾어서 울고 있었다. 아마도 내가 흘린 눈물의 의미는 쥘리에트가 흘린 눈물과 비슷했을 것이다. 한때 자신이 사랑했던 사람이, 죽은 여인의 그림자에 사로잡혀 결혼이라든가 부모가 된다든가 하는 보통 사람들의 소박한 기쁨을 맛보지 못하고 있는 것을 본 쥘리에트의 마음은 얼마나 아려 왔을까. 찾는 사람이 극히 드문 '좁은 문'으로 들어가기를 택한 사람은 천상의 신에게 자신을 바치며 자기 만족을 구했던 알리사가 아니라 현실의 여인에게 변함없는 사랑을 쏟느라 자신을 버렸던 제롬이라고 나는 생각했다.

『좁은 문』은 앙드레 지드의 자전적인 이야기를 바탕으로 한 소설이다. 열한 살 때 아버지를 잃고 프로테스탄트인 어머니의 금욕주의적인 교육에 예속돼 자랐던 지드는 열세 살 때 두 살 위의 사촌누이 마들렌을 사랑하게 된다. 『좁은 문』에서와 마찬가지로 마들렌은 자신의 어머니가 저지른 부정不淨을 알고 슬픔에 빠져 있었고, 그 모습에서 그는 사랑을 느끼게 된 것이다. 금욕주의적인 도덕관에 길들어 있던 지드는 마들렌과의 관계를 지속함에 따라 육체적인 사랑과 정신적인 사랑 사이에서 갈등에 빠지게 되는데, 이러한 고민을 바탕으로 탄생한 것이 바로 소설 『좁은 문』이다. 소설에서와는 달리 지드는 『좁은 문』을 발표하기 14년 전인 1895년 마들렌과 결혼한다.

사실 이 소설은 10대 소녀가 이해하기 쉬운 작품은 결코 아니다. 소설가 이문열도 자신의 작품 『변경』에서 작가의 분신인 '인철'의 관점을 빌려 이렇게 쓴다.

> 남달리 조숙하고 또 어느 정도 책읽기에 단련돼 있다고는 해도 이제 겨우 열두 살인 인철에게 『좁은 문』은 아무래도 무리였다. 그저 책 앞머리에부터 예감되는 제롬과 알리사의 사랑에 이끌려 어려운 말이 섞인 감정 묘사나 지리한 풍경 묘사 따위를 건성으로 뛰어넘으며 줄거리만 대강 읽어나갈 뿐이었다.

그러나 자칫 지루할 수 있는 이 작품이 채 여물지 않은 10대 소녀를 매혹시킬 수 있었던 것은 정신적인 것, 순결한 것, 영적인 아름다움 등에 이끌리기 쉬운 소녀적 감수성을 채워주는 작품이었기 때문이다. 그러한 측면에서 이 소설의 진정한 독자는 어른보다 청소년이 될는지도 모르겠다.

오스트리아 화가 프란츠 아이블Franz Eybl, 1806~80의 「책 읽는 소녀」를 처음 보았을 때, 나는 나도 모르게 "알리사!" 하고 외쳤다.

새카만 머리카락과 우윳빛 피부를 가진 소녀가 독서에 열중해 있다. 소녀는 왼손에 책을 들고, 오른손으로는 책에서 받은 감동으로 뛰는 가슴을 진정시키고 있다. 책은 성경일까. 그녀의 어깨에서 흰 옷자락이 스르르 흘러내린다. 독서삼매에 빠진 소녀는 옷자락을 추어올릴 겨를도 없다. 소녀의 목에 가느다란 목걸이가 걸려 있다. 오른손에 가려 보이지 않는 목걸이의 끝에 자수정 십자가가 매달려 있으리라고 나는 짐작한다.

흰 옷의 알리사! 제롬의 어머니가 유품으로 남긴 자수정 십자가를 즐겨 목에 걸곤 했던 알리사! 알리사의 모습에 대해 제롬은 다음과 같이 회고한다.

> 나는 지금 그녀의 얼굴을 그리지 못하겠다. 얼굴의 윤곽뿐 아니라 눈동자의 빛마저도 이제는 기억에 희미하다. 단지 지금 생각나는 것은 그 무렵에 벌써 슬픔이 깃든 듯한 미소진 표정과 눈과는 아주 멀리 떨어져 있는 커다란 곡선으로 된 눈썹의 선뿐이다. 나는 그러한 눈썹을 어디서고 본 적이 없다…… 오직 단테 시대의 피렌체 조각상에서 보았을 뿐이다. 그래서 어릴 때의 베아트리체도 그처럼 커다란 곡선으로 된 눈썹을 가지고 있었으리라

책 읽는 소녀_ 프란츠 아이블, 캔버스에 유채, 53×41cm, 1850, 빈 벨베데레 오스트리아 갤러리

상상된다. 이 눈썹은 그녀의 눈길과 그녀의 몸 전체에 근심과 신뢰가 동시에 섞인 질문의 표정—그렇다. 열정적인 질문의 표정을 주었다. 그녀에게 있어서는 모든 것이 질문이요, 기다림이었다.

이 그림을 소장하고 있는 빈 벨베데레 오스트리아 갤러리에는 이 그림과 한 쌍인 양 나란히 걸려 있는 그림이 한 점 있다. 역시나 오스트리아 화가인 요한 라이터 Johann Baptist Reiter, 1813~90 의 1861년 작 「책 읽는 소년」이다. 소녀가 책에 푹 빠져 그 어느 곳에도 눈길을 주고 있지 않는 것과는 달리, 소년은 책에서 살풋 고개를 들고 고개를 갸웃한 채 책 밖의 무언가를 주시하고 있다. 그 눈길이 꼭 자신의 오른편에 걸려 있는 액자 속 소녀를 훔쳐보고 있는 것만 같아서 보면 볼수록 이 두 점의 그림을 함께 걸어놓은 미술관 측의 아이디어에 감탄을 하게 된다.

아마도 저 소년은 처음 알리사를 사랑하게 된 순간의 어린 제롬일 것이라고, 빈 출장 중이던 지난해 6월의 어느 아침, 벨베데레 미술관을 거닐며 나는 생각했다. 작가 자신의, 그리고 한 여인에게 평생 마음을 바친 소설 속 제롬의 평생에 걸친 존재 이유를 결정지었던 그 순간에 대해 지드는 다음과 같이 썼다.

그녀는 저무는 햇살이 스며드는 창문을 등진 채 침대머리에 무릎을 꿇고 있었다. 내가 가까이 다가가자 그녀는 여전히 앉은 채 고개를 돌리고는 속삭였다.

"아! 제롬, 왜 돌아왔니?"

나는 키스를 하려고 몸을 굽혔다. 그녀의 얼굴은 눈물로 젖어 있었다 ······.

이 순간이 나의 생애를 결정지었다. 지금도 그 순간을 회상해 보면 마음이 아프다.

사랑에 미친
여자,
사랑에 배반당한
여자

제인 에어

샬럿 브론테 | 아시다시피, 영국인들이 가장 좋아하는 소설이라는 『폭풍의 언덕』을 쓴 에밀리 브론테와 자매지간이다. 나는 『폭풍의 언덕』보다는 『제인 에어』를 훨씬 좋아하는데 나 자신이 격정적인 사랑과는 거리가 먼 인물이라 그런지도 모르겠다. 로체스터의 곁을 떠난 제인이 자신을 부르는 로체스터의 목소리를 듣는 장면은 이 소설을 통틀어 내가 가장 좋아하는 장면이다.

제임스 맥닐 휘슬러 | '예술을 위한 예술(art for art's sake)'을 표방한 예술 지상주의자였다. 음악과 색채의 접점을 찾고자 했던 화가로 작품에 「심포니」, 「녹턴」 등 음악적인 제목을 붙이곤 했다. 미국 출신이나 주로 유럽에서 활동해서 시니컬한 사람들 사이에서는 '고향을 버리고 유럽으로 간 미국 화가'로 불리기도 한다.

인용문 출처
샬럿 브론테 지음, 유종호 옮김, 『제인 에어 1, 2』, 민음사, 2005

내가 중학생이던 시절, 소년들에게 무협지가 있었다면 소녀들에겐 'HR'이란 약자로 불리던 '할리퀸 로맨스' 시리즈가 있었다. 아름답고 착하지만 가난한 여주인공이 잘생기고 부유하지만 바람기 다분한 남자 주인공의 사랑을 얻어 결혼에 골인하게 된다는 공통의 스토리라인을 갖춘 이 현대판 신데렐라 이야기들은 로맨스에 목마른 소녀들을 열광시키기에 충분했다. 나 역시 이 유행에서 예외는 아니었다. 수업시간에 선생님 몰래 손바닥만 한 문고판 할리퀸 시리즈를 질리도록 읽은 건 물론이고 같은 계열의 작가인 주드 데브루, 주디스 맥노트, V.C. 앤드루스의 작품들까지 모두 섭렵했다.

달콤한 타락의 나날들이 그렇게 지나가자 '이제는 좀 양서良書를 읽어야지'라는 자각이 문득 찾아왔다. 나는 중학교 입학 기념으로 아버지가 사준 세계명작전집 중 한 권인 『제인 에어』를 읽기로 결심했다. 흥미진진한 내용에도 불구하고 책장을 덮고 나자 찾아온 것은 약간의 충격과 실망감이었다. '뭐야, 세계명작이라더니 할리퀸이랑 스토리가 똑같잖아?'

영국 작가 샬럿 브론테Charlotte Bronte, 1816~55의 1847년 작인 이 소설은 가난한 고아 소녀가 불굴의 의지로 자신의 운명과 맞서 싸워가는 과정을 그리고 있다. 어릴 때 부모를 잃고 외삼촌 집에 맡겨져 자라난 제인 에어는 외숙모의 구박을 받다가 자선단체가 운영하는 기숙학교로 보내진다. 학교를 마친 후 한 저택에서 가정교사로 일하게 된 제인은 자신이 가르치던 아이의 양부養父인 부유한 남자 에드워드 로체스터와 사랑에 빠져 결혼을 결심하지만, 결혼식 당일 로체스터에게 이미 아내가 있다는 사실이 밝혀져 파혼한다. 로체스터의 장원을 떠나 방황하던 제인은 숙부가 남긴 유산으로 갑자기 부자가 되고, 그 후 사촌의 청혼을 받고 잠시 갈등하다가 결국 미친 부인의 방화로 불구가 된 로체스터에게 돌아가 그와 결혼한다.

중학생의 눈에 '고풍스럽고 고급스러운 또 하나의 할리퀸'쯤으로 보였던 이 작품을 다시 읽은 것은 최근의 일이다. 더 이상 소녀가 아닌 30대 여기자의 눈에는 어릴 때 보이지 않았던 여러 가지가 보였다. 일단 많은 평론가들이 이 작품을 '단순한 로맨스 소설을 넘어선 페미니즘 문학'이라고 평가하는 이유를 대강은 짐작할 수 있을 것 같았다. 청혼한 후 "나를 위안해주는 사람으로서 한 천사가 되어 달라"고 말하는 로체스터에게 제인은 다음과 같이 잘라 말한다.

> "저는 천사가 아녜요." 나는 주장했다. 그리고 죽을 때까지도 천사는 될 수 없고요. 로체스터 님, 당신은 제게서 천사의 것과 같은 것을 기대하셔도 안 되고 강요하셔서도 안 돼요. 당신에게 그런 것이 없듯이 제게도 그런 것은

없으니까요. 그런 건 전혀 기대하고 있지도 않아요."

  1830년대에 간행된 괴테의 『파우스트』가 여성에게 남성을 구원하는 지고지순한 존재로서의 가치를 부여하고 있다는 사실을 염두에 둔다면, 한 남자의 '천사'가 되기를 거부하는 제인 에어의 이와 같은 발언은 당시로서는 가히 혁명적이라고 할 수 있다. '참으로 꿋꿋하고 당찬 아가씨군.' 나는 일순간 감탄했다. 그러나 그 감탄은 오래가지 않았다. 여주인공의 페미니스트적인 자질 및 도덕성에 깊은 의심을 품게 된 것은 책 말미의 다음 구절을 읽고 나서다.

> 나의 이야기도 결말에 가까워지고 있다. 이제 나의 결혼 생활에 대해서만 한마디 하고, 이 이야기에 빈번히 이름이 나왔던 사람들의 그 후의 운명에 짤막한 일별을 던지고 나면 그것으로 끝이다.
> 이제 나는 결혼을 한 지가 십 년이 되었다.

  그랬다. 이 소설은 전지적 작가 시점으로 쓰인 이야기가 아니었던 것이다. 유부남과 사랑에 빠졌다가, 그 부인이 죽은 후 결혼한 한 여자가 결혼한 지 10년 후 털어놓은 '나는 이렇게 이 남자와 결혼했다'라는 이야기였던 것이다. 모든 이야기는 이야기하는 자의 관점으로 왜곡된다. 그 이야기가 자신의 이야기일 때, 그리고 삼각관계에 관한 것일

때는 더욱 그렇다.

로체스터의 전처로 소설에서 '미치광이'로 그려지는 버사 메이슨이 가엾어진 것은 그때부터였다. 괴상한 웃음소리로 웃었다는 여자, 흰 옷을 입고 저택을 돌아다녔다는 여자, 제인 에어의 결혼식 전날 침실에 몰래 들어와 베일을 찢어 놓았다는 여자, 불을 질러 남편을 불구로 만들고 지붕에서 떨어져 죽어버렸다는 여자. 연적戀敵인 제인의 입에서 나온 "흉악하기 짝이 없는 그 여자"에 대한 정보가 모두 사실이었다고 어떻게 믿겠는가?

제인은 말한다.

"키가 크고 덩치가 크며 숱이 많은 검은 머리를 길게 뒤로 늘어뜨린, 여자 같았어요. 무슨 옷을 입었는지는 모르겠어요. 하얀 옷을 위에서 아래까지 늘어뜨려 입고 있었는데 그게 가운인지 홑이불인지 수의였는지를 모르겠어요. […중략…] 소름이 끼치도록 무시무시한, 아아, 전 여태껏 그런 얼굴을 본 적이 없어요. 빛바랜 무서운 얼굴이었어요. 그 쉴 새 없이 굴리고 있는 빨갛게 핏발 선 눈과 그 무시무시하게도 시커멓게 부어오른 이목구비를 제발 잊을 수만 있다면 얼마나 좋을지!"

'제인에 따르면' 로체스터는 중혼重婚의 이유를 추궁하는 사람들에게 다음과 같이 말했다.

"버사 메이슨은 광인입니다. 삼 대에 걸쳐 백치와 광인이 나오고 있는 광인의 혈통에서 생겨난 여자요. 그 모친은 서인도의 크리올인인데 미친 여자며 술고래였소. 그들은 자기네 집안의 비밀에 대해서 일체 입을 다물고 있었기 때문에 나는 결혼을 한 후에야 그런 사실을 알았던 거요."

이들의 증언대로 정말 버사 메이슨은 광포하고 사악한 여인이었을까? 혹시 젊은 가정교사에게 남편을 빼앗기고 계략에 의해 미치광이 취급을 받은 가련한 희생양은 아니었을까? 한때 아름다웠고 '아양과 교태'로 로체스터를 사로잡았으나 결혼 후 미쳐서 남편에게 버림받았다는 기구한 운명의 여인, '왜소하고 창백한' 자신과 극명한 대비를 이루는 '거구에 검은 피부'의 이 여인에 대해 소설의 화자(話者)인 제인은 조금의 연민도 갖지 않는다. 연적에게 관대하기는 어려운 일이다. 그러나 미친 부인을 감금해 두고 유럽을 떠돌며 수많은 여자들과 쾌락을 즐겼던 남자의 과거를 모두 눈감아준다는 것은 신실한 기독교인인 제인에게 어쩐지 어울리지 않는 것처럼 보인다. 이 여자, 사랑에 미쳐도 단단히 미쳤구나.

지은이 샬럿 브론테는 스물여섯 살 때 브뤼셀에 있던 기숙학교에 들어갔다가 유부남인 교장에게 연정을 느꼈지만 거절당했고, 그의 아내로부터 시샘을 입어 마침내 영국으로 돌아오고야 말았다. 작가는 그로부터 2년 후 이 소설을 쓰기 시작한다.

아내가 있는 남자로부터 모욕당한 작가는 아마도 자신이 사랑한 남자의 아내가 미쳐버리길 바랐을 것이다. '그의 아내가 미쳐버렸으면, 그래서 죽어버렸으면, 아내를 잃은 그가 불구가 되어 의지가지 없을 때 내가 그에게 구원의 손길을 내밀면 그는 나를 받아주지 않을까…….' 사랑에 실패하고 상상 속에서 몇 번이고 그 사랑을 해피엔드로 재구성했던 한 여인의 질투와 집념이 만들어낸 결실, 『제인 에어』는 바로 그런 작품이다. 소설 속에서나마 연적을 미친 여자로 만들어 죽여버릴 수 있었으니 브론테는 분이 풀렸을지도 모르겠다.

어쨌든 이 소설에서 내가 연민과 애정을 품게 된 인물은 제인도, 로체스터도 아니다. 제인은 사랑을 쟁취한 승리자이고, 로체스터는 조강지처를 버리고 불륜을 저지른 천하의 나쁜 놈일 뿐이다. 남편이 다른 여자와 결혼한다는 사실을 알아채고 잠든 그 여자의 얼굴을 촛불로 비춰보는 여자, 질투에 몸을 떨며 흰옷을 입은 채로 저택을 돌아다니는 버사를 생각할 때마다 나는 유럽에서 활동한 미국 화가 휘슬러James Abbott McNeill Whistler, 1834~1903의 「흰색의 심포니 No.1—흰옷의 소녀」가 떠오른다. 어쩐지 버사는 제인의 묘사와는 달리 애잔하고 여린 내면을 지닌 비운의 여인일 것만 같다.

치렁치렁한 흰 드레스를 입은 붉은 머리의 여인이 흰색 커튼을 배경으로 서 있다. 여인은 왼손에 흰색 꽃을 들고 있고, 여인이 밟고 있는 곰 가죽 위에도 흰색 꽃송이와 노랑과 보랏빛 열매 같은 것이 떨어

흰색의 심포니 No.1—흰 옷의 소녀_제임스 맥닐 휘슬러, 캔버스에 유채, 213×108cm, 1862, 워싱턴 D.C. 내셔널갤러리

져 있다. 여자는 앞을 바라보고 있지만 그 표정은 공허하다. 그녀의 강렬한 붉은 머리와 입술, 검은 눈동자는 흰색의 향연에 파묻혀 빛을 잃었다. 그림에서 흰색은 더 이상 순수의 상징이 아니다. 한 여인의 생명력을 모조리 앗아간 공포의 빛깔이다.

'예술을 위한 예술'을 표방하고 회화의 주제 묘사로부터의 해방을 주장했던 휘슬러는 색채를 음악적 이미지로 표현하기 위한 그림을 즐겨 그렸다. 1862년 런던, 그리고 이듬해 파리 〈살롱〉에 출품된 「흰옷의 소녀」는 당시로서는 너무나도 아방가르드한 것이어서 크게 혹평을 받았지만 휘슬러는 굴하지 않고 계속 흰옷을 입은 여자를 그린 '흰색의 심포니' 시리즈에 몰두했다.

그림의 모델은 아일랜드 출신인 조애너 히퍼넌으로 「흰 옷의 소녀」의 모델이 됐을 때 나이는 열아홉 살쯤이었다. 1860년경 런던에서 휘슬러를 처음 만난 히퍼넌은 1862년 어머니가 죽자 휘슬러의 모델이자 정부情婦로서의 삶을 선택한다. 그녀는 휘슬러에게 끊임없이 영감을 주는 뮤즈였고, 그의 에이전트 역할을 하기도 한 유능하고 적극적인 여성이었다. 그러나 그뿐, 정식 부인이 아닌 동거녀란 도덕적으로도, 사회적으로도 애매모호한 지위에 있는 그림자 같은 존재였다. 그림 속 여인이 신부新婦에게 걸맞은 흰색 의상을 입었음에도 조금도 신부처럼 보이지 않는 이유는 아마도 그 때문일 것이다. 정식 부인이었으나 남편에게 아내로 인정받지 못한 여자, 흰옷을 입은 로체스터 부인의 모습도 신부와는 거리가 멀었을 것이라고 나는 생각한다.

휘슬러는 결국 히퍼넌과 결혼하지 않았다. 이 커플은 1866년 휘슬러가 칠레 여행을 간 사이, 히퍼넌이 쿠르베가 그린 에로틱한 그림의 모델을 선 것이 화근이 되어 헤어졌다.

데미안
·
변신
·
이반 데니소비치, 수용소의 하루
·
바틀비
·
토니오 크뢰거
·
고향
·
금각사
·
사양
·
산시로

인간, 더 인간다움을 고뇌하다

당신의
데미안과
마주한 적이
있나요

데미안

헤르만 헤세 | 우리나라 사람들이 너무나도 좋아하기 때문에 더 이상 설명이 필요 없는 작가다. 청소년기에 『데미안』이나 『수레바퀴 밑에서』를 읽어본 사람은 꽤 많을 것이다. 욕망과 이성 사이에서 고뇌하는 젊음을 다룬 『나르치스와 골드문트』, 석가모니를 소재로 한 『싯다르타』같은 작품들은 생각을 많이 하게 하지만 따분하지 않고 잔잔하게 읽힌다. 1946년 노벨문학상을 받았다.

페르낭 크노프 | 작품도 작품이지만 여동생을 사랑했던 화가라는 이유로 유명해졌다. 작품성도 뛰어난데 그보다 다른 일로 사람들에게 알려졌으니 그로서는 퍽이나 억울할 것이다. 심령사진 같은 뿌옇고 신비스러운 화면은 보는 사람의 심연을 아득하게 만드는 페이소스를 자아낸다.

인용문 출처
헤르만 헤세 지음, 전영애 옮김, 『데미안』, 민음사, 2008

여름의 끝물이었고, 더웠다. 대학 3학년이었던 나는 학교 도서관의 의자에 앉아 기갈 들린 듯 『데미안』을 읽었다. 방학의 끄트머리에 굳이 『데미안』을 꺼내 읽었던 것은 봄 학기 '독일 명작의 이해' 수업을 같이 들었던 학생이 제출한 『데미안』에 대한 감상문이 인상적이었기 때문이었다. 헤세에게 보내는 편지 형식으로 글을 썼던 그는 "나 자신이 싱클레어라는 것을 알게 된 지는 오래됐지만, 데미안만큼은 풀리지 않는 수수께끼였다"고 했다. 나 자신이 누구인지를 몰라서 혼란스러웠던 시절이었다. 나는 궁금했다. 나는 누구일까? 과연 나는 데미안이 누구인지 알 수 있을까?

헤르만 헤세Hermann Hesse, 1877~1962의 『데미안』은 제1차 세계대전 중인 1916년에 집필되고, 전쟁이 끝난 직후인 1919년에 출판됐다. 이 책을 관통하고 있는 주제는 태어날 때부터 속해 있던 기존 세계를 떠나 새로운 세계와 부닥치는 젊은 영혼의 자아 찾기다. 유복한 가정에서 선량하고 신실한 부모님 슬하에 자라났던 소년 에밀 싱클레어는 학교에 다니게 되면서 "밝고, 맑고, 뛰어나고 단정한" 부모님의 세계와는 동떨어진 "악당과 탕아"의 세계와 접하게 된다. 동네의 불량소년 프란츠 크로머에 붙들려 그에게 지속적으로 돈을 상납해야만 하는 위기에 처한 싱클레어를 그 학교에 갓 전학 온 소년 막스 데미안이 구해준다. 어른스럽고, 슬픈 냉소를 띤 데미안은 싱클레어가 금과옥조처럼 떠받들고 있던 기존의 규율과 질서를 송두리째 뒤엎는 이야기를 들려주어 싱클레어를 혼란스럽게 한다.

그는 질투심 때문에 동생 아벨을 돌로 쳐 죽이고 이마에 치욕의 표적을 달게 된 구약성서의 패륜아 카인에 대해 "카인은 비범한 정신과 담력이 담긴 시선을 지닌 늠름한 젊은이였는데 그저 사람들이 그를 무서워했기 때문에 그에게 표적이라는 이야기를 매달아 놓았을 뿐"이라고 말한다. 십자가의 예수 옆에 매달린 두 도둑 중 끝까지 회개하지 않은 도둑에 대해서도 "그 도둑이야말로 개성이 있는 사나이"라면서 "성서 이야기에서는 개성을 가진 사람들이 자주 손해를 본다. 어쩌면 그도 카인의 후예일 것"이라고 한다.

성경과는 너무나 다른 이 해석에 저항하려는 싱클레어에게 데미안은 체념한 듯 말한다.

"옳아! 그러나 세계는 다른 것으로도 이루어져 있어. 그런데 다른 건 죄다 그냥 악마한테로 미루어지는 거야. 세계의 이 다른 부분이 통째로, 이 절반이 통째로 숨겨지고 묵살되는 거야."

굳이 기독교적인 선악의 개념까지 가지 않더라도 나를 둘러싸고 있는 이 세계의 다른 쪽이 내게 익숙하지 않은 것들로 이루어져 있다는 것쯤은 알 수 있었다. 대학 생활의 초입에서 나를 힘들게 했던 것들, 도대체 내가 누구인지 모르게 했던 것들, 내가 어디에 서야 할지 묻게 했던 것들은 바로 그것이었으니까.

대학에서 만난 사람들은 내게 술은 취하도록 마시는 것이라고 했다. 담배를 피워보라고 했고, 집에는 늦게 들어가라고 했다. 수업쯤은 빼먹으라고 권했고, 숙제는 하지 않아도 된다그 말했다. 대학 입학 후 처음 맞이하는 과 MT가 있던 밤, 수북한 소주병과 맥주병 앞에서 사회를 맡은 이가 말했다. "자, 이제 망가집시다."

집을 떠나기 전 아버지는 월급봉투를 꺼내더니 나를 서울로 유학 보내기 위해 우리 가정이 얼마나 큰 지출을 해야 하는지를 계산해 보여주었다. 그리고 당부했다. "대학은 공부하는 곳이라는 사실을 절대로 잊으면 안 돼."

교과서적이고 엄격한 고향의 세계와, 퇴폐적이고 방종한 대학의 세계 사이에서 나는 고뇌했다. 나는 도무지 어떻게 하는 것이 나다운 것인지 알 수가 없었다. 보수적이고 건실한 내 부모님이 그렇게 경계하던 '악마의 세계'로 발을 디딜 것인가? 아니면 성실한 '빛의 딸'로서의 자세를 견지할 것인가?

어쨌든 이 소설을 이루는 두 축 중 하나는 김나지움 시절의 싱클레어에게 데미안이 들려주는 다음과 같은 충고다.

"이걸 알아야 할 것 같아. 우리들 속에는 모든 것을 알고, 모든 것을 하고자 하고, 모든 것을 우리들 자신보다 더 잘 해내는 어떤 사람이 있다는 것 말이야."

그리고 또 다른 하나는 대학생이 되어 삶의 목표를 찾기 위해 끊임없이 고뇌하는 싱클레어의 독백이다.

내 속에서 솟아나오려는 것, 바로 그것을 나는 살아보려고 했다. 왜 그것이 그토록 어려웠을까?

데미안의 충고가 자신의 내면 밑바닥에 가라앉아 있는 무의식의 원초적 자아自我, 즉 이드id를 인정하라는 이야기라면, 싱클레어의 독백은 슈퍼에고superego의 눈을 피해 날 것 그대로의 낯선 자신과 마주하려는 시도가 두렵다는 고백이다. 대부분의 인간은 자신의 밑바닥과 직면하는 일을 두려워한다. 그곳에 도사린 자기 자신이 상상 외로 추하고 악할지도 모르기 때문에. 그럼에도 불구하고, 인간은 자신을 둘러싼 껍질을 파괴하고 내면을 샅샅이 탐험하고자 하는 충동을 버리지 못한다. 데미안을 그리워하던 싱클레어에게 날아든 쪽지에 적힌 다음의 문구가 이 소설의 백미로 꼽히는 것은 그 때문이다.

> 새는 알에서 나오려고 투쟁한다. 알은 세계이다. 태어나려는 자는 하나의 세계를 깨뜨려야 한다. 새는 신에게로 날아간다. 신의 이름은 압락사스.

대학 시절, 길에서 우연히 데미안과 재회하게 된 싱클레어는 그때부터 부지런히 데미안의 집에 드나든다. 그리고 데미안의 어머니인 에바 부인에게 연정을 느끼게 된다. 필연적인 사랑이었다. 싱클레어는 이미 꿈속에서 여러 번 에바 부인과 마주친 적이 있었다. 이러한 꿈이다.

> 내가 부모님 댁으로 돌아간다. 현관문 위에는 문장의 새가 푸른 바탕 위에서 노란색으로 빛을 내고 있다. 집 안에서는 어머니가 나를 향해 오신다. 그러나 내가 들어서며 어머니를 포옹하려 했을 때, 그것은 어머니가 아니라 한 번도 본 적이 없는 인물이었다. 키 크고 힘 있는 인물, 막스 데미안이나 내가 그린 그림과 비슷한데도, 또 달랐다. 그리고 힘이 있는데도 완전히 여성적이었다. 이 인물이 나를 자기에게로 끌어당겨 전율을 일으키는 깊은 사랑의 포옹을 했다.

나는 에바 부인이 데미안의 여성형이라고 생각했다. 모든 인간의 내면에 남성성과 여성성이 동시에 존재하듯 무의식의 자아에도 남녀가 공존한다. 싱클레어가 데미안을 만나고 그에게 끌렸다면, 그는 필연적으로 그 이면의 에바 부인에게도 매혹될 수밖에 없다. 여성에게서 구원을 바라는 모든 남성들은 어머니의 형태로 발현된 여성성에게 이끌려 간다. 에바 부인이 데미안의 어머니로 설정된 것은 그 때문이다.

 나는 내 곁에도 에바 부인 같은 존재가 있기를 바랐다. 나를 혼란스럽게만 만드는 데미안 같은 존재 말고, 나 자신을 명확히 규정해주고 길을 안내해주는 존재. 에바 부인이 싱클레어에게 들려준 '사랑'에 대한 다음과 같은 정의가 나를 설레게 했다.

> "사랑은 간청해서는 안 돼요." 그녀가 말했다. "강요해서도 안 됩니다. 사랑은, 그 자체 안에서 확신에 이르는 힘을 가져야 합니다. 그러면 사랑은 더 이상 끌림을 당하는 것이 아니라 스스로 끕니다. 싱클레어, 당신의 사랑은 나에게 끌리고 있어요. 언젠가 내가 아니라 당신의 사랑이 나를 끌면, 그러면 내가 갈 겁니다. 나는 선물을 주지는 않겠어요. 쟁취되겠습니다."

 평화로운 여름이 지나가고 전쟁이 벌어진다. 데미안도, 싱클레어도 전장으로 나아간다. 폭탄이 터지고 흙과 상처로 뒤덮인 싱클레어는 어느 밤 외양간 짚더미에서 옆 매트리스 위에 누워 있던 데미안과 조우한다. 다음 날 아침 싱클레어가 붕대를 감기 위해 잠에서 깼을 때, 옆 매트리스에는 한 번도 본 적 없는 낯선 사람이 누워 있었다. 소설은 다음과 같이 끝이 난다.

붕대를 감을 때는 아팠다. 그때부터 내게 일어난 모든 일이 아팠다. 그러나 이따금 열쇠를 찾아내어 완전히 내 자신 속으로 내려가면, 거기 어두운 거울 속에서 운명의 영상들이 잠들어 있는 곳으로 내려가면, 거기서 나는 그 검은 거울 위로 몸을 숙이기만 하면 되었다. 그러면 나 자신의 모습이 보였다. 이제 그와 완전히 닮아 있었다. 그와, 내 친구이자 나의 인도자인 그와.

살육이 난무하는 전쟁터에서 비로소 싱클레어가 데미안과 완전히 닮아가는 것은 이성이 마비되고 광기狂氣가 날뛰는 전쟁의 상황에 처해서야 비로소 싱클레어가 슈퍼에고의 눈을 피해 무의식 속의 자신과 대면할 수 있었기 때문이라고 생각한다. '악마에게로 미루어 놓은 세계'를 완전히 긍정하는 순간에야 우리는 비로소 자기 안의 데미안과 직면하게 된다. 데미안은 누구나의 마음속에 숨어 있는 또 다른 자기 자신, 원초적인 본능, 규범의 이면, 상식과 도덕을 짓밟고자 하는 추악하면서도 매혹적인 욕망의 결정체니까.

고백하자면 나는 간간이 그의 존재를 느낄 뿐, 아직 단 한 번도 나의 데미안과 직면한 적이 없다. 비교적 절제력이 강한 나는 슈퍼에고의 감시를 벗어나 자신을 파괴하는 것 같은 짓은 웬만하면 하지 않았다. 사회의 규범과 도덕률에 대해 냉소를 표하면서도, 나는 본질적으로는 끝까지 건실한 부모님의 세계에 남아 있었다. 부모의 품을 떠나 방탕한 생활을 하던 싱클레어는 다음과 같이 털어놓는다.

> 보잘 것 없는 술집의 더러운 테이블, 맥주가 쏟아져 고인 곳에서, 내가 전 대미문의 냉소주의로 내 친구들을 놀리고 놀라게 하는 동안에도, 실제로 나는 내가 냉소를 보내는 모든 것에 경외심을 가지고 있었으며 마음속으로 울며 내 영혼 앞에서, 내 과거 앞에서, 우리 어머니 앞에서, 신 앞에서 무릎을 꿇은 채 엎드려 있었던 것이다.

아직 내 안의 데미안을 만난 적이 없음에도 불구하고, 나는 종종 데미안의 모습을 상상해본다. 벨기에 화가 페르낭 크노프Fernand Khnopff, 1858~1921의 「침묵」처럼 묘하고 신비스러운 얼굴일 것이라고 나는 생각한다. 남자와 여자의 얼굴이 뒤섞인 얼굴. 천사의 것도, 악마의 것도 아닌 것처럼 보이는 기이한 얼굴이 요구하고 있는 침묵. 그것은 자신이 누구인지 아무에게도 발설하지 말아달라는 비밀스러운 간청이 아닐까?

평생 여섯 살 아래의 누이동생 마르그리트를 사랑했던 크노프는 누이가 결혼해서 고향을 떠날 때까지 집착에 가까운 태도로 그녀의 얼굴을 그려댔다. 「침묵」의 얼굴에 남녀가 섞여 있는 것은 화가가 자신의 얼굴과 누이의 얼굴을 합성해 만들어낸 얼굴이기 때문이다.

『데미안』에는 짝사랑하던 소녀를 그리려던 싱클레어가 저도 모르게

침묵_ 페르낭 크노프, 종이에 파스텔, 85×41cm, 1890, 브뤼셀 보자르 왕립미술관

데미안의 얼굴을 그리는 장면이 나온다. 헤세는 다음과 같이 묘사했다.

> 그것은 소녀의 얼굴이기보다는 오히려 청년의 머리처럼 보였다. 머리카락은 나의 예쁜 소녀처럼 환한 금색이 아니고 불그스름한 기운이 도는 갈색이었고, 턱은 강하고 윤곽이 뚜렷했으며, 입은 붉게 꽃피고 있었다. 그 모든 것이 다소 뻣뻣하고 가면 같았지만, 인상적이고 신비스러운 생명으로 가득 차 있었다.
> 완성된 그림 앞에 앉아 있자니 기이한 인상을 받았다. 그것은 내게 일종의 신상神像 혹은 성인의 가면처럼 보였다. 절반은 남자고 절반은 여자, 나이가 없고, 의지가 굳세면서도 몽상적이며, 굳어 있으면서도 남 모르게 생명력 있어 보였다. 이 얼굴은 나에게 무언가 할 말이 있는 듯했다. 그것은 나의 일부였다. 나에게 요구를 내세웠다.

한자리에 앉은 채로 『데미안』을 통째로 읽어버렸던 대학 시절의 그날 밤 꿈속에 자신을 에바 부인이라고 칭하는 검은 옷차림의 여자가 나타났다. 수수께끼 같은 표정으로 나를 쳐다보던 여자는 어느새 내가 읽은 『데미안』의 번역자이자, '독일 명작의 이해' 수업을 강의했던 여교수의 모습으로 바뀌어 있었다. 그녀는 내게서 등을 돌리고, 백묵을 집어 들더니, 칠판에 단어 하나를 적었다. '迷惑미혹'이었다.

인간은
사랑스럽지 않은
존재를
사랑하지 않는다

변신

● 프란츠 카프카 | "행복한 사람은 글을 쓰지 않는다"라고 말한 작가로 기억에 남는다. 독일어로 글을 썼기 때문에 많은 사람들이 그가 독일 태생인 줄 아는데 체코의 아름다운 수도, 프라하에서 태어났다. 「변신」을 비롯해 「법 앞에서」, 「판결」 같은 그의 단편들을 대학 시절 읽었다. 읽을 때마다 답답하고 목이 막히는 듯한 기분이 들어서 장편 『성(城)』은 읽을 엄두도 못 냈다. 그는 문을 닫아걸고, 그 문 안으로 독자들을 들어오라고 꼬드긴다.

● 르네 마그리트 | 유머러스한 상상력만으로도 사랑할 수밖에 없는 화가다. 솜털 구름 점점이 박힌 푸른 하늘과 중절모 쓴 신사가 그의 트레이드 마크. 그는 세상의 모든 것들이 언어로 규정될 수 없다는 사실을 그림을 통해 보여준다. 우리가 그림을 보는 이유는 언어의 덫에서 벗어나기 위해서가 아니던가?

● 인용문 출처
프란츠 카프카 지음, 전영애 옮김, 「변신」, 『변신/시골의사』, 민음사, 2000

너무나도 출근하기 싫은 아침이면 온몸이 침대 속으로 녹아내리는 상상을 하곤 한다. 그래, 나는 침대가 되는 거야. 침대가 되면 출근하지 않아도 되잖아. 침대가 어떻게 출근을 하겠어?

한참을 공상에 빠져 있다가 시간에 쫓겨 겨우 몸을 일으키고 출근길에 나서는 날엔 어김없이 카프카Franz Kafka, 1883~1924의 「변신」을 생각한다.

「변신」의 주인공 그레고르 잠자는 어느 날 불안한 꿈을 꾼 뒤에 잠에서 깨어보니 한 마리 흉측한 해충으로 바뀌어 있는 자신을 발견하게 된다. 그레고르의 직업은 옷감을 파는 외판사원. 아버지의 사업 실패 후 빚더미에 올라앉은 가계를 꾸려가며 부모와 누이동생의 생계를 책임져야 하는 가장家長이다.

아들과 오빠가 벌레로 변해버렸다는 사실을 알게 된 그의 가족은 처음에는 걱정하며 눈물을 흘리지만, 이윽고 그가 없는 삶에 익숙해진다. 무기력한 은퇴자였던 아버지는 은행의 급사로 취직하면서 권위적인 가장의 모습을 회복하고, 천식에 시달리던 눈물 많은 어머니는 양장점에서 얻어온 삯바느질을 하면서 돈을 번다. 바이올린을 켜며 음악학교 진학을 꿈꿨던 예쁘장한 누이동생 그레테는 그레고르의 뒤치다

꺼리를 도맡다가 불어와 속기를 공부해 판매원으로 취직, 자신감 있고 적극적인 캐릭터로 변모한다.

시간이 흘러가고 나머지 세 식구의 일자리가 안정됨에 따라 한때 집안의 기둥이자 자랑이었던 그레고르는 가족의 수치이자 골칫거리가 되고 만다. 그들은 그레고르의 추억이 깃든 물건은 하나도 남김 없이 그레고르의 방을 말끔히 치워버린다. 아버지는 그레고르의 등에 사과를 던져 부상을 입히고, 누이동생은 쓰레기와 먼지가 쌓여도 청소해주지 않으며, 어머니는 그레고르의 얼굴을 보는 것조차 두려워한다. 그들은 더 이상 그레고르를 이름으로 부르지 않는다. '이것'이라고 한다.

"우리는 이것에게서 벗어나도록 해봐야 돼요" 하며 누이동생은, 어머니는 기침을 하느라고 아무 말도 듣지 못했으므로, 오로지 아버지를 상대로 말했다. "이게 아버지 어머니 두 분을 죽일 거예요. 그럴 게 뻔해요. 사람이 우리 모두처럼 이렇게 힘들게 일하지 않을 수 없을 때 집에서마저도 이 한도 끝도 없는 고통을 견디지는 못해요." 그러고는 어찌나 격렬하게 울음을 터뜨렸는지 누이의 눈물은 어머니의 얼굴 위로 흘러내렸고, 어머니는 기계적인 손놀림으로 눈물을 훔쳐냈다.

자신이 그토록 사랑했고, 몸바쳐 부양해왔던 가족으로부터 소외와 냉대를 당한 그레고르는, 스스로 해결책을 찾는다. 머리를 바닥에 짓

찢어 죽어버리는 것이다.

"그럼 이제 어쩐다?" 자문하며 그레고르는 어둠 속을 둘러보았다. 곧 그는 자기가 이제는 도무지 꼼짝을 할 수 없게 되었음을 발견했다. 그것이 놀랍지는 않았다. 지금까지 이 가느다란 작은 다리를 가지고 실제로 몸을 움직일 수 있었다는 것이 오히려 부자연스럽게 생각되었다. 그는 제법 쾌적하게 느꼈다. 온몸이 아프기는 했으나, 고통이 점점 약해져 가다가 마침내 이내 없어져 버리는 것 같았다. 그의 등에 박힌 썩은 사과와, 온통 부드러운 먼지로 덮인 곪은 언저리도 그는 어느덧 거의 느끼지 못했다. 감동과 사랑으로써 식구들을 회상했다. 그가 없어져버려야 한다는 데 대한 그의 생각은 아마도 누이동생의 그것보다 한결 더 단호했다. 시계탑의 시계가 새벽 세시를 칠 때까지 그는 내내 이런 텅 비고 평화로운 숙고의 상태였다. 사위가 밝아지기 시작하는 것도 그는 보았다. 그러고는 그의 머리가 자신도 모르게 아주 힘없이 떨어졌고 그의 콧구멍에서 마지막 숨이 약하게 흘러나왔다.

그레고르의 죽음을 그의 가족은 슬퍼했을까? 아니다. 그들은 다만 효과적으로 '그것'을 치워버리고, 세 통의 결근계를 쓴 후 함께 교외로 나들이를 나간다. 이 소설에서 진정한 「변신」을 이룬 것은 벌레가 되어 도태된 그레고르가 아니라 무능한 피부양자에서 유능한 직업인으로 탈바꿈한 그레고르의 가족이다. 소설은 다음과 같이 끝이 난다.

> 그들은 이제 좀 더 작고 값싼, 그러나 위치가 낫고 전반적으로 보다 실용적인 집을 갖고자 했다. 마치 지금 집은 그레고르가 찾아내기라도 했다는 듯이. 그들이 그렇게 환담하고 있는 동안 잠자 씨와 잠자 부인은 점차 생기를 띠어가는 딸을 보고 거의 동시에 딸이, 이즈음 들어 워낙 고달프다보니 두 뺨이 창백해지기는 했건만 아름답고 풍염한 소녀로 꽃피었다는 생각이 들었다. 말수가 적어지며 또 거의 무의식적으로 눈초리로 서로 의사소통을 하며, 내외는 이제 딸을 위해 착실한 남자도 찾아야 할 때가 된 것 같다는 생각을 했다. 그리하여 그들의 목적지에 이르러 딸이 제일 먼저 일어서며 그녀의 젊은 몸을 쭉 뻗었을 때 그들에게는 그것이 그들의 새로운 꿈과 좋은 계획의 확증처럼 비쳤다.

얼핏 이 소설은 경제적인 능력을 잃었기 때문에 구성원을 폐기처분한 그레고르 가족의 무정함에 빗대 산업화 사회 내지는 신자유주의 사회의 냉혹함을 비판하고 있는 것처럼 보인다. 그들은 기업이 해고당한 근로자의 자리를 치워버리듯 그레고르의 방을 치워버린다. 사업에 실패해 기죽어 있던 아버지는 취직이 되자 집에서도 제복을 벗지 않고 권위적인 가장의 모습을 되찾으며 그레고르를 핍박한다. 가족 중에서 가장 경제적으로 무능한 것처럼 보여 '쓸모없는 계집애' 취급을 받았던 그레테는 그레고르를 돌보는 일을 다른 사람에게 빼앗기지 않기 위해 안간힘을 쓰며, 그 결과 가족 내에서 자신의 입지를 굳건히 한다.

과연 카프카는 제 몫을 챙기기 위해 피붙이를 유기한 이 냉정하고 이기적인 가족을 비난하고 있는 것일까? 나는 그레고르의「변신」이 과연 타의에 의한 것인지가 의심스럽다. 소설의 첫머리에서 자신이 벌레로 변한 것을 알았을 때, 침대에 누운 채 그레고르는 다음과 같이 반응한다.

> "아, 아." 그는 생각했다.
> "이 모든 고된 직업을 나는 택했단 말인가! 날이면 날마다 여행 중이라니. 집에다 벌여놓은 본상점에서 일하는 것보다 직업상의 긴장이 훨씬 더 큰 데다가 그 밖에도 여행의 고달픔이 덧붙여진다. 기차의 접속에 대한 걱정, 불규칙적이고 나쁜 식사, 자꾸 바뀌는 바람에 결코 지속되지도, 결코 정들지도 못하는 인간관계 등. 마귀나 와서 다 쓸어가라지!"

이는 '변신'에 대한 혐오감이라기보다는, '변신'을 이루었다는 안도감에 더 가깝다. 대개의 회사원들이 그러하듯, 그레고르 역시 고된 직장생활에 염증을 느끼고 있었다. '변신'을 꿈꾸는 것은 회사원들의 숙명이다. 그들은 로또에 당첨되어 백만장자가 되거나, 세속에 대한 욕망을 끊고 방랑자가 되거나, 유학을 떠나 학식을 갖춘 인물이 되거나, 사업체를 차려 독립해 고용인의 지위에서 벗어나고 싶어한다. 그리고 수많은 회사원들이, 그레고르처럼 무위도식無爲徒食하는 삶을 꿈꾸곤 한다.

　벌레가 되어버려 출근하지 않아도 되는 당위가 주어지는 상황은 그레고르의 오랜 숙원이 아니었을까? 신입사원 시절에, 나는 종종 출근길에 교통사고가 나서 병원에 입원하는 상상을 하곤 했다. 그러면 가족들에게 핑계를 대지 않고 정당하게 회사를 빼먹을 수 있으니 말이다.

　그레고르는 자신을 돈 벌어오는 기계 취급하는 가족에게 진력이 났다. 아마도 생각했을 것이다. 흥, 내가 얼마나 중요한 인물인지 보여주고야 말겠어 하고. 자신이 경제적 능력을 상실하자 허둥지둥하는 가족을 바라보면서, 자신의 가치를 부모 동생에게 각인시키고 싶었을 것이다. 나아가 돈벌이를 하지 않아도 자신이 여전히 가족에게 소중한 존재라는 사실을 확인받고 싶었을 것이다. 벌레로 변신한 그레고르의 가장 깊숙한 내면에 자리했던 것은 가장으로서가 아니라 단지 그레고르 자신으로서 가족에게 사랑받고 싶었던 은밀한 욕망이었다. 어떻게 그렇게 잘 아냐고? 내가 바로 그렇기 때문이다. 사표를 내고 싶다는 생각을 진지하게 할 때마다 나는 내게 최후의 보루가 있다고 생각한다. 세상 모두가 나를 버려도 있는 그대로 나를 사랑해 줄 것만 같은 든든한 존재, 고향에 계시는 나의 부모님.

그러나 현실은 녹록지 않다. 인간은 사랑스럽지 않은 존재를 사랑하지 않는다. 그레고르는 자신의 추악한 본질마저 사랑해달라고 요구하지만, 가족에게 그레고르의 본질은 혐오의 대상일 뿐이다. 누이가 하숙인들 앞에서 바이올린을 연주할 때, 그레고르는 그 연주를 듣고 싶어서 누이 앞으로 나아간다. 이는 가족에 대한 그레고르 최후의 접근이었으나, 그들은 하숙인들 앞에서 망신을 당했다는 생각에 기겁을 하며 그레고르를 괴물 취급한다.

동상이몽同床異夢은 여기에서 깨어진다. 제 앞가림도 제대로 하지 못하는 자신을 사랑해달라고 타인에게 요구해서는 안 된다. 상대가 가족이라도 마찬가지다. 그레고르가 가족으로부터 버려진 것은 결국 현실을 망각하고 지나치게 어리광을 부렸기 때문이다.

많은 사람들이 착각한다. '어떤 모습을 하고 있든, 어떤 지위를 갖고 있든, 나는 나'라고. 그러니 나를 진정으로 사랑한다면 '있는 그대로의 나'를 사랑해야 한다고. '있는 그대로의 나'라는 말은 자기 자신이 바라보는 자신에만 국한되는 이야기다. 사회적 관계 속의 '나'는 사회적인 역할이 규정한다. 사랑받고 싶다면, 사회적 의무로부터 도피해서는 안 된다. 아무리 가족에게라도 벌레로서의 나 따위는 보여주면 안 된다. 이기적인 존재인 인간이 가족의 행복만은 진심으로 바라는 것은, 가족의 구성원이 불행해져 사회의 일원으로서 제 몫을 다하지 못하면, 그들의 몫까지 떠맡아야 하는 의무가 자신에게 지워지기 때문이다.

나는 잘 알고 있다. 수많은 신화에서 「변신」은 오만한 인간에게 주어진 신神의 벌이었다는 것을. 우리 전래동화에도 일하기 싫어하던 게으름뱅이가 소가 되어 죽도록 일만 하다가 삶의 엄혹함을 깨닫고 부지런해지는 이야기가 있다는 것을. 그럼에도 불구하고 '침대'가 되고 싶은 변신 욕구, 낙향落鄕을 전제로 한 사표 제출 충동은 때와 장소를 가리지 않고 스멀스멀 솟아오르곤 한다. 고전의 지혜를 현실에 적용하는 것은 응용력 떨어지는 내게는 지난한 일이다.

벨기에 초현실주의 화가 르네 마그리트René Magritte, 1898~1967의 작품 「생존의 기술」은 출근하기 싫은 아침이면 자주 떠올려보는 그림이다. 한 사내가 돌난간 앞에 정면으로 서 있다. 단정한 슈트와 넥타이로 미루어보아 회사원일 것이다. 어쩌면 그레고르처럼 외판사원일지도 모른다.

도무지 일하고 싶지 않은 날, 사내는 상사의 눈을 피해 회사 옥상으로 올라왔다. 바람도 시원하고, 경치는 아름답다. 다시 사무실로 돌아가고 싶지 않다. 여기 계속 그대로 있었으면……. 어라? 갑자기 사내의 얼굴이 없어진다. 얼굴이 있어야 할 자리에 커다란 보름달이 두둥실 뜬다. 회사에 대한 불만에 가득 차 샐쭉해진 눈·코·입만이 조그맣게 보름달 안에 남아 있다. 달로 '변신'한 것이다. 일하고 싶지 않아. 차라리 내가 달님이라면 좋을 텐데! 사내의 은밀한 욕망이 상상 속에서 점점 더 구체화되어간다. 배경에 자리한 거대한 산과 둥그런 보름

생존의 기술_ 르네 마그리트, 캔버스에 유채, 64.77×53.98cm, 1967, 알렉산더 아올라스 컬렉션

달이 제법 잘 어울린다.

  마그리트가 미술 컬렉터이자 화상畵商인 알렉산더 이올라스를 위해 그린 이 그림은 제목마저도 고달픈 회사원들을 위한 것 같다. 잠깐이나마 백일몽을 꾸면서 쳇바퀴 같은 현실을 잊어버리는 것이야말로 이 무한경쟁의 시대에 살아남을 수 있는 '생존의 기술' 아니겠는가. 평소 중절모와 슈트 차림의 몰개성화된 도시인의 모습을 즐겨 그렸던 마그리트가 세상을 떠나던 해에 남긴 촌철살인의 이 유머가 살아가야만 하는 우리를 위무慰撫한다.

그리고 아무도 기다리지 않았다

이반 데니소비치, 수용소의 하루

●
알렉산드르 솔제니친 | '러시아의 양심'으로 불린다. 옛 소련의 인권탄압을 기록한 『수용소 군도』를 쓴 후 반역죄로 추방되어 20년간이나 미국에서 망명생활을 했다. 『이반 데니소비치, 수용소의 하루』는 지루하게 읽힐 수밖에 없는 소설이다. 한 인간의 하루를 한 권의 장편에 담아냈기 때문이다. 작가는 독자가 이반 데니소비치의 하루에 맞먹는 시간을 들여 그의 하루를 읽어주기를 바랐을 것이다. 1970년 노벨문학상을 받았다.

●
일랴 레핀 | 일랴 레핀을 알게 된 것은 대학교 때 전공 시험 공부를 하다가 우연히 넘겨본 화집에 실려 있던 「아무도 기다리지 않았다」를 통해서고, 그를 좋아하게 된 것도 역시나 「아무도 기다리지 않았다」를 통해서다. 「볼가 강에서 배를 끄는 인부들」과 같은 직설적인 그림들보다 은유적이지만 더 이상의 설명이 필요 없는 「아무도 기다리지 않았다」의 은근함이, 레핀을 보다 굳건하게 사회 고발적인 작가로 만든다.

●
인용문 출처
알렉산드르 솔제니친 지음, 이영의 옮김, 『이반 데니소비치, 수용소의 하루』, 민음사, 2000

나는 꼬불꼬불한 복도를 따라 걸어갔다. 가파른 나선螺旋의 계단을 한참을 내려갔다. 신발 바닥 아래에서 마루가 삐걱거렸다. 똑같이 생긴 나무 문들이 눈앞에 나타났다. 문을 열었다. 똑같이 생긴 의자와, 똑같이 생긴 책상들이 열을 지어 서 있었다. 나는 내 자리를 찾아 앉았다. 가방을 열고 수학 교과서를 찾기 시작했다. 아무리 찾아도 책이 보이지 않았다. 나는 하얗게 질렸다. 곧 시험이 시작될 텐데 시험 범위 안의 연습 문제조차 채 풀어보지 못했다. 종이 울리고 시험지 뭉치를 든 교사가 들어왔다. 나는 비명을 지르며 책상에 얼굴을 묻었다.

눈을 떴다. 어둠이었다. 나는 익숙한 내 침대 위에 누워 있었다. 가까스로 머리를 짜내 내가 고등학교를 졸업했다는 사실을 기억해냈다. 대학도 졸업했다는 사실을 기억해냈고, 다시는 수학 시험 같은 건 볼 필요가 없다는 사실도 생각해냈다. 안도의 한숨을 내쉬며 베개를 끌어안았다. 또 같은 꿈이다. 고등학교, 시험. 고등학교를 졸업한 지 10년이 넘었음에도 불구하고, 나는 마음이 불안할 때면 항상 그 시절의 꿈을 꾼다. 악몽은 다양한 변주變奏를 선보이며 찾아온다. 나는 시험 범위를 모르거나, 교사가 시험을 출제하겠다고 한 참고서를 미처 구입하지 못했거나, 필기를 빼곡하게 해놓은 교과서를 잃어버린다. 다시는 돌아가고 싶지 않은 그 시절은 잊을 만하면 꿈을 통해 슬그머니 나를 찾아온다. 대한민국에서 정규교육을 받은 사람들에게 인생에서 가장 힘든 시기는 누가 뭐래도 고3 시절이라고, 서점의 학습지 코너를 지나칠 때면 아직도 가슴이 답답해지는 나는 생각한다.

솔제니친 Aleksandr Isayevich Solzhenitsyn, 1918~2008 의 『이반 데니소비치, 수용소의 하루』를 처음 읽었던 것은 대학교 2학년 때 수강했던 '서양 고전 읽기' 수업에서였다. 인간이 다른 인간에게 행하는 무자비한 폭력에 관심이 많았던 교수는 유대인 학살에 대해 장장 556분간 이야기하는 「쇼아 Shoah」같은 다큐멘터리를 우리들에게 보여주곤 했다. 학생들에게 『이반 데니소비치, 수용소의 하루』를 읽힌 것도 같은 맥락에서였겠지만 나는 책을 읽고 나자마자 고등학교 때를 떠올렸다. 그 시절이야말로 수용소 생활과 다를 바 없었다고 나는 기억한다.

솔제니친이 자신의 강제수용소 경험을 토대로 집필해 1962년 발표한 이 소설은, 독일군 포로가 되었다는 이유로 1942년 10년 형을 언도받고 만 8년째 수용소 생활을 하고 있는 목수 이반 데니소비치 슈호프의 하루 일과를 그리고 있다.

슈호프는 그날도 어김없이 새벽 5시에 잠이 깬다. 그날이 다른 날과 특별히 다른 점이 있다면 그가 일하고 있는 작업반인 104반이 새로운 작업 현장인 '사회주의 생활단지'로 배치될 것인지의 여부가 결정될 것이라는 점이다. 즉시 기상하지 않고 자리에서 꾸물댔다는 이유로 노동영창으로 끌려갈 뻔했던 그는 다행히 바닥 청소를 하는 정도의 가벼운 벌만 받게 돼 안도의 한숨을 내쉰다. 몸이 아프다는 핑계로 하루쯤 일을 쉬려고 시도했다가 의사에게 한마디로 거절당하기도 한다. 중앙난방 시설의 벽을 쌓는 작업을 하며 여느 때처럼 반원들과 이야기를 나누고, 야채수프 한 그릇과 200그램짜리 빵 한 덩어리에 연연하여 울고 웃다가, 굴욕적인 신체검사와 야간점호를 마치고는 마침내 잠자리에 드는 것으로 그의 하루는 끝이 난다.

슈호프는 말한다.

> 오, 하느님. 오늘도 영창에 가지 않게 해주신 것에 감사를 드립니다. 여기서라면 그런대로 어떻게 잠들 수 있습니다.

소설의 관건은 주인공 슈호프가 지극히 평범한 인물이라는 점이다. 작가는 스탈린의 공포정치 아래 무차별적으로 가해지는 숙청을 비난하기 위해 도덕적이고 성실한 일개 목수를 주인공으로 등장시켰다. 체제 순응적이고 온순한 한 인간이 비상식적이고 혹독한 수용소 생활을 일상으로 받아들이며 묵묵히 견뎌나가는 모습을 보고 있자면 당시 체제의 잔인함과 비인간성이 뼈아프게 느껴진다.

> 슈호프는 아주 흡족한 마음으로 잠이 든다. 오늘 하루는 그에게 아주 운이

좋은 날이었다. 영창에 들어가지도 않았고, '사회주의 생활단지'로 작업을 나가지도 않았으며, 점심 때는 죽 한 그릇을 속여 더 먹었다. 그리고 반장이 작업량 조정을 잘해서 오후에는 즐거운 마음으로 벽돌쌓기도 했다. 줄 칼 조각도 검사에 걸리지 않고 무사히 가지고 들어왔다. 저녁에는 체자리 대신 순번을 맡아주고 많은 벌이를 했으며, 잎담배도 사지 않았는가. 그리고 찌뿌드드하던 몸도 이젠 씻은 듯이 다 나았다. 눈앞이 캄캄한 그런 날이 아니었고, 거의 행복하다고 할 수 있는 그런 날이었다.

한 인간이 폭력을 일상으로 여기며 하루를 마무리하는 장면, 작가가 담담한 어조로 서술하여 역설적으로 더욱더 비극적으로 느껴지는 소설의 마지막 부분을 읽어가면서, 나는 내가 겪었던 고등학교 교육 현실의 잔인함과 비인간성을 다시 한 번 되새겼다.

교사들은 마치 하루 작업량을 정하듯 '자율학습'이라는 미명 아래 밤늦도록 학생들을 학교에 붙들어뒀다. 나는 학교보다 집에서 훨씬 더 공부가 잘 되었지만, '학교 방침'이라는 이유로 다른 학생들과 함께 교실에 남아 있어야만 했다. 졸려서 책상에 엎드리면, 어느새 복도 창을 통해 교실을 들여다보고 있던 감독교사가 다가와 손바닥을 때렸다. 머리가 길다고, 바지 끝단이 땅바닥에 끌린다고, 몸에 달라붙는 티셔츠를 입었다는 이유로 남자 교사들이 이미 육체적으로 완전히 성숙한 여고생들을 교실 앞으로 불러내 엎드려뻗쳐를 시킨 후 지휘봉으로 엉덩이를 때렸다. 수업시간에 학생들에게 여자가 출산할 때 내는 신음소리를 단체로 내보라고 시킨 후 낄낄대는 교사가 있었다. 잡담을 하는 학생들에게 "가슴에 손을 넣어버리기 전에 조용히 하라"며 히죽대는 교사도 있었다. 무엇보다 싫었던 것은 시험이었다. 나는 아직까지도 왜 반 전체 성적이 좋지 않다는 이유로 담임교사로부터 단체로 체벌을 받아야만 했는지 이해하지 못하겠다. 우리는 이 모든 비상식을 상식으로 여겼다. 그것이 우리에게 주어진 일상이었다.

나는 내가 감옥에 갇혀 있다고 생각했다. 형기가 끝나면 마음껏 자유를 누리리라고 수십 번도 더 결심했다. 비단 나만 그 시기를 수용소 생활과 유사하다고 느낀 것은 아니었던 모양이다. 유순한 모범생이었던 대학 시절의 한 친구는 "고교 시절, 소설이라고는 교과서에 나오는 것 외에는 읽지 않았지만 예외적으로 『이반 데니소비치, 수용소의 하루』만은 몇 번이고 읽었다"고 말했다. "왜 그랬냐"는 나의 질문에 그는 답했다. "그냥, 그 시절을 견뎌야 했으니까."

시간은 순식간에 흘러갔다. 세월은 느릿느릿 지나갔다. 나는 고3이 되고, 수능 시험장으로 향했고, 대학 입학시험에 응시했다.

> 슈호프는 고개를 들어 문득, 하늘을 쳐다보았다. 그러고는 탄성을 올린다. 구름 한 점 없는 하늘 위로 태양이 벌써 중천에 와 있다. 일을 하고 있노라면, 시간이 어이없이 빨리 지나가고는 한다. 수용소에서의 하루하루가 빨

리 지나간다는 생각이 든 것이 한두 번이 아닌 슈호프지만, 형기는 왜 그리 더디게 지나가는지 이해할 수가 없다. 전혀 줄어들 기미가 없다.

그 질식할 것만 같았던 시간들을 이겨내고 마침내 대학에 입학했을 때, 나는 내 앞에 화창한 미래와 짙푸른 행복이 기다리고 있을 줄만 알았다. 그러나 아무것도 기다리지 않았다. 다만 야생마처럼 미쳐 날뛰는 '자유'만이 내게 모든 것을 위임한 채 도사리고 있을 뿐이었다. 나는 오랜 유형流刑을 마치고 집으로 돌아온 혁명가처럼 당혹스러워졌다.
"손님이 오셨습니다." 무심한 얼굴의 하녀가 거실 문을 열며 말한다. 거실에 앉아 있던 가족의 눈이 일제히 문으로 향한다. 초췌한 얼굴의 깡마른 사내가 객쩍은 미소와 함께 모자를 벗고 가족을 향한다. 놀란 노파가 의자를 박차고 일어난다. 피아노 앞에 앉아 있던 젊은 여인이 당황스러움과 공포가 엇갈리는 표정으로 뒤를 돌아본다. 식탁에 앉아 공부를 하고 있던 어린 소녀가 겁먹은 눈초리로 낯선 자의 침입을 경계한다. 오직 그를 알아본 소녀의 오빠만이 천진한 표정으로 그를 반긴다.

유배당했던 혁명가의 귀환을 그린 이 그림의 제목은 「아무도 기다리지 않았다」이다. 19세기 후반 활약했던 러시아 화가 일랴 레핀[Ilya Yefimovich Repin, 1844~1930]이 파리 유학에서 돌아온 직후인 1884년에 그린 그림이다. 레핀은 이 그림을 여러 번 수정했는데 처음 그려진 유화 버

아무도 기다리지 않았다_ 일랴 레핀, 캔버스에 유채, 160.5 × 167.5cm, 1884, 모스크바 트레탸코프 미술관

이반 데니소비치, 수용소의 하루

전에서 혁명가는 엄격하고 자신감 넘치는 얼굴의 여성이었다. 이후 실제 혁명가의 사진에 기초해 남성으로 대체된 주인공의 얼굴은 수정이 거듭될수록 점점 더 수줍고 의기소침한 표정으로 변해간다. 평론가들은 이를 농노를 해방해 '해방자 차르'로 불렸던 알렉산드르 2세가 1881년 3월 급진적인 혁명가들에게 암살당한 이후 사회적 불화가 점점 잦아졌던 당시 혁명사회의 상황과 연결시킨다.

귀환자의 등 뒤 대각선 방향으로 여러 점의 그림이 걸려 있다. 두 점의 초상화는 당시 인기 있었던 혁명 시인 네크라소프Nekrasov와 세프첸코Shevchenko의 것이다. 이들의 가운데에 당시 유행했던 슈타이벤의 판화「골고다」가 걸려 있다. 예수가 십자가에 못 박혀 있는 장면을 그린 이 판화는 민중을 위한 희생과 순교를 상징한다.

고통스러운 수용소 생활을 견디고 돌아온 사내, 그리고 낯설고 당혹스러운 표정으로 그를 바라보는 가족. 나는 "수용소를 나오면 벽걸이용 카펫 염색 하는 일을 배우라"고 하는 아내의 편지를 읽고 '멀리서나마 그 벽걸이를 한 번 보았으면' 하고 소망하는 슈호프를 떠올린다.

> 아내의 편지를 보면, 품팔이가 없어진 것은 벌써 오래전의 일이라고 했다. 지금은 목수일을 하는 이도 없고(그의 마을은 옛날부터 목수장이들이 목수일을 하기로 유명한 곳이었다), 버드나무 가지로 바구니를 짜는 일도 치워버린 지 오래고, 이젠 아무도 그런 일을 하지 않는다는

것이다. 그리고 요즘 새로 유행하는 일로는 카펫을 염색하는 것인데, 벌이가 제법이라고 한다. [⋯중략⋯] 이반이 돌아오면 염색가를 만드는 것이 아내의 소망이라고 했다. 그렇게 되면, 아내 혼자 힘으로 꾸려온 궁색한 생활도 면하게 될 것이고, 아이들도 실업학교에 입학할 수 있게 되고, 금세라도 쓰러질 것 같은 오두막도 헐어버리고 새 집을 지을 수 있는 것이다. 염색하는 사람치고 집을 새로 짓지 않은 사람은 아무도 없다는 이야기다. 예전에는 오천 루블이면 철도 가까운 곳에 집을 지을 수 있던 것이, 지금은 이만오천 루블은 있어야 한다고 한다.

그래서 그는 어떻게 나 같은 사람이 염색가가 될 수 있단 말인가, 그림이라고는 조금도 소질이 없다는 것을 알고 있지 않느냐 하고 아내에게 물어보았다. 그리고 그 훌륭한 벽걸이 카펫을 어떻게 염색한다는 것이냐, 무늬는 어떤 것을 그려넣느냐고 물어보기도 했다.

이윽고 절로 가슴이 답답해진다. 수동적인 수용소에서의 삶이 일상이 되어버린 그가 수용소 밖의 일상을 과연 잘 견뎌낼 수 있을까? 사회 부적응자가 되어 돌아온 무능한 가장을 과연 그의 가족은 반겨줄 것인가?

차라리 그는 익숙한 수용소 생활로 돌아가고 싶어질지도 모른다.

이반 데니소비치는 감옥과 수용소를 전전하면서 내일은 무엇을 어떻게 할 것인가, 내년에 또 무엇을 어떻게 할 것인가 하는 계획을 세운다든가, 가족의 생계를 걱정한다든가 하는 버릇이 아주 없어지고 말았다. 그를 위해서 모든 문제를 간수들이 대신 해결해주는 것이다. 그는 오히려 이런 것들이 훨씬 마음이 편했다.

갓 대학에 입학했을 무렵, 강의를 빼먹어도, 숙제를 해가지 않아도, 어떤 물리적 제재도 가해지지 않았던 낯선 체제가 혼란스러웠던 우리 신입생들은 과방에 우루루 몰려 앉아 수군거렸다. "왜 이곳에서는 아무도 우리에게 무얼 하라고 이야기해주지 않지? 담임선생님이 있었으면 좋겠어."

차라리
하지 않는 편이
좋습니다

바틀비

허먼 멜빌 | 멜빌은 『모비딕』의 작가다. 『모비딕』을 읽고 나자 거대한 흰 고래와 맞서 싸우는 외다리 선장 에이허브에 대한 묘사가 오래오래 뇌리에 남았다. 『모비딕』의 화자(話者)인 이스마엘과 마찬가지로 멜빌은 선원이었다. 유복한 집안에서 태어났으나 열세 살 때 아버지가 죽은 후 학교도 그만두고, 은행·상점의 잔심부름, 농장일, 학교 교사 등을 하며 전전했다. 스무 살에 상선의 선원이 됐고 스물두 살에 포경선에 올라 남태평양으로 나갔다. 스물다섯 살 때 수병(水兵)이 되어 귀국했다. 어릴 때부터 삶의 간난함과 끈질기게 싸워온 그는 전형적인 책상물림형 작가들에 대해 어떻게 생각했을까? 문득 궁금해진다.

에드워드 호퍼 | 도시 속 인간의 고독에 평생 관심을 기울인 화가. 그 자신은 아내와 함께 평생 굴곡 없는 삶을 살았다. 그의 화폭 속 인물들은 혼자 여행을 하거나, 혼자 호텔 방에 앉아 있거나, 혼자 주유소에서 기름을 넣는다. 내가 혼자 있는 순간, 타인은 나를 어떻게 바라볼까? 호퍼의 작품을 볼 때마다 그런 생각을 한다.

인용문 출처
허먼 멜빌 지음, 변희준 옮김, 「바틀비」, 『타이피/바틀비/베니토 세레노』, 금성출판사, 1990
질 들뢰즈 지음, 김현수 옮김, 『비평과 진단 : 문학, 삶, 그리고 철학』, 인간사랑, 2000

갓 직장을 옮긴 친구가 일이 많아 힘들다고 투덜댔다. 나는 말했다. "지난번 직장에서는 지금보다 더 일이 많았잖아." 친구가 답했다. "그때는 그래도 내가 하고 싶은 일을 했어. 지금보다 1.5배 더 일이 많더라도 내가 하고 싶은 일을 하는 게 낫겠어. 하고 싶지 않은 일을 어떻게 하니?" 워낙 심지가 굳고 자기 주관이 뚜렷한 친구였다. 약간의 부러움을 섞어서 나는 말했다. "나는 취직한 이래 내가 하고 싶은 일을 해본 적이 거의 없어." 그리고 생각했다. 너는 나와는 다른 세계, '바틀비Bartleby'의 세계에서 살고 있구나…….

멜빌Herman Melville, 1819~91의 「바틀비」를 처음 읽었던 것은 '19세기 미소설'이라는 영문과 전공 수업을 재수강하고 있던 대학 4학년의 가을이었다.

뉴욕 월스트리트 중심가에 사무실을 내고 있는 늙은 변호사가 일손이 부족해 대서인代書人을 한 명 더 고용한다. '바틀비'라는 이름의 이 신입 직원은 처음에는 빛의 속도로 일을 처리해 고용주를 만족시키지만 베껴 쓴 서류를 착오가 없도록 원본과 대조해보라는 고용주의 명령에 다음과 같이 대답한다. "I would prefer not to차라리 하지 않는 편이 좋습니다." 심부름하는 청년이 없으니 우체국에 다녀오라는 부탁에도, 옆방에 가서 다른 직원을 불러오라는 지시에도, 고향이 어디냐는 질문에도 그는 같은 대답을 반복한다. "I would prefer not to."

문법에는 어긋남이 없으나 일상생활에서는 거의 쓰이지 않는 'prefer not to'의 빈번한 사용, 'yes'도 'no'도 아닌 바틀비의 이 기묘한 거부 화법에 고용주는 속수무책이 되고 만다.

> 나는 그의 얼굴을 물끄러미 바라보았다. 그의 깡마른 얼굴은 평정 그대로였고, 그의 회색 눈은 선명하지는 않으나 평온했다. 마음의 동요를 나타내는 주름살 하나 나타나 있지 않았다. 가령 아무리 희미하게나마 그의 태도에 불안이나 분노, 급한 성질이나 건방진 태도 등이 나타났다면, 바꿔 말해 뭔가 보통 인간과 같은 면이 그에게 있었다면 반드시 나는 강제로라도 사무실에서 그를 내쫓았을 것이다.

일은 하지 않으면서 사무실에 기거하며 숙식을 해결하고 있는 바틀비 때문에 골머리를 앓게 된 주인은 바틀비를 해고하려 하지만 그는 그에 대해서조차 "I would prefer not to"라는 답을 되풀이하고 면벽 몽상만 하면서 꿈쩍도 하지 않는다. 게다가 설상가상으로 다음과 같은 말까지 덧붙이기 시작한다. "but I am not particular 그러나 나는 까다롭진 않습니다." 고민을 거듭하다가 거의 신경쇠약에 걸리게 된 고용주는 다음과 같은 결단을 내린다.

> 그가 나가려고 하지 않는 이상 내가 나가는 도리밖에 없다. 사무실을 바꾸자. 어딘가 다른 곳으로 이전하고, 만일 그가 새로운 사무실에 나타나면 보통의 불법 침입자로 고소할 작정이라는 것을 정정당당하게 통고하자.

 고용주가 사무실을 이전한 후에도 계속 그곳에 남아 있던 바틀비는 결국 건물 주인에 의해 경찰에 신고당해 교도소에 수감되고, 아무것도 먹지 않고 버티다가 사망하는 것으로 고집스러운 삶을 마감한다. 소설은 그의 죽음을 목도한 고용주가 '휴머니티'를 부르짖으며 바틀비를 애도하는 것으로 끝이 난다.
 나는 이 기묘한 소설을 소재로 기말 리포트를 제출했다. 당시 나는 바틀비를 '예술가'라고 해석했다. 바틀비는 자신이 베껴 쓴 서류에 대해서조차 독창성을 부여하는 예술가적 기질을 가진 인물인데, 범속한 고용주가 그를 알아보지 못하고 감히 원본과 대조를 하라고 명령했기 때문에 영혼과 자존심에 상처를 받고 세상과 싸워나간 거라고.
 A+를 받아 완벽한 '학점 세탁'을 가능하게 해주었던 그 리포트의 이면에는 소설의 주인공을 미화해 나 자신을 합리화하고자 했던 교묘한 술수가 숨어 있었다. 취업 준비생이었던 그때의 나는 나 자신이 예술가였으면 하고 바랐다. 세속적인 돈벌이 같은 건 하고 싶지 않았다. 고아한 세계에서 거대한 의미를 가진 일을 하고 싶었는데 어쩔 수 없이 취업전선으로 내몰리고 있는 나 자신과 '예술가의 영혼'을 지니고

있는데도 자본주의의 첨병인 무식한 고용주를 만나 죽음으로 내몰린 바틀비를 오버랩 시키고는 '세상은 다 그런 것'이라고 자위했다.

이제 나는 더 이상 바틀비가 예술가라고 생각하지 않는다. 그는 이 세상에 존재하는 수많은 회사원들의 대변인, 그들이 차마 입 밖에 내지 못하고 있는 금기禁忌의 문장을 배설해주는 대리자代理者다.

조직으로부터 주어지는 수많은 지시들에 항명抗命하고 싶을 때마다 나는 가만히 종이 위에 'I would prefer not to'라고 써보곤 했다. 도저히 해낼 수 없을 것 같은 과업이 주어졌을 때, 쓰기 싫은 기사를 써야만 할 때, 기사를 쓰고 싶은데도 도무지 기삿거리가 없을 때, 모두들 거리끼는 보직을 맡게 되었을 때……. 그 문장을 휘갈기고 있다 보면, 비밀의 주문이라도 외우고 있는 것처럼 마음이 편해지곤 했다. 나도 바틀비처럼 저항하고 싶었다. 노골적이지는 않게, 그러나 소설의 다음 구절처럼 효과는 명확하게.

> 소극적 저항만큼 진실한 인간에게 조바심 나는 마음을 갖게 하는 것은 없다. 만일 그러한 저항을 받는 인간이 절대로 인간미가 결여되어 있지 않고, 저항하는 인간도 소극적이기 때문에 완전히 무해하다고 한다면, 전자는 기분이 좋을 때라면 자신의 판단으로는 해결하기 불가능하다는 것을 알고 있는 일도 관용하고 싶어져 어떻게든 이해하려고 노력할 것이다.

프랑스 철학자 질 들뢰즈는 「바틀비, 혹은 상투어」라는 글에서 다음과 같이 말한다.

> 'I would prefer not to'라는 바틀비의 상투어는 모든 대안을 배격하여, 다른 모든 것을 배제하는 것 못지않게 자신이 간직하길 바라는 것을 파괴하고, 광기狂氣에 휩싸인 바틀비를 다시 이성理性의 세계로 데려다주려는 고용주의 희망을 산산이 무너뜨린다.

그러나 나는 알고 있다. 소설에서 가장 현실적인 부분은 바틀비의 저항에 견디다 못한 고용주가 사무실을 이전하는 장면이 아니라, 끝까지 조직의 명을 거부하던 바틀비가 교도소에서 굶어 죽고 마는 마지막 장면이라는 것을.

> 벽 밑에서 기묘하게 웅크리고 양 무릎을 오그리고 차가운 돌 위에 머리를 올려놓은 채, 옆을 향하고 누워 있는 초췌한 바틀비의 모습을 발견했다. 그러나 그는 꿈쩍도 않고 누워 있었다. 나는 잠시 멈춰 서서 그에게 접근해 갔다. 웅크리고 앉아 들여다보자, 그의 눈은 희미하게 열려 있었다. 그 이외에는 깊은 잠에 빠진 것처럼 생각되었다. 뭔가에 끌려 나는 그에게로 손을 뻗쳤다. 그의 손에 닿자 그 순간 섬뜩하게 뼈저린 전율이 내 팔을 타고 거슬러 올라와 등골을 따라 발밑으로 빠져나갔다.

소도시의 사무실_ 에드워드 호퍼, 캔버스에 유채, 71.7×101.6cm, 1953, 뉴욕 메트로폴리탄 미술관

주문을 받는 사람의 동그란 얼굴이 그때 내 얼굴을 들여다보았다.

"그 사람의 식사 준비가 되어 있습니다만, 오늘도 먹고 싶지 않은 것일까요? 아니면 식사를 빼놓고 살아왔습니까?"

"식사 없이 살아왔다오" 말하며, 나는 그의 눈을 감겨주었다.

직장인이 수명受命하는 것은 먹고살기 위해서다. 항명하는 직장인은 먹고살 수 없다. 이 소설은 그래서 상징적이다. 'I would prefer not to'란 대부분의 월급쟁이들이 마음속으로만 되뇔 수 있는 꿈의 문장일 뿐인 것이다.

한동안 퇴근길에 요가를 배우러 다녔다. 광화문 한가운데에 위치한 고층 빌딩의 11층 복도에 앉아 수업 시간을 기다리면서 창밖을 바라보고 있노라면 환하게 불 켜진 옆 사무실 풍경이 그대로 들여다보였다. 흰 와이셔츠 차림의 남자들이 회의용 탁자에 들러앉아 열띤 토론을 벌이는 장면, 몸에 딱 맞는 H라인 스커트를 입은 여자들이 종종걸음으로 사무실을 가로질러 걸어가는 장면……. 그 사무실들은 여행사거나, 금융기관이거나, 혹은 내가 가늠할 수 없는 일들을 하는 곳이었다.

그들을 볼 때마다 칸막이로 고립된 책상에 앉아, 보이는 것이라고는 옆 건물 벽밖에 없는 창가에 서서 몽상을 일삼았던 바틀비를 생각했다. 도심의 밤을 사무실에서 보내는 사람이 나뿐만이 아니라는 사실은 든든한 동맹군을 얻은 것처럼 위안이 되곤 했다.

유난히도 고된 하루를 보낸 어느 날 밤, 요가 학원 복도에 서서 창밖을 바라보며 이 도시에 가득한 바틀비들에 대해 생각하고 있자니 호퍼Edward Hopper, 1882~1967의 그림들이 떠올랐다. 고립된 공간에 홀로 존재하는 인물들이 멍하니 벽을, 혹은 창밖을 바라보고 있는 호퍼 특유의 화면들이.

「소도시의 사무실」은 내가 생각하는 바틀비의 모습과 가장 가까운 그림이다. 사무실 자리에 앉아 창밖을 내다보고 있는 남자에게는 별다른 꿈도, 의지도, 야망도 없어 보인다. 출근, 업무, 식사, 업무, 식사, 야근, 퇴근……. 매일 되풀이되는 일상 속에서 그가 숨통을 틔우기 위해 할 수 있는 것이라곤 그저 창밖을 내다보는 것뿐. 창문을 통해 보이는 무미건조한 도시의 풍경을 바라보고 그는 아마도 '다른 이들도 다 나처럼 살고 있구나' 하고는 안도와 체념의 한숨을 내쉴 것이다.

이윽고 요가 수업이 시작됐다. 하루 밥값을 하느라 피곤에 절은 여자들이 요가 매트 위에 지친 몸을 던지듯 뉘었다. 그들과 함께 강사의 지시에 따라 호흡을 하고, 팔을 뻗고, 다리를 들어 올리고 있자니 마음속에서 끊임없이 같은 질문이 맴돌았다. '나는 과연 잘 살고 있는 것일까?' 나는 조금 전 훔쳐본 다른 사무실들의 풍경을 생각했다. '그럼, 넌 잘 살고 있어. 월급쟁이의 삶이란 그런 거야.' 나는 소리 없이 나 자신에게 속삭이고, 다시 강사의 목소리에 귀를 기울였다.

예술이란,
위험한 칼춤을
민첩하게
추어내는 것

토니오
크뢰거

●
토마스 만 | 『마의 산』이나 『부덴브로크가(家)의 사람들』을 읽었더라면 토마스 만에 대해 좀 더 자신 있게 이야기할 수 있었을 텐데. 「토니오 크뢰거」를 통해서 그는 예술가란 무엇인가에 대해 끈질기게 질문하고 답했다. 아마도 이 작품은 작가의 일기 같은 소설이리라. 나치스의 독재를 경계하고, 민주주의의 지지를 호소해 '바이마르 공화국의 양심'으로 불렸으며, 1929년에는 노벨문학상을 수상했다.

●
카스파르 다비트 프리드리히 | 독일 낭만주의를 대표하는 화가다. 낭만주의의 거장답게 그의 작품 속 인물들도 '낭만적'이다. 그들은 거대한 자연과 맞선 뒷모습을 보이거나, 바닷가에서 달이 뜨는 것을 바라보거나, 절벽을 통해 바다를 바라본다. 달콤한 외로움의 독백을 즐기고 싶을 때, 프리드리히의 그림만큼 좋은 벗은 없다.

●
인용문 출처
토마스 만 지음, 안삼환 외 옮김, 「토니오 크뢰거」, 『토마스 만 단편선』, 민음사, 2008

눈이 펑펑 쏟아졌던 2008년 12월 중순에, 뮌헨 중심가의 한 맥주집에서 재독 도예가 이영재 선생님과 마주앉아 얼마 전 작고한 독일 화가에 대해 이야기했다. 쾰른의 한 미술관에서 울고 있는 남자를 그린 그의 그림을 보았고, 그 그림이 너무나도 슬퍼서 좀처럼 잊히지 않던 터였다.

"작품은 좋을지 모르겠지만, 그 사람 개인은 문제가 많은 사람이에요. 밤마다 남녀 할 것 없이 자기 집으로 불러 오르기ᵒʳᵍʸ를 벌였지요."

"예술가다운 자유로움 아닌가요? 그런 자유를 탐닉할 수 있는 사람들이 예술을 할 수 있는 것 같아요."

"예술가는 방탕해도 된다고 누가 그래요? '나는 예술가입네' 하면서 방종을 일삼는 사람들이 너무 싫어요. 성실하지 않은 예술가는 좋은 예술을 할 수 없다고 봐요."

단호한 말투로 대화를 마무리하더니 도예가는 입을 꾹 다물었다. 독일 최대 규모의 근·현대미술관인 피나코테크 데어 모데르네 Pinakothek der Moderne에서 도예가로서는 최초로 전시회를 가진 그녀를 인터뷰하고 막 전시회 관람을 마친 참이었다. 예술가의 자유분방함은 얼마든지 용인될 수 있다고 생각했는데 내 앞에 앉은 또 한 사람의 예술가는 엄격한 잣대를 들이대며 "예술가도 여타의 인간들과 마찬가지로 사회적 규율을 지켜야 한다"고 말한다. 나는 일순간 혼란스러워졌다. '예술가 기질'이란 관습과 규범쯤은 뛰어넘을 수 있는 자유로움을 뜻하는 것이 아니었던가? 내가 누릴 수 없는 자유를 극적으로 형상화해주기 때문에 예술이란 위대한 것이었고, 우리 범인凡人들은 예술가들의 일탈을 통해 대리만족을 얻는 것이 아니었던가?

그녀는 다시 말했다.

"토니오 크뢰거를 보세요. 자기 자신에게 얼마나 엄격한 인물인가를."

토니오 크뢰거, 잊고 있던 그 이름을 다시 들은 건 거의 7년만이었다. 금발에 푸른 눈의 사람들이 사는 밝은 세계와 빛나는 검은 눈망울을 한 이들이 있는 그늘진 세계 사이에서 아슬아슬하게 외줄타기를 하는 고뇌에 가득 찬 예술가. 그가 창작 활동에 몰두했던 예술가의 도시 뮌헨에서 오래간만에 그를 떠올리게 되었다는 것은 운명처럼 느껴졌다.

내 앞에 앉은 진지한 도예가의 마음속에는 아마도 이런 구절이 남아 있었을 것이다.

> 친애하는 리자베타, 세련되고 상쾌를 벗어난 것, 악마적인 것을 궁극적 목표로 삼고 그것에 깊이 열중하는 자는 아직 예술가라 할 수 없습니다. 악

의 없고 단순하며 생동하는 것에 대한 동경을 모르는 자, 약간의 우정, 헌신, 친밀감, 그리고 인간적인 행복에 대한 동경을 모르는 자는 아직 예술가가 아닙니다.

토마스 만Thomas Mann, 1875~1955의 단편 「토니오 크뢰거」를 주의 깊게 읽었던 그 가을에 나는 스물세 살이었고, 아직 대학생이었다. 당시 내가 청강했던 '독일 명작의 이해'라는 과목에서는 독일 작가 한 명을 정해 그 작가의 작품 한 편씩을 읽고 독후감을 써내는 과제가 매주 주어졌다. 토마스 만을 읽어야만 했던 주간에 「토니오 크뢰거」를 택했던 것은 순전히 『마의 산』이 너무 길었고, 「베니스에서의 죽음」이라든가 「마리오와 마술사」라는 제목은 익숙치 않았기 때문이었다.

'예술가란 무엇인가'에 대해 끊임없이 고민하는 소설가 토니오 크뢰거에 대한 이 이야기는 다소 추상적이고 다분히 관념적이었지만, 자신을 '어둠의 종족'이라고 생각했던 인문대 여학생의 마음을 끌기에는 충분했다. 세계를 금발에 푸른 눈을 가진 두 사람 — 모범생 친구 한스 한젠과 첫사랑의 소녀 잉에보르크 홀름 — 이 속한 '밝은 세계'와 부드럽게 그늘진 검은 눈동자를 하고 시를 쓰는 자신이 속해 있는 '어두운 세계'로 나누는 토니오 크뢰거의 이분법적 사고는 내게는 너무나도 익숙한 것이었다. 내가 속한 인문대에는 세계를 그런 식으로 나누는 사람들이 많았다. 우리는 늘 동류同類인 친구들과 앉아 '어둠의 따스함을 모르는 밝지만 차가운 인간들'에 대해 질시 어린 비판을 늘어놓곤 했다. 이른바 '전망 있는 학과' 소속의 이성적이고 합리적인데다가 전도유망한 학생들은 '구름 잡는 소리'만 늘어놓는 '돈 안 되는 학과' 소속인 우리들과는 다른 세계의 사람들처럼 보였다. 어른이 된 토니오가 덴마크에서 한스와 잉에를 연상시키는 두 사람과 마주치는 장면을 묘사한 다음의 구절을 읽어가던 내가 '동족을 하나 더 발견했다'는 사실에 안도의 한숨을 내쉬었던 것은 당연한 일일 것이다.

> 토니오 크뢰거는 그들을, 전에 자기가 짝사랑했던 두 사람—한스와 잉에 보르크를 바라보았다. 그들이 그렇게 닮은 것은 개별적 특징이나 옷차림의 유사성 때문이라기보다는 종족과 유형이 동일하기 때문이었다. 강철처럼 파란 눈과 금발을 한 이 밝은 족속의 인간들은 청순성, 순수성, 명랑성, 그리고 또한 동시에 자랑스럽고 순박하여 쉽게 건드릴 수 없는 냉담성의 표상을 불러일으킨다.

나이에 걸맞지 않게 생에 대한 고민을 잔뜩 짊어지고서는 '세상 사는 건 힘든 일'이라고 뇌까리고 했던 우리들은 소위 '밝은 세계'에 속한 그들을 동경하면서도 한편으로는 '너희들은 세상의 진실을 모르지'라고 생각하면서 경멸했다. 한스 한젠을 바라보며 '너처럼 그렇게 파란 눈을 하고 온 세상 사람들과 정상적이고 행복한 관계 속에서 살 수 있다면 얼마나 좋을까!'라고 생각했던 토니오처럼. 그리고 "한스 한젠처럼 되고자 시도해 보지 않았고, 진정으로 그런 소망을 지니고 있는 것도 결코 아니었던" 토니오처럼.

나는 우울하고 어두운 편이었다. 그러한 나 자신을 자랑스러워하는 동시에 자책했다. 사회의 일반적인 기준에서 보자면, '밝은 세계'의 사람들이 더 바람직하다는 것을 알고 있었고, 나 역시 그 세계의 일원으로 살아가야만 한다는 것을 알고 있었다. "명상적인 파란 눈을 하고 세심하게 옷을 입고서는 항상 들꽃 한 송이를 단춧구멍에 꽂고 다니는" 아버지와 "피아노와 만돌린을 아주 잘 연주하는 검은 머리의 정열적인" 어머니 사이에서 태어난 토니오가 끊임없이 아버지의 눈으로 어머니와 닮은 자신을 심판하면서 느꼈을 괴로움을 짐작하는 것은 어려운 일이 아니었다.

그래서 더욱 이 소설을 좋아했다. (대학생의 눈높이에서 볼 때) 한없이 고아한 존재인 '예술가님'이신 토니오를 현실의 냄새가 잔뜩 묻어 있는 '시민'으로, '길 잃은 시민'으로 정의한 소설의 명징함이 좋았다. 학문과 예술을 사랑하면서도 생활인으로 살아가야만 하는 대학 졸업 이후의 내 진로에 대한 이정표를 제시해주는 것 같았기 때문이다.

아버지와 자신의 고향이 있는 북국北國으로 여행을 떠난 토니오가 뮌헨에 있는 애인 리자베타에게 편지를 쓰는 소설의 마지막 장면은 책장을 덮은 후에도 오랫동안 뇌리에 남았다. 편지의 구절들을 되뇌일 때마다 북국의 거대한 자연과 마주한 토니오의 뒷모습과, 독일 낭만주의 회화의 거장 프리드리히Caspar David Friedrich, 1774~1840의 「안개 바다를 바라보는 나그네」가 겹쳐 떠올랐다.

> 나는 두 세계 사이에 서 있습니다. 그래서 어느 세계에도 안주할 수 없습니다. 그 결과 약간 견디기가 어렵지요. 당신들 예술가들은 저를 시민이라 부르고, 또 시민들은 나를 체포하고 싶은 충동을 느끼게 됩니다. 이 둘 중 어느 쪽이 더 나의 마음에 쓰라린 모욕감을 주는지 모르겠습니다. 시민들은 어리석습니다. 그러나 나를 가리켜 냉정하다거나 동경이 없다고 말하는 당신들 미의 숭배자들이 염두에 두어야 할 것은 이 세상에는 애초부터, 운명적으로 타고난 모종의 예술가 기질도 존재한다는 사실입니다. 그 어떤 동경보다도 일상성의 환희에 대한 동경을 가장 달콤하고 가장 느낄 만한 동경으로 여기는 그런 심각한 예술가 기질 말입니다.

그림 속에, 프록 코트를 갖춰 입고 지팡이를 쥔 한 남자가 절벽 끄트머리에서 북국의 거대한 자연과 맞서 서 있다. 남자의 눈앞에서 안개의 포말이 물결친다. 지평선 너머 아스라이 안개에 가려진 험준한 산맥이 보인다. 남자는 극한에 다다랐다. 왼발을 살짝 앞으로 빼고, 오른발로는 굳건하게 땅을 디딘다. 한 발 더 앞으로 내딛을 것인가, 아니면 내딛었던 발을 뒤로 뺄 것인가. 눈앞에 펼쳐진 세계는 몽롱하게 아

안개 낀 바다를 바라보는 나그네_ 카르파르 다비트 프리드리히, 캔버스에 유채, 94.8×74.8cm, 1818, 함부르크 쿤스트할레

름다우나 안개에 둘러싸여 막막하고, 등 뒤의 세계에는 진창 같은 현실이 자리한다.

그는 그 어느 곳으로도 발걸음을 옮길 수 없다. 그 어느 세계에도 온전히 속해 있지 않기 때문이다. 두 세계의 경계에 서서, "제정신을 잃지 않은 채 예술이란 어렵고 힘든, 위험한 칼춤을 민첩하게 추어내야 하는 것"이 그의 소명인 것이다. 안개 속에 감춰진 태양이 희미하게 빛을 내뿜어 안개의 가장자리를 금빛으로 빛나게 한다. 잿빛 하늘에서도 군데군데 황금빛 기척이 느껴진다. 그 빛은 누구의 것일까? 그 빛줄기를 바라보면서 아마도 그는 황금빛 머리카락을 가진 푸른 눈의 사람들, 그가 평생 마음을 다해 사랑했던 한스와 잉에를 떠올릴 것이다.

> 그러나 마음속 아주 깊은 곳에 있는 아무도 모르는 나 혼자만의 사랑은 금발과 파란 눈을 하고 있는 사람들, 생동하는 밝은 사람들, 행복하고 사랑스럽고 일상적인 사람들에게 바쳐진 것입니다.
> 리자베타, 이 사랑을 욕하지 마십시오. 그것은 선량하고 헌신적인 사랑이랍니다. 동경이 그 속에 들어 있습니다. 그리고 또, 우울한 질투와 아주 조금의 경멸과 완전하고도 순결한 천상적 행복감이 그 속에 들어 있습니다.

희망 역시
내가 만든 우상이
아니던가

고향

●
루쉰 | 「고향」을 읽기 전에 루쉰은 내게 건조하고 따분한 작가였다. 「아큐정전」과 「광인일기」를 좋아하지 않았던 이유는 서정적이지 않아서였다. 내게 「고향」은 '서정적인 루쉰'의 재발견이라고 할 수 있다. 그는 소설집 『납함(吶喊)』을 쓰게 된 배경에 대해 이렇게 말한다. "추억이란, 사람을 즐겁게 만들기도 하지만 때로는 적막하게 만들기도 한다. 마음속의 실 한 가닥으로, 지나가버린 쓸쓸한 시간을 매어둔들 무슨 의미가 있겠는가. 그것을 완전히 잊어버리지 못한 데에서 나는 오히려 고통을 느낀다. 그 완전히 잊혀질 수 없는 일부분이 지금 『납함』을 쓰게 된 원인이 되었다."

●
장욱진 | 그가 자신의 부인을 불상에 빗대 그린 「진진묘」를 좋아한다. 비현실적이면서도 오밀조밀한 자신만의 세계가 강한 화가다. 전쟁의 잔해 속에서도 어여쁜 풍경을 그려내곤 했던 화가의 내면은 그러나 어쩐지 무척이나 슬펐을 것 같다.

●
인용문 출처
루쉰 지음, 김시준 역, 「고향」, 『루쉰 소설전집』, 서울대학교 출판부, 2005

기자라는 직업군의 대표로, 청소년을 대상으로 한 직업 가이드북을 위한 인터뷰를 한 적이 있다. 늘 하는 쪽이었지만, 이번에는 인터뷰를 당하는 입장이 되었다. 인터뷰였던 작가가 내게 "어릴 때의 꿈은 무엇이었나요?"라고 물었다. 나는 잠시 당황했다가 목소리를 높여 말했다.

"왜 꼭 어린 시절에는 '꿈'을 가져야 한다고들 말하죠? 어릴 때 뭐가 되겠다는 결심을 하라고 하는 건 일종의 폭력처럼 느껴져요. 사람이 살아가면서 얼마나 많이 변하는데요. 굳이 꿈같은 걸 가질 필요가 있나요?"

동의하는 건지, 놀랐던 건지 분간할 수 없는 묘한 표정을 지으면서, 인터뷰어는 고개를 끄덕였다.

'희망'에 관한 한 나는 냉소적이다. 서글프지만 그렇다. 한 작가가 자신의 작품 후기에 "나는 원래 뭔가를 간절히 원하면 온 세계가 그 열망을 도와준다고 믿으며 이 세상에 태어난 사람"이라고 썼다. 그 후기를 읽으면서 그와 나의 간극을 깨달았다. 대학을 졸업한 이후로 나는 열망에 대한 기대를 가져본 적이 거의 없다. 나를 바꾸는 건 열망이라기보다는 세월이라고 생각했다. 그 차이를 알아채고 나자 가슴이 서늘해졌다. 그러니까 나는 희망하지 않는 인간인 것이다. 희망, 대부분의 사람들의 마음을 벅차오르게 하는 반짝이는 그 단어가 나는 늘 버거웠다.

아마도 희망이 이루어지리라는 막연한 기대보다는 그것이 이뤄지지 않았을 때의 절망을 염두에 두고 있었기 때문일 것이다. 노력하고 공을 들였음에도 기대했던 결과를 얻지 못했던 경험들이 짧은 생에서 나마 종종 있었다. 지원했던 대학에 모두 떨어졌던 10여 년 전 겨울의 어느 날을 뚜렷이 기억한다. "불합격입니다." 전화선 너머로 들려왔던 건조한 기계음, 나를 둘러싼 세계가 일순간 암전暗轉되는 것만 같은 느낌, 그리고 내 안에서 들려오는 싸늘한 목소리. '나는 역시나, 안 되는구나······.' 신산하기 짝이 없는 인생이라는 라운드에서 겨우 대학 불합격이 절망의 피라미드에서 윗자리를 차지하고 있다고 말한다면 이제껏 삶을 너무나도 쉽게 살아온 것일까. 단서를 하나 달자면 '말할 수 있는 것들' 중에서 그러하다는 것이다. 차마 입 밖으로 내뱉을 수 없는 절망의 경험이라는 것도 세상에는 무수히 존재하니까, 어쨌든.

다음과 같이 희망을 읊은 아포리즘이 있다.

> 희망이란 것은 본래 있다고도 할 수 없고, 없다고도 할 수 없다. 그것은 마치 땅 위의 길과 같은 것이다. 본래 땅 위에는 길이 없었다. 걸어가는 사람이 많아지면 그게 곧 길이 되는 것이다.

희망에 대한 무조건적인 호의를 내보이는 것을 지양하고 있기 때문에 내가 무척이나 좋아하는 이 말은 중국 소설가 루쉰魯迅, 1881~1936의 단편「고향」의 맨 마지막 부분에 나오는 구절이다. 루쉰은 '예교禮敎'를 사람 잡아먹는 것에 비유한 중국 최초의 현대소설「광인일기狂人日記」, '아큐'라는 날품팔이꾼을 등장시켜 신해혁명辛亥革命 변혁기 속 우매한 중국인의 실상을 그린「아큐정전」등으로 우리에게도 잘 알려진 중국 작가다. 그의 소설들은 대개 청淸이 무너지고 중화민국이 탄생하는 격동기에 탄생한 작품들답게 봉건적 악습의 철폐와 근대화의 달성이라는 메시지를 강하게 전달하고 있는 것이 특색이다.

루쉰의 첫 소설집 『납함吶喊』에 실린「고향」은 1921년 작으로 작가 자신이 1919년 말 고향인 쩌쟝성浙江省 사오싱紹興으로 돌아가 시골집을 정리하고 전 가족이 베이징으로 이사했던 경험을 담고 있다. 그의 소설들 중에서 이례적으로 서정적이고 묘사가 아름다운데다가 풍자성이 약해서 마음이 가는 작품이다.

특히 "희망이라는 것을 생각한 나는 갑자기 무서워졌다"고 주인공이 고백하는 장면.

20여 년 만에 고향을 찾은 주인공 '나'는 모진 추위가 살을 에는 한 해의 끝 무렵에 어머니와 어린 조카를 배에 태우고 영원히 고향을 떠나기 위해 배를 탄다. 고향의 산천이 멀어지자 '나'는 문득 어릴 때 친구처럼 지냈던 고용인의 아들 '룬투閏土'를 생각한다. '나'의 기억 속에

"황금빛 보름달이 비치고 파아란 수박밭이 펼쳐진 모래사장에서 은목걸이를 하고 손에 든 쇠작살로 잽싸게 오소리를 찔러 죽이던" 영웅의 이미지로 남아 있던 룬투. 그러나 이번에 고향 친지들과 인사를 나누는 과정에서 만난 그는 '나'를 '나으리!'라고 부르며 '나'가 두고 가는 물건들을 주섬주섬 챙겨가는 초라한 행색의 주름살 가득한 어른이 되어버렸다.

> 들어온 사람은 바로 룬투였다. 보자마자 대뜸 그가 룬투임을 알았지만, 그러나 내가 기억하고 있던 룬투는 아니었다.
> 키는 배가 커졌고, 옛날의 발그스름하던 둥근 얼굴은 누르스름한 회색으로 변했으며, 깊은 주름이 잡혀 있었다. 눈도 그의 아버지와 마찬가지로 언저리가 온통 벌겋게 부어올라 있었다. 바닷가에서 농사를 짓는 사람은 하루종일 불어닥치는 바닷바람 때문에 대개 이렇다는 것을 나도 알고 있었다. 그는 너덜너덜한 털모자를 쓰고, 얇은 솜옷을 입었을 뿐, 초라한 모습으로 추위에 온몸을 부들부들 떨고 있었다. 손에는 종이 봉지 하나와 기다란 담뱃대를 들고 있었는데, 그 손도 내 마음속에 남아 있는 통통하고 혈색 좋은 손은 아니었다. 거칠고 울퉁불퉁한 데다 금이 가고 터져서 마치 소나무 껍데기 같았다.
> 이 때 나는 너무 흥분하여 어떻게 말해야 좋을지 몰랐다. 단지,
> "아, 룬투 형, ─반갑군……"

하고 말했을 뿐이었다.

계속해서 하고 싶은 많은 말들이 꿰어놓은 구슬같이 연달아 떠올랐다. 뻘새며, 날치, 조개껍질, 오소리……. 그러나 어쩐지 무언가에 가로막힌 듯한 느낌이 들고, 그 말들은 머릿속에서만 빙빙 돌 뿐 입밖으로 나오지 않았다.

그는 멈춰 섰다. 기쁨과 처량함이 섞인 표정이 얼굴에 역력히 드러났다. 입술은 움직이긴 했지만 그도 역시 아무 소리도 못했다.

마침내 그는 공손한 태도를 취하더니 분명히 이렇게 말했다.

"나으리!"

나는 오싹 소름이 돋는 듯했다. 우리 둘 사이가 슬프게도 두터운 장벽으로 막혀져 있다는 것을 알고 나는 말도 나오지 않았다.

빛바래버린 어린 날의 추억을 되새기며 씁쓸해하던 '나'는 문득 나의 조카 훙얼^{宏兒}과 룬투의 아들 쉐이성^{水生}만은 어른이 돼도 예전처럼 스스럼없기를 희망하는 자신을 발견하고는 몸서리친다.

희망이라는 것을 생각한 나는 갑자기 무서워졌다. 룬투가 향로와 촛대를 달라고 했을 때, 그는 오로지 우상을 숭배하는 인간이구나 하고, 나는 속으로 그를 비웃었다. 그러나 지금 내가 말하는 희망 역시 내가 만들어낸 우상이 아닌가? 단지 그의 소망이 현실에 아주 가까운 것이라면, 나의 소망은 막연하고 아득하다는 것뿐이다.

희망이 무서운 것은 그것이 욕망과 맞닿아 있기 때문이다. 욕망은 현실적이고 비루하지만 희망은 비현실적이고 정화된 것처럼 보인다. 그러나 무언가를 갈구한다는 점에서 본질적으로 그 둘은 같은 것이다. 이루어지지 못한 욕망은 절망감을 낳고, 그러한 절망감은 증오와 다툼, 고통을 낳는다. 소설의 '나'가 느끼는 두려움은 혁명의 소용돌이 속에서 욕망과 절망이 빚어낸 아귀다툼을 수없이 보아온 작가의 경험에서 비롯되었을 것이다.

소설은 몽롱한 '나'의 눈앞에 어린 시절 룬투가 오소리를 찔러 죽였던 바닷가의 파아란 모래사장이 떠오르고, 짙은 쪽빛 하늘엔 황금빛 보름달이 걸려 있는 가운데 '나'가 희망에 대해 앞서 언급한 것과 같은 정의를 내리는 것으로 끝난다. 아마도 이는 '희망'이라는 것의 실체가 있다고 믿고 맹목적으로 그를 추구하다가 절망하는 인간 본성을 경계하기 위해 루쉰이 고심 끝에 생각해낸 정의일 것이라고 나는 생각한다.

어찌하였든 희망에 절대선※의 가치를 부여하지 않은 루쉰의 은근한 접근법, 그럼에도 불구하고 희망에 희망을 갖도록 만들어주는 그 구절이 너무나 좋아서 수풀 사이로 난 오솔길을 걸을 때마다 자주 떠올려 보곤 했다. 사진에서 본 것처럼 콧수염을 기르고, 짙은 눈썹을 한 루쉰이 고뇌하는 표정으로 근대화를 향해 한 발짝, 한 발짝을 떼어 가는데 그가 밟은 땅 위로는 단단하고 믿음직스러운, 흙냄새 물씬 나는 갈색의 길이 나 있는 장면을.

이를테면 그것은 장욱진張旭鎭, 1917~90의 「자화상」 같은 풍경이었다. 황금빛 들판 사이 길을 말쑥한 서양식 옷차림을 하고 한 손엔 모자를, 한 손엔 우산을 든 채 걸어가고 있는 콧수염 기른 사내의 모습. 사내가 걸어온 길 뒤로 강아지가 한 마리 따라온다. 하늘은 높푸르고 새들이 지저귄다. 그림 속 주인공은 자신이 걸어온 길에 대한 긍지와 자긍심으로 가득 차 있다.

희망에 관해서 지금보다 좀 더 낙관적이었던 대학 시절에 친구 W는 영화 「오즈의 마법사」의 주제곡 「Somewhere Over the Rainbow」를 자주 들었다. 그녀는 종종 결 좋은 머리카락을 쓸어 넘기며 햇살 내리쬐는 과 건물 앞 벤치에 앉아 제 귀에 꽂았던 이어폰 한쪽을 빼어 내 귀에 꽂아주곤 했다. "Somewhere over the rainbow skies are blue, and the dreams you dare to dream really come true무지개 너머 어딘가에 하늘은 푸르고, 네가 꿈꿔왔던 것들은 정말로 ㅇ 루어진대." 청아한 주디 갈란드의 목소리와 어우러지는 그녀의 흥얼거림을 듣고 있자면 정말로 노래 가사처럼 "모든 걱정들이 레몬 사탕처럼 녹아내리는 곳Where troubles melt like lemon drops"이 무지개 저 너머에 존재할 것만 같은 착각이 들곤 했다. 장욱진의 「자화상」 속 길 끝에 도달하면 그런 곳이 눈앞에 펼쳐질 것이라고 나는 상상했다.

6.25전쟁이 발발한 이듬해인 1951년 봄, 종군화가단에 가입해 중동부 전선에서 그림을 그렸던 장욱진은 그해 가을, 고향인 충남 연기로

자화상_ 장욱진, 종이에 유채, 14.8×10.8cm, 1951, 유족 소장

피란을 떠난다. 캔버스를 구하지 못해 갱지에 그림을 그렸지만 화가는 불타는 듯한 창작열에 사로잡혀 40여 점의 작품을 완성한다.「자화상」은 장욱진이 그 시기에 그린 그림 중 대표작으로 여겨지지만 그림 속 풍경은 아이로니컬하게도 전쟁으로 난리법석이었던 시대상황과는 달리 평화롭고 목가적이기 그지없다. 화가는 아마도 전쟁이 벌어지고 있음에도 한가로운 몽상에만 잠겨 있었다는 비난을 받았던 모양이다. 그는 이 그림에 대해 『화랑』 1979년 여름호에 기고한「자화상의 변」에서 "자연 속에 나 홀로 걸어오고 있지만 공중에선 새들이 나를 따르고 길에는 강아지가 나를 따른다. 완전고독은 외롭지 않다"고 했다. 아마도 그림 속 광경은 아수라장인 전쟁통 속에서 화가가 꿈꿨던 평화로운 세상에 대한 희망이었을 것이다.

소위 '현실참여적'인 예술가였던 루쉰과 자기만의 세계에 빠져 살았던 것으로 평가받았던 예술가 장욱진이 그려낸 희망이 결국 맞닿아 있다는 생각이 들었던 것은 장욱진의 그림 속 '나' 역시「고향」의 주인공 '나'와 마찬가지로 철저히 혼자이기 때문이다. 그들은 홀로 희망할 뿐 이를 타인에게 강요하지 않는다. 사상으로 무장하고 근대화를 추구하는「고향」의 주인공과, 전근대적인 개념의 '환쟁이'와는 차별화된 직업인으로서의 '화가'라는 자의식을 근사한 영국식 프록코트를 통해 표출하고 있는「자화상」의 주인공은, 남들이 가지 않는 길을 택해 그 길을 오직 홀로 뚜벅뚜벅 걸어간다. 그들의 뒤를 따라가는 것은 따르는 자들이 스스로 결정할 일이다. 모든 희망은 행복을 욕망하고, 행복을 욕망하는 것은 타인에게 강권할 수 없는 일이기 때문이다.

'꿈'에 대한 인터뷰를 한 지 몇 달 후, 마침내 그 인터뷰 내용이 책으로 묶여 나왔다. 까칠했던 내 대답은 "어릴 때는 가능성을 열어두는 것이 좋다"로 순화되어 있었다. 그로부터 얼마 후 한국계 이민자로서는 최초로 뉴질랜드 국회의원이 되었다는 여성을 인터뷰했다. 그는 "국회의원으로 당선되던 날 기분이 어땠냐"는 내 질문에 "어릴 때부터의 꿈을 이루게 되어서 너무나 기뻤다"고 답했다. 정작 자신이 인터뷰 당할 땐 '꿈'에 대해 냉소적으로 답변한 주제에 나는 빠른 손놀림으로 인터뷰이의 답변을 적어나갔고 그것을 토씨 하나 빠뜨리지 않고 기사화했다. 다음날 아침 다수의 독자들이 '꿈'을 이룬 그녀에게 열광할 것이라는 사실을 나는 알고 있었다. 단지 안전하다는 이유로 거리낌 없이 클리셰를 사용하고 있는 나 자신을 바라보면서 희망에 대한 루쉰의 독창적인 정의를 떠올렸다. 쓴웃음을 지으며 아무나 위대한 작가가 되는 게 아니라고 생각했다.

아름다움이란 충치와 같아, 아프게 하여 존재를 주장하는 것

금각사

● 미시마 유키오 | 탐미주의자, 그리고 국수주의자. 얼핏 동떨어져 보이는 이 둘의 교집합에 그의 단편 「우국(憂國)」이 있다. 나라에 불충한 죄를 씻고자 아내와 함께 할복자살하는 군인의 칼끝과, 그 칼에서 쏟아지는 핏빛에 대한 묘사가 탐미와 국수(國粹) 사이를 아슬아슬하게 춤춘다. '아름다운 극우'라는 것이 세상에 존재할 수 있다는 것을 나는 그를 통해 알았다.

● 우타가와 히로시게 | 퍼붓기 시작한 소나기를 피하기 위해 머리를 가리고 다리 위를 뛰어가는 여름 사람들, 함빡 내린 눈 속을 도롱이를 쓰고 옹송그린 채 지나가는 겨울 사람들……. 히로시게의 우키요에(浮世繪, 14~19세기, 일본 서민의 생활을 담은 회화)에서는 항상 이야기가 쏟아진다. 흔히 우키요에의 거장으로 부르는 호쿠사이의 화면들이 장쾌해서 훌륭하다면 우타가와 히로시게의 화면은 서정적이어서 빼어나다. 총 118점에 걸쳐 에도(江戶, 옛 도쿄)의 풍광을 그린 판화 시리즈 '명소 에도100경(名所江戶百景)' 등이 유명하다.

● 인용문 출처
미시마 유키오 지음, 허호 옮김, 『금각사』, 웅진닷컴, 2002

나직한 햇살이 방 안으로 스며들었던 오후였다. 아버지의 서재에서 먼지를 덮어쓴 삼중당 문고 한 권을 꺼내와 호기심에 책장을 넘겼던 나는 아마도 열일곱 살쯤 되었으리라. 쾨쾨한 냄새를 풍기며 빛바랜 누런 종이를 손으로 쓸어내렸더니 까칠한 종이의 질감과 함께 인쇄된 활자들의 요철이 그대로 느껴졌다. 익숙지 않은 세로쓰기를 감당하지 못해 눈살을 찌푸린 채 무성의하게 책장을 넘겼던 내게 볼펜으로 밑줄을 친 구절 하나가 문득 눈에 들어왔다.

고독은 뒤룩뒤룩 살쪄갔다, 돼지처럼.

돼지처럼 살찐 고독이란 대체 어떤 것일까? 한참을 상상하던 나는 책을 도로 서재에 꽂아 두었다. 밑줄을 그어가며 책을 읽은 사람이 대학 시절의 어머니였다는 사실을 나는 알고 있었다. 나는 결심했다. '대학생이 되면 반드시 저 책을 읽어봐야지.'

마침내 미시마 유키오三島由紀夫, 1925~70의 『금각사金閣寺』를 완독한 것은 대학교 3학년의 겨울이었다. 고등학생이었던 나를 매혹시켰던 그 구절은 말더듬이라는 콤플렉스를 지고 살아갔던 주인공 미조구치溝口의 다음과 같은 고백에 뒤따르는 문장이었다.

> 남에게 이해되지 않는다는 점이 유일한 긍지였기 때문에, 무엇인가 남들을 이해시키겠다는 표현의 충동을 느끼지 못했다. 남들 눈에 띄는 것들이 나에게는 숙명적으로 부여되어 있지 않다고 생각했다.

대처승의 아들로 태어난 주인공은 아버지에 의해 교토의 유서 깊은 절 금각사로 보내져 도제 생활을 한다. 아버지는 주인공이 어릴 때부터 이 절의 '금각金閣'에 대한 이야기를 들려주었다. 자신이 추하다는 생각에 사로잡힌 이 주인공에게 금각은 곧 절대적인 미美의 상징으로 자리 잡고, 소년의 상상 속에서 금각은 점점 더 환상적이고 아름다운 것으로 변모해간다.

작가가 특유의 탐미적인 문체로 섬세하게 파헤친 주인공의 속내, 아름다운 것을 경외시하면서도 파괴하고 싶은 욕망을 느끼는 못생긴 말더듬이 소년의 심리를 읽어가다 보면 고등학교 때의 내 모습이 떠오르곤 했다. 책 속의 주인공에게 깊은 동류의식을 느낀 것은 다음과 같은 구절에서다.

> 외모는 보잘것없었지만 나의 내계는 누구보다도, 이토록 풍요로웠다. 무언가 씻어 없앨 수 없는 열등감을 지닌 소년이, 자신을 은근히 선택된 인간

이라고 생각하는 것은 당연한 일이 아닐까? 이 세상 어디엔가, 아직 내 자신도 모르는 사명이 나를 기다리고 있는 듯한 느낌이 들었다.

나는 '여고생'이라는 단어가 발산하는 풋풋하고 싱그러운 아우라와는 전혀 무관한 인물이었다. 학교 규정 때문에 숱 많고 반곱슬인 사람에게는 절대 어울리지 않는 단발머리를 했으며, 심한 근시로 두꺼운 안경 속 눈은 팽글팽글 돌아갔고, 게다가 뚱뚱했다. 내가 다녔던 고등학교에는 지정된 교복이 없어서 패션에 일가견이 있는 친구들은 당시 유행하던 '쫄티'와 치렁치렁한 기장의 청바지로 한껏 멋을 내고 다녔지만 나는 항상 복사뼈 위로 댕강 올라오는 청바지와 펑퍼짐한 셔츠 차림이었다. 한창 예쁜 것들에 관심이 많을 나이에 예쁜 것과는 전혀 거리가 먼 소녀가 할 수 있는 일은 '내면에 있어서' 다른 사람들보다 우월해지는 것뿐이었다. 상큼한 단발머리가 잘 어울리는 하얀 얼굴의 미소녀들과 늘씬한 몸매를 자랑하는 '패셔니스타'들이 들끓는 교실에서 나는 홀로 고요히 책을 읽었다. '나는 너희들보다 많은 것을 알고 있다, 나는 너희들과 다르다'는 자의식은 예쁘지 않은 여고생이 자신을 보호하기 위해 내걸 수 있었던 유일한 표어였던 셈이다.

병적으로 금각에 집착하면서 "언젠가는 반드시 너를 지배하고 말 것이다!"라고 외치기까지 했던 주인공은 만 스물한 살이 되던 해인 1950년 7월 2일 새벽 마침내 금각을 불태우고 만다. 방화 후 절 뒷산으로 도망가 불타오르는 금각을 바라보는 주인공을 그려낸 소설의 마지막 부분은 이 소설 전체에서 내가 가장 좋아하는 구절로 몇 번이나 읽어서 거의 외워버릴 지경이 되었다.

> 호주머니를 뒤지니, 단도와 수건에 싸인 칼모틴 병이 나왔다. 그것을 계곡 사이를 향하여 던져버렸다. 다른 호주머니의 담배가 손에 닿았다. 나는 담배를 피웠다. 일을 하나 끝내고 담배를 한 모금 피우는 사람이 흔히 그렇게 생각하듯이, 살아야지 하고 나는 생각했다.

거사를 치른 후 자살할 것을 염두에 두고 칼모틴과 단도를 준비한 주인공이 막상 일을 저지르고 정신이 든 이후에 한 첫 번째 생각이 '살아야지'라니. 참으로 아이로니컬하고 기묘하면서도 어쩐지 수긍이 가는 심리 상태라, 살면서 힘든 일이 닥칠 때마다 습관적으로 이 장면을 떠올리면서 마음속으로 '살아야지' 하고 중얼거렸다.

'살아야지'라는 주인공의 마지막 결심은 소설 전체를 지배하는 '남천참묘南泉斬猫'의 가르침과 연결된다. 중국 당나라의 고승 남천 스님이 고양이 새끼를 서로 키우겠다고 다투는 제자들을 보고 화가 나서 낫으로 고양이를 베어버린다. 저녁에 수제자인 조주趙州가 돌아와 사건의 전말을 듣고는 신고 있던 신발을 벗어서 머리 위에 올린 채 나가버리자 남천 스님은 다음과 같이 탄식한다. "아아, 오늘 네가 있어주었더라면 고양이 새끼도 목숨을 건졌을 텐데." 이 난해한 가르침을 주인공 미조구치의 안짱다리 친구 가시와기는 "미美란 충치와도 같이 혀에 닿아 신경 쓰이고 아프게 하여 자신의 존재를 주장하는 것"이라면서 다음과 같이 해석한다.

> 고양이가 미의 결정체였다는 사실을, 대부분의 해석자들이 간과하고 있지. 바로 나를 제외하고 말이야. […중략…] 알겠나? 미란 그런 거야. 그러니까 고양이를 벤 것은, 마치 아픈 충치를 빼내서, 미를 척결한 것처럼 보이지만, 정말로 그것이 최후의 해결책이었는지는 알 수 없어. 미의 뿌리는 근절되지 않았고, 설령 고양이는 죽었어도, 고양이의 아름다움은 죽지 않았을지도 모르니까. 그러니까 이토록 해결이 안이했던 것을 풍자해서, 조주는 그 머리에 신발을 올려놓았지. 그는 말하자면, 충치의 아픔을 참는 이외에는, 해결책이 없다는 것을 알고 있었던 거야.

명백히 그곳에 존재하면서 추한 자신을 소외시켰던 미의 결정체인 금각을 견디기 힘들었던 주인공은 고양이를 죽인 남천 스님처럼 금각을 불태워 없애버리는 방법을 택한다. 그러나 금각을 없앤 이후에 그는 비로소 깨닫게 된다. 자신이 없앤 것은 현실의 금각일 뿐, 자신의 머릿속에서 점점 더 비극적인 아름다움을 더해갔던 환상의 금각은 아니라는 것을. 지금까지 자신을 괴롭혀왔던 진정한 '미의 결정체'는 현실의 금각이 아니라 자신이 그토록 자랑스럽게 여겼던 "누구보다도 풍요로운 내계"라는 것을. 내면의 금각은 결코 소멸하지 않으며, '나'는 삶으로써 그 아름다움을 견뎌낼 수밖에 없다는 것을.

미시마 유키오는 실제로 일어났던 1950년의 금각 방화사건을 바탕으로 1956년 이 소설을 썼다. 방화 후 뒷산에 올라가 수면제를 복용하고 칼로 자신을 찔러 자살을 기도했던 현실의 방화범에게 소설을 통해 '살아야지'라는 의지를 불어 넣었던 작가 자신은 1970년 자신을 지지하는 우익단체 회원들을 이끌고 자위대의 각성과 궐기를 외치며 할복자살했다. 말년에 민족주의에 경도됐던 작가는 결국 조주보다는 남천 스님이 되고만 모양이다.

"느닷없이, 숲 속에서 뛰쳐나와, 마치 고의적인 듯이, 상냥하고 교활한 눈빛을 반짝이는" 미의 결정체로서의 고양이 이미지는 오랫동안 나를 사로잡았다. 지난해 봄, 도쿄 아사쿠사浅草의 한 가게에서, 서정적인 화풍 때문에 특히나 좋아했던 에도 시대 우키요에浮世繪의 대가 우타가와 히로시게歌川廣重, 1797~1858의 자그마한 판화 한 점을 망설임 없이 구매한 것도 고양이 때문이었다. 해질 무렵 창틀에 오도카니 앉아 고요히 창밖을 응시하고 있는 고양이의 뒷모습.

작품의 제목은 「아사쿠사浅草의 논과 도리노마치西の町 참배」다. 에도의 풍광과 풍습을 담은 히로시게의 야심작 '명소 에도 100경名所江戸百景' 시리즈 중의 하나다. 창문의 절반을 채운 노을 진 하늘을 바라보자

아사쿠사의 논과 도리노마치의 참배 _ 우타가와 히로시게, 1857

1858년 9월 예순두 살의 나이로 갑작스레 세상을 떠난 히로시게가 절명의 순간에 남긴 와카和歌의 구절이 스쳐 지나갔다.

> 동로東路에 붓을 놓고 나그네의 하늘
> 서방의 명소를 바라보네.

비바람이 몰아치던 아사쿠사의 그 거리에서 보송보송한 흰 고양이의 웅크린 등줄기가 반짝, 빛났다. 해질녘 특유의 외로우면서도 아름다운 풍경이었다. 멀리 석양에 물든 후지 산과 그 위를 줄지어 날아가는 새 떼가 보였다. 창밖에도, 창 안에도 사람은 없었다. 나는 숨을 죽이고 고양이가 내 쪽을 돌아봐주길 기다렸다. 반짝이는 황금빛 눈동자 속에 서려 있을 금각의 잔영殘影을 기대했던 것이다. 그리고 이윽고 날렵하게 고양이를 베어버릴 서슬 푸른 낫 그림자와…….

한 줄기
빛이
비스듬히

사양

● 다자이 오사무 | 내면이 병들었다고 느껴질 때, 병든 내면을 공유할 수 있는 친구가 필요할 때, 다자이를 읽는다. 「인간 실격」을 비롯한 다자이의 작품들에 등장하는 주인공들은 대개 지나치게 뒤틀리고 상처 입은 내면을 지닌 정신적인 불구자들이다. 몇 번 자살을 시도했다 실패하고 결국 애인과 정사(情死)한 작가가 가엾다. 나의 친구 중 한 명은 그의 작품을 일컬어 "백합으로 치장한 자기 변명을 보는 것 같다"고 말했다.

● 에드바르트 뭉크 | 어머니와 누이를 결핵으로 잃고, 이상성격자인 아버지 밑에서 자란 불우한 가정환경이 그의 정신과 육체에 큰 영향을 끼쳤다. 「절규」, 「사춘기」, 「질투」……. 그의 작품에 등장하는 인물들이 정신적으로 불안정해 보이는 것은 화가 자신이 극심한 신경증에 시달렸기 때문이다. 고통스러운 삶을 산 예술가의 작품이 그것을 향유하는 이들에게 위안을 준다는 사실은 인생의 아이러니처럼 느껴진다.

● 인용문 출처
다자이 오사무 지음, 오유리 옮김, 「사양」, 『인간 실격/사양』, 문예출판사, 2004
미우라 아야코 지음, 최현 옮김, 『빙점』, 범우사, 1990

다자이 오사무太宰治, 1909~48의 「사양斜陽」을 좋아하는 것은 '비밀'에 대한 구절이 나오기 때문이다. 「사양」을 알게 된 것은 초등학교 4학년 무렵, 미우라 아야코三浦綾子의 소설 『빙점氷點』을 통해서다. 불륜을 저지른 부인에게 복수하기 위해 자기 딸을 살해한 범인의 딸을 입양하는 의사와 그 가족의 이야기를 통해 인간의 원죄原罪를 말하고자 하는 이 작품에서 남자친구와 데이트를 하고 돌아온 양녀 요오코는 "오늘 누구하고 같이 지냈냐"는 양어머니의 추궁에 다음과 같이 대답한다.

"엄마, 다자이 오사무의 「사양」 읽어 보셨어요?"
"누구와 같이 지냈느냐고 묻지 않아?"
"「사양」에 비밀을 가지고 있다는 것은 어른이 된 증거라고 쓰여 있었어요. 저도 어른이 된 거예요. 노코멘트예요, 엄마."

"비밀을 가지고 있다는 것은 어른이 된 증거"라며 자신을 미워하는 양어머니의 공격을 멋들어지게 받아치는 요오코의 답변이 어린 내게는 참 멋있어 보여서 '사양'이라는 제목을 잊지 않고 기억해놓았다. 물론 그때는 석양을 뜻하는 '사양斜陽'이 아니라 어른이 용돈을 주실 때

거절하고 받지 않는 것을 뜻하는 '사양辭讓'인 줄로만 알았지만.

  대학생이 되어 드디어 다자이 오사무의 「사양」을 읽게 되었을 때 나는 두근거리는 가슴을 안고 책장을 넘기면서 대망의 그 구절과 맞닥뜨리기를 기대했다. 비밀을 가지고 있다는 것은 어른이 된 증거예요……. 그러나 기대는 무너졌다.

> "인간은 만물의 영장이라고 큰소리치지만, 다른 동물과 본질적으로 다른 게 전혀 없는 것 같지 않아요? 그런데요, 어머니, 딱 한 가지 있어요. 어머닌 모르셨을 거예요. 다른 생물에게는 절대로 없고, 인간에게만 있는 것. 그건 말이에요. 비밀이란 거예요. 자기만의 비밀. 어떻게 생각하세요?"

  '어른'이 아니라 '인간'이었다니. 『빙점』의 지은이가 착각했던 것일까? 아니면 작품의 맥락에 맞게 의도적으로 비틀어 쓴 것일까? 나는 실망감과 호기심이 뒤섞인 기분으로 「사양」을 읽어갔다.

  주인공 가즈코는 제2차 세계대전 직후 몰락해버린 귀족 가문의 딸로, 남편으로부터 불륜을 의심받고 이혼한 후 친정으로 돌아와 아이를 사산한 인물이다. 집안이 풍비박산 났음에도 귀족적인 품위를 잃지 않는 우아한 어머니와 함께 단둘이 살아가던 가즈코는 어느 날 어머니로부터 "가세가 기울었으니 아는 집안의 가정교사가 되는 게 어떻겠냐"는 이야기를 듣고 분개해 "지금 당장 나가겠다, 나도 갈 데가 있다"라고 소리친다. 가즈코가 불륜 상대로 의심받았던 화가에게로 가려는 것이 아닐까 걱정된 어머니는 "어딜 가겠다는 거냐"고 추궁하고, 가즈코는 그 추궁에 대해 위에 인용한 답변을 하며 '비밀'이라고 잡아뗀다.

사실 가즈코는 화가와 불륜에 빠진 것이 아니었다. 가즈코가 마음속에 두고 있던 사람은 남동생 나오지의 문학 선생인 소설가 우에하라다. 6년 전 마약에 빠진 나오지에게 남편 몰래 돈을 주기 위해 우에하라를 방문했던 가즈코는 우에하라와 함께 술을 마시고 돌아오던 길에 그로부터 기습적으로 입맞춤을 받는다.

> 우리들은 지하실 컴컴한 계단을 올라갔다. 한 발 앞서 올라가던 우에하라 씨가 중간쯤에서 갑자기 뒤로 돌더니, 눈 깜빡할 사이에 내게, 키스를 했다. 나는 입술을 꼭 다문 채, 그걸 받았다.
> 특별히 우에하라 씨를 좋아했던 것도 아닌데, 그때부터 내게 '비밀'이 생겨버린 것이다. 성큼성큼, 우에하라 씨는 계단을 뛰어 올라가고, 나는 이상하고도 텅 빈 기분으로 천천히 계단을 올라 밖으로 나왔는데, 볼을 스쳐 지나가는 강바람이 상쾌했다.

어머니는 병에 걸리고, 집안은 점점 더 어려워진다. 가즈코는 우에하라에게 세 통의 편지를 보내 "애인으로 지내고 싶다"는 뜻을 넌지시 비친다.

가즈코는 쓴다.

> 동생의 기분을 좀 맞춰주려고 당신이 쓴 책들을 빌려, 어떤 건 재미있어하며, 또 어떤 건 지루해하면서 읽었지요. 그다지 열심히 읽진 않았는데, 6년 동안의 나날이 그렇게 흘러가면서, 어느새 당신이란 존재가 물안개처럼 내 가슴속으로 스며든 겁니다. 그날 밤, 지하실 계단에서 우리들이 한 일도, 불현듯 그 순간순간이 생생하게 떠올라, 뭔가 그건 내 운명을 결정할 정도로 중대한 순간이었다는 기분이 들고, 당신이 너무나 그리워서, 이것이 '사랑'이란 걸지도 모른다 생각하니 가슴이 옥죄어와 흐느껴 울었습니다. 당신은 다른 남자들과 전혀 다른 사람입니다. 저는 「갈매기」에 나오는 니나처럼 작가에게 사랑을 느끼는 건 아닙니다. 문학소녀라고 생각하신다면 전 할 말이 없습니다. 저는 당신의 아이를 낳고 싶습니다.

답장은 오지 않는다. 섬약한 어머니가 결핵으로 세상을 뜬다. 임박한 어머니의 죽음 앞에서, 가즈코는 생각한다.

> 하지만 나는 살아 나가야 한다. 어린애일지 모르지만, 언제까지나 응석받이로 있을 수는 없다. 나는 이제부터 세상과 맞서 싸우지 않으면 안 된다. 아아, 어머니처럼, 사람들과 다투지 않고, 증오도 원망도 없이 아름답고 가련하게 생을 마칠 수 있는 사람은 이제 우리 어머니를 마지막으로 이 세

상에는 더 이상 존재하지 않는 건 아닐까.

'최후의 귀족'으로서의 자긍심을 끝까지 지녔던 어머니와 자신을 비교하는 가즈코의 이러한 모습에 크게 공감했던 것은 나 역시 2000년대 후반의 30대 여성으로서의 내 모습을 1980년대 중반에 30대가 되었던 우리 어머니와 종종 비교하기 때문이다.

나도 생각한다. 사람들과 다투지 않고 욕망도 투쟁도 없이 안온하게 집 안에서 삶을 영위할 수 있는 사람은 이제 우리 어머니를 마지막으로 이 세상에는 더 이상 존재하지 않는 건 아닐까, 하고. 불편한 술자리에 억지로 갈 필요도 없었고, 약육강식의 전쟁터에서 살아남기 위해 이전투구를 벌일 필요도 없었던 어머니의 차분하고 맑은 얼굴을 볼 때마다 '하지만 나는 어머니와 다른 방식으로 살아나가야 한다'고 생각한다. 가즈코가 '비밀'을 가질 수밖에 없는 이유, 그 누구에게보다도 그 '비밀'을 어머니에게 감출 수밖에 없는 이유를 이해하게 된 것도 그 때문이다. 가즈코가 지닌 비밀은 불특정 다수를 향한 것이 아니다. 다만 아름다운 구시대의 유물인 어머니에게만 해당되는 것이다. 어머니와 같은 방식으로는 이 세계를 살아갈 수 없다. 그러나 내가 어머니의 눈으로 볼 때 온전하지 못한 길을 삶의 방편으로 택했다는 사실을 알면 곧고 반듯한 어머니는 슬퍼할 것이다. 딸이 죄책감을 느끼면서도 어머니에게 '비밀'을 가지는 것은 그 때문이다. 서른을 넘긴 딸이라면 더더욱 그러하다. 결국 '비밀'을 가지고 있다는 것은 '인간'이기 때문이 아니라 '어른'이라는 증거인지도 모른다.

스물아홉의 가즈코는 우에하라에게 보내는 편지에서 여자의 서른 살에 대해 다음과 같이 이야기한다.

> 서른. 여자에겐 스물아홉까지는 소녀의 풋내가 남아 있다. 하지만 서른 살의 여자 몸에서는 이미 어디에서도 소녀다운 분위기는 남아 있지 않다고 한. 옛날에 읽은 어느 프랑스 소설 속 문구가 떠올라, 순간, 주체할 수 없는 안타까움에 휩싸여서, 고개를 돌리고 밖을 보니 한낮의 태양 빛을 받은 바다가 유리 파편처럼 눈부신 빛을 쏘아대고 있었습니다. 그 소설을 읽었을 당시에는 그렇겠지 하고 아무렇지 않게 끄덕이고 지나갔습니다. 서른 살로 여자의 생활은 끝이라는 말에 태연스레 고개를 끄덕였던 그 시절이 그립습니다.

어머니의 죽음은 가즈코를 구시대로부터 완전히 격리시킨다. 그녀는 "인간은 사랑과 혁명을 위해 살아온 것"이라고 확신하면서 자신과는 계급이 다른 동생의 문학 선생 우에하라의 아이를 낳아 기르기로 결심한다. 이전에 자신이 살아온 방법과 판이한 방법으로 기존의 질서가 깡그리 무너져버린 전후의 세상과 맞서 나가기로 결심하는 것이다.

희생자, 도덕적 과도기의 희생자. 당신도 나도 분명히 거기 해당하겠지요. 혁명은 대체 어디서 일어나고 있는 걸까요. 적어도 우리들 주위에는 낡은 도덕이 여전히, 구태의연하게 우리의 가는 길을 가로막고 있습니다. […중략…] 하지만 저는 지금까지 치른 1회전에서는 낡은 도덕을, 대단하진 않더라도, 약간은 물리쳤다고 생각합니다. 그리고 다음엔, 태어날 아이와 함께 제2회전, 3회전을 힘껏 맞서 치를 각오입니다. 사랑하는 사람의 아이를 낳아 키우는 일이 내 도덕혁명의 완성입니다.

소설은 새 시대를 헤쳐 나가려는 구시대 인물의 강인한 의지를 보여주며 끝나지만 책을 읽고 난 뒷맛은 쓸쓸하기 그지없다. 누군가의 어깨 너머로 지는 낙일落日을 바라보는 것만 같은 서글프면서도 우아한 정조가 작품의 전반적인 분위기를 지배한다. 기울어 저물어가는 저녁 햇살을 뜻하는 작품 제목은 몰락해가는 귀족 가문을 상징한다. 일본의 패전 후인 1947년 발표된 이 소설은 크게 인기를 끌면서 영락한 귀족을 뜻하는 '사양족'이라는 유행어를 낳았다고 한다.

뭉크Edvard Munch, 1863~1944의 「봄」은 꼭 「사양」의 한 장면 같은 그림이다.

엷은 햇살이 창을 통해 방으로 비껴 들어온다. 바람 한 점에 레이스 커튼이 흔들린다. 창가에 놓인 화분의 푸른빛은 싱싱한데, 의자에 기대앉은 젊은 여자의 얼굴은 종잇장처럼 파리하다. 병이 든 것이다. 여

봄_ 에드바르트 뭉크, 캔버스에 유채, 169×263.5cm, 1889, 오슬로 미술·건축·디자인 국립 미술관

자의 곁을 늙은 여인이 뜨개질을 하며 지키고 앉아 있다. 만물이 생동하는 새봄과는 도무지 어울리지 않게 병약한 여자는 이 비스듬한 햇빛이 완전히 스러질 때쯤이면 그만 숨을 놓아버릴지도 모른다. 두 여자의 나이만 뒤바꿔 놓는다면 그림은 그대로 바스라질 것만 같은 얼굴로 누워 있는 병든 어머니와, 어머니의 머리맡에 바짝 붙어 앉아 뜨개질을 하고 있는 가즈코다.

그림의 실제 주인공은 뭉크의 누나 소피로, 열다섯 살 때인 1877년 「사양」의 어머니와 마찬가지로 결핵에 걸려 숨졌다. 소피의 옆에 앉은 인물은 누구일까? 뭉크의 어머니도 1868년에 소피보다 먼저 결핵으로 사망했기 때문에 그림의 두 여자는 모녀 관계는 아닐 것으로 추정된다. 사랑했던 누나의 죽음에 큰 충격을 받은 뭉크는 「병든 아이」, 「병실의 죽음」, 「임종」 등 소피의 죽음을 주제로 한 그림을 여러 점 그렸다.

한껏 기울어진 저녁 햇살이 방 안으로 들어올 때마다 나는 불현듯 생각한다. '사양이구나. 귀족이라는 자긍심을 한껏 안고 죽어간 고상한 여인을 위해 임종 의식을 준비해야지.' 딸의 비밀을 끝내 눈치 채지 못하고 죽은 행복한 여인을 위한 의례. 그 의례에 가장 잘 어울리는 만시挽詩는 미국의 여성 시인 에밀리 디킨슨Emily Dickinson의 「한 줄기 빛이 비스듬히There's a Certain Slant of Light」라고 생각한다. 비스듬한 겨울 햇살에서 죽음을 감지하는 이 예민한 시인은 이렇게 읊었다.

한 줄기 빛이 비스듬히 비친다.

겨울 오후,

대성당에서 흘러나오는 선율의

무게처럼 나를 조인다.

There's a certain slant of light,

Winter afternoons,

That oppresses like the heft

Of cathedral tunes.

아무래도
묘한 얼굴이군,
꽤나 지친,
세기말적 얼굴

산시로

나쓰메 소세키 | 마음이 어지러울 때면 소세키를 읽는다. 평담하기 때문이다. 『그 후』, 『문』, 『마음』, 『행인』……. 일본 소설가답게 인간의 심리를 겨냥하면서도 그 자신은 평정을 유지하면서 작중 인물에게 지나치게 휩쓸리지 않는다는 것이 그의 미덕이다. 청량한 숲 속을 산책하는 기분으로 천천히, 마음을 다스리며 읽기 좋은 작품들이다.

기시다 류세이 | 뒤러를 닮고자 했다. 뒤러의 화풍에 일본적인 혼(魂)을 불어넣었다. 지속적으로 자신의 딸 레이코(麗子)를 그렸으며, 특히나 대표작으로 여겨지는 「다섯 살 레이코의 초상」에서는 화가 스스로가 '안으로의 미(美)'라고 칭했던 웅숭깊은 미감과 딸에 대한 애정이 묻어 나온다. 서른여덟 살이라는 젊은 나이에 요독증(尿毒症)으로 숨졌다. 2000년 12월, 「레이코의 초상」 연작 중 한 점이 역대 일본화 최고 판매가인 77억 3,100엔에 팔렸다.

인용문 출처
나쓰메 소세키 지음, 최재철 옮김, 『산시로』, 한국외국어대학교 출판부, 2005

"이곳에서는 아무도 '권력을 장악한다'고 말하지 않습니다. 모두들 '헤게모니hegemony를 장악한다'고 말합니다. 모든 것이 낯설고 두렵습니다. 머리가 깨질 듯이 아픕니다······."

1999년 3월의 화창한 봄날에, 갓 대학에 입학한 나는 낮에도 볕이 잘 들지 않는 어두컴컴한 자취방에 틀어박혀 훌쩍거리며 집에 보낼 편지를 쓰고 있었다. 나를 둘러싼 세계가 참으로 드넓고 무겁게 느껴졌고, 그 세계의 한 귀퉁이에서 티끌처럼 부유하는 나라는 존재는 너무나도 하찮은 것만 같았다. 서울이라는 거대한 도시와, 이때껏 접하지 못했던 낯선 경험들로 가득 찬 대학의 분위기에 그만 질려버린 것이다.

'헤게모니'라는 말이 안토니오 그람시가 "부르주아계급이 노동자계급에게 행사하는 통제의 의미"로 설명하면서 유명해졌다는 사실을 알게 된 것은 한참 후의 일이었고, 당시의 내겐 처음 만난 과 선배들이 일상적으로 사용했던 그 단어가 하나의 문화 충격으로만 느껴졌다. '아, 저들은 저렇게 유식하고 세련되었는데 나는 이렇게 무식하고 촌스럽구나······.' 그 시절의 나를 떠올릴 때면 언제나 나쓰메 소세키夏目漱石, 1867~1916의 소설 『산시로三四郎』의 다음과 같은 장면이 겹친다.

들이 이야기하고 있는데 맞은편에서 갑자기 큰소리가 났다. 보니까, 요지로가 옆자리의 두세 명을 상대로 뭔가 열심히 설명을 하고 있었다. 때때로 다타 화브라라고 한다. 무슨 말인지 알 수 없다. 그러나 요지로의 상대는 이 말을 들을 때마다 웃어댔다. 요지로는 점점 의기양양해져서, 다타 화브라, 우리 신시대의 청년은…… 하며 떠들어댔다. [⋯중략⋯] 끝마칠 시각이 되어 젊은이들이 모두 어두운 밤 속으로 흩어졌을 때 산시로가 요지로에게 물었다.

"다타 화브라란 무슨 뜻이야?"

"희랍어야."

여기에 나오는 '다타 화브라 de te fabula, '데 테 파불라'의 일본식 발음'란 라틴어로 '그건 바로 네 이야기다'라는 뜻으로 고대 로마의 시민 호라티우스의 『풍자시』 제1권 제1구에 나오는 말이다. 즉 '희랍어'라는 요지로의 답변은 틀린 것이 된다. 잘 알지도 못하면서 아는 척 신이 나서 떠들어댔던 대학생의 객기를 생각하면 지금은 웃음이 나지만 소설의 주인공 산시로처럼 시골 출신 유학생이었던 당시의 내게는 선배들의 그런 객기가 부럽고 대단해 보였다.

『산시로』는 소세키가 1908년 9월부터 12월까지 『아사히신문』에 연재했던 소설로 구마모토熊本 출신의 도쿄대 유학생인 청년 산시로의 대학 생활을 그리고 있다. 학교 도서관에서 이 책을 발견하고 대출한 것은 대학교 3학년 때였다. 『마음』이라든가, 『그 후』 등 다른 소세키 작품들의 제목과 비교해볼 때 『산시로』라는 제목은 도무지 촌스러워서 마음에 들지 않았지만 소세키의 작품이라는 이유 때문에 호기심에 끌려 읽었다. 그러나 선입견과는 달리 이후 이 작품은 내가 가장 좋아하는 소세키의 소설이 되어버렸다. 어리바리한 우학생 산시로의 좌충우돌 도쿄 일기가 꼭 서울 생활에 적응하기 위해 고군분투하는 내 모습 같았기 때문이다. '여기 나 같은 사람이 또 하나 있구나…….' 나는 위안과 동질감을 느끼며 책장을 넘겼다.

"이제 도쿄에 간다, 대학에 들어간다, 유명한 학자와 접촉한다, 세상 사람들이 갈채를 보낸다, 어머니가 기뻐한다"며 청운의 꿈을 품고 상경하는 산시로의 마음도, "도쿄 사람은 모두 영악하고 마음씨가 나쁘니까 조심하라, 학자금은 매월 말에 받을 수 있도록 보낼 터이니 안심하라"는 어머니의 편지도, 대학 도서관에서 어떤 책을 빌려도 반드시 누군가가 한 번은 훑어본 것이라는 사실을 발견하고 놀라는 산시로의 모습도, 내게는 소설 속 일이 아니라 꼭 내 이야기 같았다. 게다가 "스스로 자진해서 남의 비위를 맞춘 적이 없는 남자", "별로 거짓말을 한 적이 없는 사내'로 묘사돼 있는 산시로의 고지식한 성격까지, 완전히 나랑 닮았던 것이다.

책의 구석구석에 '천리 길 진주'에서 상경한 촌뜨기 신입생 곽아람이 있었다. 친구로부터 "좀 더 보통 인간답게 걷는 게 좋겠어, 마치 로

맨틱 아이러니로군"이란 말을 듣고서는 사전에서 '로맨틱 아이러니'의 뜻을 찾아보는 산시로와 "전 정치에는 별로 관심 없어요"라고 했다가 선배로부터 "정치적 시니시즘은 좋지 않아"라는 질책을 듣고서는 '시니시즘cynicism'의 뜻을 몰라 사전을 뒤적이던 나. 땡땡 울리는 전차와 큰 빌딩을 보고는 놀라서 "자신감이 4할 정도 감소된 채 불쾌하여 견딜 수 없어 하는" 산시로와 베니건스라든가 T.G.I.F. 같은 난생 처음 접하는 화려한 먹을거리들과 그 비싼 가격에 얼이 빠졌지만 시골뜨기 티를 내지 않고 침착하려 안간힘을 썼던 나. 그 시절의 나는 식당에 갔다가 공동으로 쓰는 화장실 문을 모두 잠가 놓는 서울 화장실 인심의 야박함에 놀라고, 거대한 백화점과 그곳에 쌓여 있는 생전 듣도 보도 못했던 명품들, 골프며 스킨스쿠버 같은 사치스러운 취미들에 어릴 때부터 길들여져 있는 강남 출신 친구들의 고급스러움에 이질감을 느끼곤 했다.

  이 거울 같은 소설에서 가장 인상에 남는 구절은 다음과 같다.

> 산시로에게는 세 개의 세계가 생겼다. 하나는 멀리 있다. 요지로의 이른바 메이지 15년 이전의 향내가 난다. 모든 것이 평온한 대신 모든 게 잠이 덜 깨어 있다. 무엇보다 거기로 돌아가는 데 도움은 필요 없다. 돌아가려고 하면 당장 돌아갈 수 있다. 단, 유사시가 되지 않는 이상은 돌아갈 마음이 나지 않는다. 말하자면 현실도피처와 같은 것이다. 산시로는 벗어던진 과

거를 이 현실도피처 안에 봉해 놓았다. 그리운 어머니마저 여기에 묻었는가 하고 생각하니 갑자기 아쉬워졌다. 그래서 편지가 왔을 때만은 잠시 이 세계를 배회하며 옛정을 되살려 본다.

유년 시절의 추억으로 점철된 제1의 세계와, 도서관 열람실과 겹겹이 쌓인 책들이 있는 제2의 세계, 그리고 아름다운 여성이 있는 제3의 세계 사이에서, 소설에 나오는 문구에 따르자면 "스트레이 쉽stray sheep, 길 잃은 양"이 되어 헤매는 산시로. 봉인해 놓은 채 떠나온 '평온한 세계'를 잊어버리고 눈앞에 펼쳐진 학문과 쾌락의 세계를 받아들이기 위해 분투하던 시절이 내게도 있었다. 그 세계들 앞에서 나는 혼란스럽고 두려웠다. 그 세계들이 명확히 구분되는 것이 아니라 서로 뒤섞여 '나'라는 인간을 만들어냈다는 것을 깨달은 것은 꽤나 오랜 시간이 지난 후였다. 그러나 상경한 지 10여 년이 지난 지금에도, 나는 여전히 본질적인 내가 속한 곳은 제1의 세계라고 생각한다. "너도 이제 서울 사람이야." 별 생각 없이 친구가 던진 말에 반사적으로 "내가 왜 서울 사람이야? 나 서울 사람 아니야!"라고 빽 소리 지르는 나 자신을 발견하고는 실소를 금치 못했던 것이 바로 얼마 전의 일이다.

2006년 가을에 도쿄 여행을 갔다가 도쿄대학을 구경했다. 이른 아침이었는데 숲 속에서 반짝이는 것이 보여서 가 보았더니 연못이 있었다. 연못 옆의 표지판을 보고서는 어찌나 반가웠던지! 거기에는

'산시로 못三四郞池'이라고 적혀 있었다. 소설 속에서 산시로가 짝사랑 상대인 신여성 미네코와 처음 마주친 그 연못이다. 산시로가 생각하기에 쌍꺼풀 안에 "영혼의 피로", "육신의 나른함", "고통에 가까운 호소"를 지닌 것처럼 보였던 미네코. 오랜 친구를 만난 것처럼 기쁜 마음에 도쿄대 구내 서점에서 일어로 된 『산시로』를 한 권 샀다. 일본어를 잘하게 되면 읽어보려고 결심했지만 아쉽게도 그날은 아직까지 오지 않았다.

나와 비슷한 처지의 주인공이 등장하는데다가 그림 이야기가 굉장히 많이 나와서 아껴 읽었던 이 소설을 춘원 이광수도 도쿄 유학 시절 애독했다고 한다. 대처로 나가 신문물을 접한 유학생들이야말로 이 작품의 참맛을 느낄 수 있는 독자일 것이다. 회화적인 묘사로 가득한 작품 전체에서 산시로의 생김새를 짐작하게 해주는 구절이 한 군데 있다. 도쿄에서 알게 된 약삭빠른 친구 요지로가 산시로에게 하는 다음과 같은 말에서다.

"아무래도 묘한 얼굴이군. 꽤나 생활에 지친 듯한 얼굴이야. 세기말적인 얼굴 말이야."

갓 고등학교를 졸업한 젊은이가 세기말다운 허무적 퇴폐주의에 빠져 있었을 리는 만무하고 아마도 새로운 세계와 맞닥뜨린 충격과, 고

다카쓰 고우치 군의 초상_ 기시다 류세이, 캔버스에 유채, 45.5×38cm, 1915, 아이치 현 미술관

향에서는 알아주는 수재였던 자신이 범속한 존재에 불과하다는 것을 깨달은 슬픔 때문에 우울한 표정을 짓고 있었겠지. 기시다 류세이^{岸田劉生, 1891~1929}의 「다카쓰 고우치^{高須光治} 군의 초상」처럼.

 1920년대 전후의 일본 화단을 잇는 가교 역할을 한 인물로 여겨지는 화가 기시다 류세이는 초기에는 반 고흐, 세잔 등 후기인상파 화가들의 작품에 심취했지만 차차 내면의 신비를 그려내는 것에 집중하게 된다. 자신만의 고유한 영역을 갖게 되면서 그는 북유럽 르네상스에 지대한 관심을 갖게 되는데 특히 알브레히트 뒤러의 작품들에 심취했다. 그의 1915년 작 「다카쓰 고우치 군의 초상」에서도 자신의 모습을 그리스도처럼 그려낸 뒤러의 정면 자화상의 영향이 묻어난다. 어두운 배경을 등지고 잘 닦인 놋쇠처럼 빛나는 모델의 얼굴, 화면에 커다랗게 적힌 모델의 이름, 그리고 화면 좌측 상단에 R자를 넣어 새긴 화가의 문장^{紋章}. 정면을 응시하고 있는 이 청년의 눈빛에서는 어딘지 모르게 우수^{憂愁}가 느껴진다. 혈기 넘치는 청춘이라기보다는 고뇌하는 청춘의 초상이라고나 할까. 이 작품은 기시다 류세이가 우두머리가 되어 만든 예술가들의 소그룹인 〈소토샤^{草土社} 제1회 전시회〉에 출품됐다. 모델 다카쓰 고우치는 아이치^{愛知} 현 도요하시^{豊橋} 출신의 화가로 처음엔 일본 근대 양화의 선구자 구로다 세이키가 세운 아오이바시^{葵橋} 백마회^{白馬會} 양화 연구소에 들어갔다가 만족하지 못하고 류세이를 방문, 그의 문하에 들어갔다.

서양 학문을 배우려 노력했던 산시로, 서양 그림을 익히려 애썼던 다카쓰 고우치……. 이들의 모습은 곧 근대화에 의해 서구의 신문물이 범람했던 일본 사회에 적응하기 위해 발버둥쳤던 당시 젊은 지식인들의 초상을 대변할 것이다. 생각해보면 이러한 청춘들은 언제 어디에나 있었다. 역시나 신문물로 넘쳐났던 번화한 수도 서울에 안착하기 위해 번뇌로 가득한 밤을 지새우곤 했던 대학 시절의 나와, 지금 이 순간에도 어딘가에서 고뇌하고 있을 또 다른 젊은이들의 그늘진 얼굴.

빨강머리 앤
·
어린 왕자
·
교황의 노새
·
열세 가지 수수께끼
·
그림 없는 그림책
·
부엌의 마리아님
·
하늘과 바람과 별과 시

소녀, 책을 추억하다

이 소녀를
나는
마음을 다해
사랑했네

빨강머리 앤

● **루시 모드 몽고메리** | 어릴 때 어머니를 여의고, 우체국을 경영하는 조부모 밑에서 자랐다. 어린 시절의 외로움을 모태로 '빨강머리 앤'이라는 매력적인 캐릭터를 창조했다. 거울에 비친 자신의 모습을 동무 삼아 지내는 '앤'의 이야기는 아마도 작가 자신의 어린 시절을 모델로 한 것이리라. 그가 묘사하는 캐나다 프린스에드워드 섬의 아름다운 풍경이, 그 섬을 언젠가 꼭 가보고 싶은 곳 1순위로 꼽게 한다.

● **노먼 록웰** | 초등학교 시절 공책이나 연습장 표지 그림에 단골로 등장했던 두 손을 꼭 마주잡고 나무 그루터기에 걸터앉은 소년·소녀의 뒷모습을 기억하는가? 얼마 전 그 그림이 록웰의 작품이라는 것을 알고 실소를 금치 못했다. 미국인의 일상, 미국적인 풍경 들을 코믹한 터치의 일러스트로 그려낸 화가다.

● 인용문 출처
루시 M. 몽고메리 지음, 강주헌 옮김, 『빨강머리 앤』, 세종서적, 2008

이유 없는 불안감 때문에 잠 못 이루는 밤에는 낯선 지붕 아래서 흐느끼다 지쳐 잠이 든 가엾은 여자 아이의 깡마른 어깨를 생각한다. 울음과 함께 들썩이던 그 아이의 등에 흩어진 두 갈래로 땋은 빨간 머리, 눈물이 뚝뚝 떨어지는 초록색 눈동자, 자신의 이름 대신 '코델리아'라고 불리길 원했던 열한 살짜리 고아, 앤 셜리.

"절망의 구렁텅이"라는 멋들어진 수사를 나는 그녀로부터 배웠다. 태어나서 처음으로 '집 같은 집'에서 살게 되었다는 기쁨에 잔뜩 들떠 있던 앤이 그 '집'에서 원한 건 자신이 아니라 남자 아이였다는 것을 알게 된 후 슬픔에 가득 차 "넌 아무것도 먹지를 않는구나"라고 매섭게 말하는 마릴라에게 던지는 말.

"못 먹겠어요. 절망의 구렁텅이에 빠져 있는걸요. 아주머니라면 깊은 절망에 빠져서도 음식을 먹을 수 있겠어요?"

"절망의 구렁텅이에 빠져본 적이 없으니까 대답을 못하겠다"는 마릴라에게 앤은 다음과 같이 말한다.

"그럼 절망에 빠지면 어떤 기분인지 이해하지 못하시겠군요. 정말 편하지 않아요. 뭘 먹으려 하면 덩어리가 목구멍에서 밀고 올라와요. 아무것도 삼킬 수가 없어요."

커다랗고, 흐물거리는 덩어리 같은 불안이 목젖을 치고 올라올 때 소설의 이 장면을 떠올리는 것은, 내 어떤 불안도 따스한 가정을 얻게 된 기쁨을 순식간에 빼앗긴 고아 소녀의 절망만큼 심각하지 않을 거라는 것을 알기 때문이다. 꿈, 희망, 사랑으로 가득 찬 것만 같은 이 소설 『빨강머리 앤』이 사실은 이토록 슬프디 슬픈 이야기로 시작한다는 것을 기억하는 사람은 별로 없는 것 같다. 태어난 지 얼마 안 되어 부모님을 잃고, 아이 보기로 남의 집을 전전했던 이 불쌍한 여자 아이가 결코 천애고아인 자신의 신세를 한탄하거나 그 때문에 불행하다고 말하지 않기 때문이다. 그녀는 대신에 이렇게 말한다.

"네, 빨간색이에요. 제가 왜 완전하게 행복하지 못한지 아시겠죠? 빨강머리를 가진 사람이라면 누구도 행복할 수 없을 거예요. 저는 다른 건 별로 신경 쓰지 않아요. 주근깨, 초록색 눈, 빼빼 마른 것도 신경 쓰지 않아요. 그런 건 상상해서 날려버릴 수 있거든요."

겨우 열한 살 먹은 어린아이가 부모의 죽음, 가난, 어른들의 학대

같은 것을 상상만으로 극복할 수 있는지 나는 잘 모르겠다. 다만 남들에게 보이지 않는 것들 때문에 불행하다고 말하는 것보다 보이는 것들을 이유 삼아 불행하다고 말하는 것이 보다 쉽다는 것은 이해할 수 있다. 정말로 진지하고 커다란 불행의 이유는 저 먼 곳으로 밀어 넣어버리고 작고 사소한 고민거리를 커다란 불행으로 포장하는 편이 덜 비참할 것이라는 것도.

이런 생각을 하게 된 다음부터 내게 앤의 빨간 머리는 그녀가 차마 입 밖에 내어 말할 수 없는 구체적인 슬픔들이 집결돼 밖으로 표출된 총체처럼 보이기 시작했다. 그리고 더더욱 어린 그녀가 가엾어지기 시작했다. 아픔을 날것으로 표현하지 못하고 자신의 머리카락에 빗대어야만 하는 열한 살짜리라니. 그녀가 슬픔을 표출하는 데 서툰 이유는 아마도 그 누구에게도 응석을 부리면서 자라지 못했기 때문일 것이다.

『빨강머리 앤』을 처음 읽은 것은 아홉 살 때 즈음이다. 몇 번이고 책을 되풀이해 읽으면서 나와 책 속의 앤을 동일시했다. 책 속의 앤은 열한 살인데, 나는 겨우 아홉 살에 지나지 않는다는 것이 속이 상해서 그녀와 진정한 친구가 될 수 있도록 빨리 열한 살이 되었으면 하고 바랐다. 나는 거울 속의 나에게 한동안 말을 걸었다. 친구가 없어서 거울 속의 자신에게 '케티 모리스'라는 이름을 붙여주었다는 앤을 따라한 것이다. 길·나무·꽃·연못 등 주변의 자연에게 이름을 붙이기도 했다.

내가 앤을 좋아한다는 것을 안 어머니는 미끼를 던져 나를 유혹했다. 중간고사에서 좋은 성적을 거두면 당시 창조사에서 발간되었던 10권짜리 앤 시리즈 전권을 모두 사 주겠다는 것이다. 시험 결과는 기대에 미치지 못했고, 어머니는 책을 사 주지 않았다. 나는 용돈을 모아 한 권, 한 권 책을 사들였다. 영원히 소녀일 것만 같던 앤이 자라서 대학에 가고, 의사가 된 숙적 길버트와 결혼하고, 여러 아이를 낳고, 어머니가 되면서 펼쳐지는 이야기들을 열심히 읽었다. 그리고 대학에 입학하면서 서울로 오게 되었을 때, 고향에서는 쉽게 구할 수 없었던 외국 서적들이 즐비한 교보문고로 달려가서 주머니를 털어 『빨강머리 앤』 원서 세트를 사들였다.

오랫동안 나를 매혹시켰던 이 이야기를 써낸 루시 모드 몽고메리Lucy Maud Montgomery, 1874~1942는 1904년 봄 오래전에 적어놓은 낡은 메모 하나를 발견한다. "나이 지긋한 부부가 사내아이 한 명을 고아원에 부탁한다. 그런데 일이 어긋나 계집아이가 부부에게 보내진다." 갑자기 샘솟는 아이디어에 몰입된 몽고메리는 자신의 고향인 캐나다 프린스에드워드 섬을 무대로 '앤'이라는 이름의 매력적인 소녀를 주인공으로 한 이야기를 써 내려가고 1905년 10월에 책을 탈고한다. 어릴 때 어머니를 잃고 외할머니 손에서 자란 작가 자신의 어린 시절을 다분히 반영한 이 이야기를 몽고메리는 1906년 다섯 군데의 출판사에 보냈으나 모두 거절당한다. 상심한 채 이 원고를 모자 상자에 넣어 두었던 작가는 이듬해 용기를 내 다시 원고를 보스턴의 한 출판사에 보내고, 두 달 후 출판 통지를 받는다.

"절망의 구렁텅이"에 빠진 가엾은 고아가 매슈와 마릴라의 사랑을 듬뿍 받으면서 훌륭하게 성장해나가는 이 이야기에서 내가 가장 좋아하는 구절은 앤이 자신의 빨간 머리를 빗대 '홍당무'라고 놀렸다는 이유로 철천지원수처럼 여겼던 길버트와 화해하고 집으로 돌아온 이후를 그린 마지막 구절이다.

> 앤은 앞에 놓인 길이 좁아지긴 했지만, 그 길을 따라 평화로운 행복의 꽃이 피어나리라고 확신했다. 성실한 노력과 가치 있는 꿈, 마음이 맞는 친구에게 얻는 기쁨이 앤의 것이 될 테고, 타고난 상상력과 꿈에 그리는 이상적인 세계를 앤에게서 빼앗아 갈 것은 없었다. 길에는 언제나 모퉁이가 있기 마련이다! 앤은 나지막이 중얼거렸다. "하느님은 천국에 계시고, 땅에서는 모든 것이 평화롭도다."

"길에는 언제나 모퉁이가 있기 마련"이라는 구절이 "절망의 구렁텅이"에서 빠져나올 수 있는 힘을 주는 것만 같아서 좋았다. 힘든 일이 닥칠 때마다 종종 '나는 지금 구부러진 길모퉁이를 지나고 있는 거야, 앤처럼 말이야' 하고 생각했다.

내게 '빨강머리 앤'은 고통과 절망을 상상력의 힘으로 극복할 수 있는 방법을 가르쳐준 스승인 동시에, 소녀다운 꿈과 욕망을 공유할 수 있는 친구였다.

검소하고 실용적인 마릴라 때문에 무채색의 밋밋한 옷밖에 입지 못했던 앤이 부푼 소매가 달린 예쁜 옷을 입고 싶어하는 부분에서 특히 나는 공감했다. 화려한 레이스가 달린 치렁치렁한 치맛자락의 원피스를 입고 싶어하는 내게 언제나 어머니는 단순하고 깔끔한 스타일의 원피스를 사주었으니까. 마침내 자상한 매슈의 크리스마스 선물로 앤이 부푼 소매의 옷을 입게 되었을 때, 나는 그 옷을 입은 앤을 상상하며 기쁨에 빠져들었다.

> 앤은 옷을 들고 아무 말도 없이 바라만 보았다. 아, 얼마나 아름다운 옷인가! 비단처럼 윤기 나는 부드러운 갈색 글로리아 옷감, 주름이 잔뜩 들어간 우아한 스커트에 주름 장식까지 달려 있고, 블라우스는 가장 유행하는 스타일로 공들여 핀턱 장식을 넣었으며 목깃에도 얇은 레이스로 만든 주름 장식이 달려 있다. 그리고 소매! 그 무엇보다도 멋졌다. 팔목에서 팔꿈치까지 긴 커프스가 달려 있고 그 위로는 두 단으로 커다랗게 부풀린 소매가 달려 있는데 가운데는 갈색 비단 리본이 나비 모양으로 묶여 있었다.

초등학교 5학년 가을에 어머니가 사 준 갈색 원피스를 아직도 기억하고 있는 것은 그 옷을 입을 때마다 내가 앤이라고 생각했기 때문이다. 도대체 어머니의 심경에 무슨 변화가 일었는지는 모르겠으나, 자잘한 흰 꽃무늬가 퍼져 있는 커피 색 옷감으로 만들어진 그 원피스는 그간 어머니가 보여주었던 아동복 구매 성향과 판이하게 달랐다. 풍성한 치맛 단에 두 겹으로 레이스가 달려 있는데다가 소매는 물론 불룩한 퍼프 소매였고, 짙은 갈색 벨벳 볼레로까지 딸려 있었다. 이미 작아져버린 그 옷을 억지로 입으려다가 실밥 터지는 소리를 들어야 했던 6학년의 겨울날에 나는 얼마나 큰 상실감을 느꼈던가.

고상하게 들린다는 이유로 이름 끝에 꼭 e자를 넣어 불러달라고 부탁하는 앤, 빨간 머리를 검은색으로 염색하려다 녹색으로 물들이고서는 절망하는 앤, 존경하는 목사님 부인을 초대하고서는 케이크에 바닐라 대신 진통제를 집어넣고 마는 앤……. 감성 풍부하고 예민하면서 자존심 강한 이 소녀를 나는 마음을 다해 사랑했다.

앤을 떠올릴 때면 생각나는 그림이 한 점 있다. 미국 중산층의 모습을 친근하고 풍자적으로 그린 일러스트로 많은 인기를 끌었던 미국 화가 노먼 록웰Norman Rockwell, 1894~1978이 1953년 5월 23일자『새터데이 이브닝 포스트Saturday Evening Post』표지로 그린「눈에 멍이 든 소녀」다.

교장실 앞의 의자에 한 소녀가 앉아 있다. 빨간 머리를 양 갈래로 땋아 내리고, 왼쪽 눈엔 검붉은 멍이 든 소녀의 얼굴에 승리의 미소가 감돈다. 얼마나 심하게 몸싸움을 했는지 셔츠는 치마 밖으로 삐져나와 있고, 왼무릎에는 반창고까지 붙어 있는데 이 말괄량이의 얼굴에서는

눈에 멍이 든 소녀_ 노먼 록웰, 캔버스에 유채, 1953, 워즈워스 에서니움

반성의 기색이라곤 찾아볼 수가 없다. 열린 교장실 문틈으로 못마땅하고 놀란 기색의 교사들이 소녀를 내다본다. 곧 교사의 꾸중이 쏟아지고 처벌이 가해지겠지만, 이 당돌한 소녀의 기를 꺾기엔 역부족일 것만 같다.

수업 시간에 길버트로부터 '홍당무'라는 놀림을 받고는 화가 나 석판으로 길버트의 머리를 내리친 앤은, "앤 셜리는 성질이 아주 못됐다. 앤 셜리는 화를 참는 법을 배워야 한다"고 적힌 칠판 아래 종일 서 있어야만 하는 벌을 받으면서 울지도, 고개를 숙이지도 않는다. 부끄러움보다는 분노가 더 컸기 때문이다. 아……, 당당한 앤, 사랑스러운 나의 빨간 머리 아가씨.

> 학교가 끝나자 앤은 빨강머리를 꼿꼿이 세우고 학교에서 걸어 나왔다. 길버트 블라이스가 교문 앞에서 앤을 가로막으며, 깊이 뉘우친 목소리로 나지막이 말했다.
> "앤, 네 머리카락을 놀려서 정말 미안해. 정말 진심이야. 이제 그만 화를 풀어."
> 앤은 경멸하듯이 쳐다보지도 않고 듣는 시늉도 하지 않고 휙 지나쳐버렸다. 큰길로 내려온 후에야 다이애나는 책망과 부러움이 섞인 목소리로 물었다.
> "어떻게 그렇게 할 수가 있었어, 앤?"

다이애나는 자기였다면 길버트의 간절한 사과를 거절할 수 없었을 거라고 생각했다.

앤이 단호하게 말했다.

"절대로 길버트 블라이스를 용서하지 않을 거야. 필립스 선생님도 내 이름을 쓰면서 e를 빼먹었어. 내 영혼이 학대받았어, 다이애나."

창피해서
술을 마실 때의
당신에게

어린 왕자

앙투안 마리 로제 드 생텍쥐페리 | "내가 격추시킨 비행기에 생텍쥐페리가 타고 있었다. 나는 평생 죄책감에 시달렸다"고 고백한 전(前) 독일군 전투기 조종사에 관한 기사를 지난해 읽고, 나도 그와 함께 마음이 아팠다. 제2차 세계대전 때 군용기 조종사로 종군했던 그는 전쟁의 끝 무렵 정찰비행 중 마치 그의 작품 속 '어린 왕자'가 스러지듯 행방불명됐다.

헤라르트 테르보르흐 | 17세기 네덜란드 화가답게 교훈적인 풍속화들을 그리면서도 상류사회의 우아한 여성들을 소박하면서도 정교하게 그려냈다. '풍속화'라는 단어에서 연상되는 통속성에서 약간 비껴간 예민한 붓끝을 지닌 화가다. 흔히들 그의 완벽한 실내 묘법이 베르메르를 예고하고, 여성 의상의 질감 표현은 18세기 프랑스 로코코 화가 바토(Watteau)로 이어진다고 평가한다.

인용문 출처
앙투안 드 생텍쥐페리 지음, 김화영 옮김, 『어린 왕자』, 문학동네, 2007

생텍쥐페리Antoine Jean-Baptiste Marie Roger de Saint-Exupéry, 1900~44의 『어린 왕자』에 관심을 갖게 된 것은 최근의 일이었다. 얼마 전까지만 해도 나는 『어린 왕자』를 좋아하지 않았다. 아니, 호오好惡의 문제를 떠나서 식상했다. 중학교 때 이후로 곳곳에서, 나는 인용된 『어린 왕자』의 구절들과 마주쳤다.

"사막이 아름다운 건 어디엔가 샘을 감추고 있기 때문이야……"

혹은,

"그럼 비밀을 가르쳐줄게. 아주 간단한 거야. 오직 마음으로 보아야 잘 보인다는 거야. 가장 중요한 건 눈에 보이지 않아."

같은 반 친구의 연습장에서, 학교 후배의 홈페이지에서, 친구의 메신저 대화명에서. 그 문장들은 마치 "자, 나를 읽고 느껴봐, 그렇지 않으면 감수성이 메마른 사람이야"라고 말하듯 꽉 찬 감성으로 촉촉이 반짝였다. "그래서 뭐가 어떻다는 거지?" 내가 물으면 이미 그 문장에

홀딱 반한 사람들은 나를 어이없다는 듯이 바라보며 냉혈한 취급했다. 이것이야말로 '감동에의 강요'가 아닌가. 모든 사람이 다 『어린 왕자』를 읽고 감명을 받아야만 하나? 아니, 저게 옳은 이야긴 줄 누가 몰라? 왜 저렇게들 착한 척해? 삐딱한 나는 고개를 돌리고 그 문장들을 외면하면서 속으로 생각했다.

『어린 왕자』는 특히나 남자들이 좋아하는 소설이었다. 소위 '작업용 문구'로 『어린 왕자』의 구절들을 써먹는 남자들을 나는 숱하게 봐왔다. 그들이 애독하고 애송하는 구절은 어린 왕자와 사막 여우의 만남 부분이었다. '서로를 길들인다'는 것에 대한 그 유명한 정의 말이다.

"사람들은 말이야," 하고 여우가 말했다. "총을 가지고 사냥을 하지. 그건 정말 곤란한 일이야. 사람들은 또 닭도 기르지. 그들이 관심 있는 건 그것뿐이야. 너도 닭을 찾고 있는 거지?"
"아니, 난 친구들을 찾고 있어. '길들인다'는 게 뭐지?"
"그건 사람들이 너무나 잊고 있는 건데…… 그건 '관계를 맺는다'는 뜻이야." 여우가 말했다.
"관계를 맺는다고?"
"물론이지." 여우가 말했다. "넌 나에게 아직은 수없이 많은 다른 어린아이들과 조금도 다를 바 없는 한 아이에 지나지 않아. 그래서 나는 널 별로 필요로 하지 않아. 너 역시 날 필요로 하지 않고. 나도 너에게는 수없이 많은 다른 여우들과 조금도 다를 바 없는 한 마리 여우에 지나지 않지. 하지만 네가 나를 길들인다면 우리는 서로를 필요로 하게 되는 거야. 너는 내게 이 세상에서 하나밖에 없는 존재가 되는 거야. 는 네게 이 세상에서 하나밖에 없는 존재가 될 거고……"

한 인간이 또 다른 인간에게 어떻게 특별한 존재가 될 수 있는가에 대한 이 이야기는 참으로 아름답고도 신선한 것이지만, 수많은 남자들이 구애의 도구로 저 이야기를 사용하는 것을 보고 있자니 이내 지겨워졌다.

20대 후반에 『어린 왕자』에 관심을 가진 적이 있다. 순전히 그때 만나고 있던 남자친구 때문이었다. 그는 내 주변의 남자들 중 『어린 왕자』에 대해 이야기하면서 '길들임'에 대한 정의를 언급하지 않은 유일한 사람이었다. 대신 그는 '일몰(日沒)을 보는 것'에 대해 이야기했다. "나는 해가 지는 걸 바라보는 게 좋아. 어쩐지 슬프면서 가슴이 메어오거든. 『어린 왕자』 읽어봤어? 거기에 어린 왕자가 마흔네 번이나 해지는 걸 보는 이야기가 나오지."

그의 이야기가 무척이나 신선하게 들렸던 나는 당장 책을 뒤져 그 구절을 찾아보았다. 자그마한 별에 살았기 때문에 의자를 뒤로 조금만 옮겨 놓으면 언제든 보고 싶을 때 석양을 바라볼 수 있었던 어린 왕자에 대한 이야기를.

"어느 날은 해 지는 걸 마흔네 번이나 본 적도 있어."
그리고 잠시 후 다시 말을 이었지.
"그런데…… 몹시 슬플 적엔 해 지는 게 좋아져……"
"마흔네 번 본 날 그럼 넌 그렇게도 슬펐던 거야?"
그러나 어린 왕자는 대답이 없었다.

애틋하게 아름다운 이 장면은 내게 『어린 왕자』를 다시 보게 하는 계기가 되었지만, '비호감'은 결국 '호감'으로 전환되지 않았다. '해가 지는 것'에 대해 이야기해주었던 그 사람은 내가 급하게 전화를 해서 찾았던 어느 날, 내 전화를 받지 않았다. "해가 지는 것을 보고 있는 걸 방해받고 싶지 않았는데 네가 전화를 해왔다"는 것이 추후에 그가 밝힌 이유였다. 결별의 순간, 입술을 깨물며 나는 생각했다. 이런 '어린 왕자', 아니 '철딱서니 없는 왕자병 환자' 같으니라고!

내가 비로소 마음을 열고 『어린 왕자』를 좋아하게 된 것은 서른을 갓 넘긴 얼마 전부터다. 국면의 극적인 전환이라는 게 다 그렇지만, 이번 일도 그 계기는 사소했다. 회사 선배 한 분이 저녁 자리에서 만취했다. 취한 상태에서도 겸연쩍은 미소를 띠며 그는 몇 번이나 되풀이해서 말했다. "죄송해요. 저도 이런 제가 부끄러워요. 저는 제가 부끄러워서 술을 마셔요." 본인이 부끄럽다는데 뭐라고 야단칠 수도 없고……. 모두가 어이없어하는 가운데 그 자리는 마무리되었다. 다음

날 회사에서 마주친 그 선배에게 나름 질책의 눈길을 보내면서 "선배, 어제 계속 '저는 제가 부끄러워서 술을 마셔요'라고 했던 거 기억나세요?" 했더니 그는 웃으면서 답했다. "어, 내가 그랬니? 그거 『어린 왕자』 패러디야."

아, 맞아. 『어린 왕자』에 그런 구절이 있었지. 서먹하기만 했던 보아뱀과, 양과, 장미와, 여우의 장막을 뚫고 『어린 왕자』는 그렇게 내게로 왔다. 근처의 별들을 여행하기로 결심한 어린 왕자가 술꾼이 사는 별을 찾아가는 장면, 서른이 넘어 다시 읽어본 그 장면이 마음을 움직여서 나는 비로소 『어린 왕자』를 좋아하게 되었다.

"술은 왜 마셔요?" 어린 왕자가 그에게 물었다.
"잊으려고." 술꾼이 대답했다.
"뭘 잊어요?" 측은하다는 생각이 든 어린 왕자가 물었다.
"창피한 걸 잊어버리려고." 술꾼이 고개를 숙이며 마음을 털어놓았다.
"뭐가 창피한데요?" 그를 돕고 싶어진 어린 왕자가 물었다.
"술 마시는 게 창피해!" 술꾼은 이렇게 말하고 입을 다물어버렸다.
어린 왕자는 황당한 마음으로 그 별을 떠났다.
'어른들은 아무리 봐도 너무 너무 이상해!' 어린 왕자는 길을 가며 혼자 생각했다.

술이 술을 먹는 것처럼 술을 마실 때가 있다. 술을 마시고, 취하고, 해롱거리고, 비틀대면서도 계속 술을 마실 수밖에 없을 때. 취한 내 모습이 볼썽사납다는 것을 누구보다도 나 자신이 가장 잘 알고 있지만 그 추한 모습을 말짱한 정신으로 바라보는 것이 창피해서 또 술잔을 든다. 나는 왜 맑은 정신으로 나 자신과 직면하지 못하는가······. 수치심은 어린 날의 일기처럼 정면으로 파고들지만, '이 순간만은 모면하고 보자'는 약삭빠른 도피 심리가 이성理性보다 더 강한 날, '술을 마시는 게 창피해서' 마실 수밖에 없었던 수많은 날들을 돌이켜 보면서 나는 비로소 이 소설이 왜 '어른들을 위한 동화'였는지를 깨닫게 되었다.

사랑에 실패해 본 여인이라면, 네덜란드의 장르화가 테르보르흐 Gerard Terborch, 1617~81가 1665년경 그린 「편지를 든 채 술을 마시는 여인」과 같은 상황을 경험한 적이 있을 것이다. 푸른 병풍이 쳐진 고요한 방 한구석에서 우아하게 차려입은 젊은 여인이 홀짝홀짝 술을 마신다. 술잔을 든 손의 반대편 손에는 그녀가 방금 읽은 편지가 들려 있다. 멍하게 다른 생각을 하고 있는 듯한 여인의 표정으로 미루어 보아, 아마도 편지는 긍정적인 내용이 아닐 것이다. 믿었던 사랑에 대한 실망감이 그녀로 하여금 술잔을 들게 한다. 한 잔 술이 그녀의 영혼을 밝히고, 우울을 멀리 쫓아버리리라. 여자는 테이블 위의 병을 들어 술잔을 채운다. "맑고 달콤한 술은 사람의 마음을 개운하게 하지. 정도에 맞게

편지를 든 채 술을 마시는 여인_ 헤라르트 테르보르흐, 캔버스에 유채, 38.3×34cm, 1665년경, 헬싱키 핀란드 국립미술관 외국예술관

음미하며 마시기만 한다면." 네덜란드의 오래된 권주가勸酒歌를 여인은 알고 있겠지만, 고독과 불안이 그녀를 절제하지 못하게 할 것만 같다. 그림의 모델은 화가의 이복 누이인 헤시나로, 그녀 역시 이 권주가를 잘 알고 있었다. 1650년대 중반 그녀는 자신의 시집에 전도서에 기반한 이 노래의 구절을 베껴놓았다. 그녀는 1650년대 후반부터 1660년대 초반까지 아마추어 시인이자 암스테르담의 상인이었던 헨리크 요르디스와 사귀었는데, 이 관계는 1662년경 끝이 났다.

사랑을 잃은 여인은 마시고, 마시고, 또 마실 것이다. 사랑을 잃고 슬퍼하는 자신이 창피해서 마시고, 사랑을 잃고 술에 취한 자신이 창피해서 마시고, 내일이면 더 슬퍼질 자신이 창피해서 또 마시고…….

"어린 소년이었을 때의 레옹 베르트에게"라는 다정하고 진심 어린 『어린 왕자』의 헌사를 나는 감히 고쳐본다.

"창피해서 술을 마실 때의 곽아람에게"

7년을
갈고닦아,
거침없이
하이킥!

교황의 노새

알퐁스 도데 | 「별」과 「마지막 수업」으로 우리에게 잘 알려진 작가다. 그 유명한 두 편의 대표작보다는 이루지 못한 사랑 때문에 제 목숨을 끊는 젊은이의 이야기를 다룬 「아를의 여인」이라든가 자신의 뇌를 팔아가며 살아가는 「황금 뇌를 가진 사나이」의 이야기가 더 기억에 남는다. 그가 서술하는 인간사의 비애(悲哀)는 슬퍼서 더욱더 아름답다.

미켈란젤로 다 카라바조 | 빛과 어둠의 강렬한 대비를 통해 바로크 시대를 풍미한 빛의 거장. 「엠마오의 저녁식사」, 「성 마태의 소명」 등 성서의 극적인 장면을 극적인 명암 대조를 통해 사실적으로 그려냈다. 화면에서 금방이라도 뛰쳐나올 듯한 사실적인 인물들은 그 표정과 몸짓을 통해 그 어떤 언어보다도 더 호소력 있게 자신들의 존재를 증명한다.

인용문 출처
알퐁스 도데 지음, 김승욱 옮김, 「교황의 노새」, 『알퐁스 도데 대표소설선집』, 해누리, 2007

마땅히 화를 내야만 할 순간에 화를 잘 내는 사람을 보면 참 부럽다. 나는 화를 잘 내지 못한다. 착한 아이 콤플렉스 때문일 것이다. 내가 화를 내면 상대가 기분이 나쁠 테고, 나를 싫어하게 될 것이라는 데 대한 두려움 말이다. 나는 타인과 사이가 나빠지는 것을 유난히 견디지 못하는 편이다. 남이 나를 싫어한다는 사실도 견디지 못한다. 그래서 대개 참는다. 누가 봐도 상대가 잘못했고, 내가 억울하게 당한 경우에도 참는다. 상대가 나보다 윗사람일 때도, 아랫사람일 때도 마찬가지다. 대신 한 번이라도 내게 모욕을 준 사람은 절대로 잊지 않는다. 생각날 때마다 마음속으로 곱씹으며 복수의 칼날을 간다. 물론 효과적인 복수를 한 적은 아직까지 단 한 번도 없다. 이렇게 두고두고 안 좋은 감정을 되새기며 기분이 나빠질 바에야 크게 화를 내고 잊어버리는 게 더 나을지도 모르겠다. 잔뜩 부풀어 오른 화를 참은 채 퇴근한 날이면, 거울을 보고 혼자 연습을 한다. 아까 상대에게 하고 싶었던 말들, 아까 상대에게 했어야만 하는 말들, 아까 상대에게 하지 못했던 말들…….

화내는 일에 서투른 내가, 직장생활 7년차에 접어든 후부터 부쩍 자주 떠올리는 소설이 한 편 있다. 알퐁스 도데(Alphonse Daudet, 1840~97)의 단편 「교황의 노새」다.

7대에 걸친 교황들이 로마에서 쫓겨나 프랑스에 머물렀던 '아비뇽 유수' 시절에, 보니파스(알퐁스 도데가 가상으로 창조해낸 인물. 이런 이름의 교황은 실제로는 존재하지 않았다)라는 이름의 상냥하고 다정한 교황이 한 분 계셨단다. 기품 있는 이 교황이 세상에서 가장 아꼈던 것은 달콤한 포도주를 생산해냈던 그의 포도밭이었고, 포도밭 다음으로 사랑했던 것이 그의 귀여운 암노새였다. 교황은 이 노새를 얼마나 사랑했던지, 매일 저녁 잠자리에 들기 전에 외양간으로 가서 여물통에 먹이가 가득 들어 있는지 확인했다. 그리고 설탕과 향료가 듬뿍 든 커다란 사발에 든 포도주를 가져오게 하여 추기경들의 온갖 잔소리를 무릅쓰고 이것을 노새에게 가져다 주었다.

> 그녀는 검은색 바탕에 빨간색 얼룩점이 있는 아름다운 노새였으며, 발걸음이 흔들리는 법이 없었고, 털에서는 윤기가 흘렀으며, 등은 알차고 널찍했습니다. 그녀는 장식용 술, 매듭, 활, 은종 등으로 장식된 잘생긴 작은 머리를 자랑스럽게 쳐들고 돌아다녔습니다.
> 여기에 덧붙여서 그녀는 천사처럼 상냥했으며, 솔직하게 보이는 눈과 항상 펄럭이듯 움직이는 기다란 귀를 갖고 있어서 아주 착하게 보였습니다.

권력자의 총애를 받는 인물은 대개 시기와 질투, 그리고 음모의 대상이 되게 마련이다. '교황의 노새'도 예외는 아니었다. 아비뇽의 젊은

이들 중 알아주는 불량배였던 티스테 베덴은 노새를 타고 산책하는 교황에게 다가가 노새를 극찬하며 교황의 환심을 산다. 이 결과 귀족의 아들들이나 추기경의 조카들만 들어갈 수 있는 교황의 성가대 학교에 들어가게 된 티스테는 마침내 교황의 허락을 얻어 노새의 외양간을 돌보고 향료를 넣은 포도주를 노새에게 가져가는 일을 맡게 된다. 레드 카펫만 밟아온 노새에게 불행이 다가온 것은 이때부터다.

사악한 티스테와 그 친구들은 향기가 폴폴 나는 포도주 그릇을 노새의 바로 앞까지 가져와 냄새만 잔뜩 맡도록 한 후 자기들끼리 그 포도주를 한 방울도 남김없이 마셔버렸다. 그리고 술 취한 그들은 작은 악마들처럼 노새의 귀와 꼬리를 잡아당기고, 등에 올라탄 후 모자를 뒤집어씌워 눈을 가리는 등 갖은 짓궂은 장난으로 노새를 괴롭혔다. 발굽이 근질거렸지만 기품 있는 노새는 참았다. 그러나 어느 날 도무지 참을 수 없는 일이 그녀에게 일어났다. 간교한 티스테가 한 시간 동안 나선형 계단을 돌고 돌아 종탑 꼭대기까지 노새를 끌고 올라간 것. 놀라서 발코니로 뛰어나온 교황에게 티스테는 거짓 눈물을 흘리며 말했다. "교황님의 노새가 종탑으로 올라갔어요! 혼자서 말이에요. 정신이 어떻게 된 게 틀림없어요! 자살을 하려는 것 같아요. 빨리 내려와, 이 멍청한 짐승아!"

이 절체절명의 위기를 노새는 어떻게 견뎌냈을까? 알퐁스 도데는 당시 노새의 심리를 이렇게 묘사한다.

불쌍한 노새는 절망에 빠져 서성거렸습니다. 그리고 커다란 눈이 어지럼증 때문에 흐릿해진 채 고약한 티스테 베덴을 생각했습니다.

"오, 저 악당! 내가 여기서 살아나게 되면 내일 아침에 저 놈을 힘껏 차줄 테다!"

티스테를 걷어찰 생각을 하니 조금 용기를 되찾을 수 있었습니다. 그 생각이 아니었더라면 노새는 버티지 못했을 겁니다.

기중기와 밧줄, 들것이 동원되고 노새는 아래로 내려온다. 전 아비뇽 사람들이 지켜보는 가운데 허공에서 다리를 허우적대며 끌려 내려오는 창피를 당한 노새는 그날 밤 한 숨도 자지 못하며 다음 날 아침 티스테 베덴에게 안겨줄 "아름다운 발길질"에 대해 생각하지만, 잔꾀 많은 티스테는 노새를 구출한 공을 인정받아 다음날 나폴리 궁정으로 고등 교육을 받기 위해 떠나버린다. 노새는 생각한다. "좋아, 두고 봐, 이 악당놈! 네가 돌아왔을 때 발길질을 해줄 테니. 널 위해서 발길질을 간직해 두마!"

인고忍苦의 나날들이 시작된다. 아비뇽 사람들은 한 번 웃음거리가 된 노새 곁을 지나갈 때마다 킬킬댔고, 착한 교황도 혹시 졸다가 종탑 꼭대기에 올라가게 될까 봐 예전처럼 노새를 믿지 않았다. 그러나 노새는 이 모든 것을 알면서 조용히 견뎠다. 자기 앞에서 티스테의 이름이 언급될 때마다 잔웃음을 띠며 길바닥의 포장용 자갈에 발굽을 날카롭게 갈기만 할 뿐이었다.

그리고 7년이 흘러갔다. 나폴리에서의 교육을 마친 티스테 베덴이 교황의 최측근이 되어 금의환향한다. 교황과 함께 포도밭을 둘러보기로 한 티스테가 샛노란색 코트로 한껏 차려입고 나타나 노새의 등을 다정하게 두드리자 노새는 마침내 분노를 폭발시킨다.

"자! 이걸 받아라, 이 악당아! 7년 동안 오늘을 기다리고 있었다!"
이때 노새의 발길질은 정말 너무나 무서운 것이어서 멀리 있는 팡페리구스뜨에서도 그 발길질이 일으킨 연기를 볼 수 있었습니다. 허공에서 팔랑거리는 따오기 깃털 하나를 감싸고 있던 그 거대한 노란색 연기 구름은 바로 불행한 티스테 베덴이었습니다.

알퐁스 도데가 프로방스의 풍차방앗간에 머물며 써내려간 연작소설집 『방앗간 소식』을 읽은 것은 초등학교 6학년 때였다. 나 자신의 취향이 고상함, 우아함과는 거리가 멀다는 사실을 고백하는 건 다소 부끄러운 일이지만, 가장 인상 깊었던 작품은 망국亡國의 비운을 비장하게 그린 「마지막 수업」도, 목동의 사랑 이야기가 섬세한 레이스 커튼처럼 펼쳐지는 「별」도 아니었다. 프랑스판 와신상담臥薪嘗膽이라고 할 수 있는 「교황의 노새」였다.

복수는 한꺼번에 몰아서 하는 거구나, 어린 나는 생각했다. 누군가에게 화가 날 때마다 최후의 일격은 7년 만에 가하는 것이니 일단 참자고 습관적으로 생각해왔던 것은 이 작품의 내용이 나도 모르게 어리고 연한 뇌에 깊숙이 각인되었기 때문일 것이다.

나도, 7년 동안 발길질을 참아온 교황의 노새 같은 사람인데⋯⋯. 무능하다고 무시당했을 때, 회사에서 내가 원하는 일을 주지 않았을 때, 계속 한직으로 돌고 있다는 이유로 나도 모르게 자격지심과 피해의식이 생길 때, 7년차 직장인인 나는 「교황의 노새」를 생각하며 다시 한 번 마음을 다잡는다. 언젠가는 멋지게 한 방 날려 주리라⋯⋯. 한때 평온했던 시절의 그 노새처럼 세상물정 모르고 순진했던 나도 이제 세상사에 닳고 닳아 복수와 집념이라는 것을 알게 되어버렸다. 7년 동안 갈고닦은 내 뒷발길질이 어떤 방식으로 이 세상에 '거침없이 하이킥'을 날릴지는 아직 나 자신조차도 잘 모르지만 말이다.

카라바조Michelangelo da Caravaggio, 1573~1610의 1601년 작 「성 바울의 개종」을 좋아하는 것은 이 작품을 보면 「교황의 노새」가 떠오르기 때문이다.

성 바울은 예수의 12사도 중 한 사람으로 불리지만 단 한 번도 예수를 만난 적이 없다. 그의 원래 이름은 사울로, 유대인이면서 로마 시민이었던 그는 기독교인들을 섬멸하는 임무를 맡고 있었다.

카라바조의 그림은 성경에 기록된 사울의 개종 순간을 그린 것이다. 기독교인들을 잡아들이려 다마스커스로 가던 사울은 갑자기 쏟아

성 바울의 개종 _ 미켈란젤로 다 카라바조, 캔버스에 유채, 230×175cm, 1601, 로마 산타마리아 델 포폴로

지는 강렬한 빛에 눈이 멀게 되고, 그 순간 "사울, 사울, 어찌하여 나를 박해하느냐"라고 되묻는 목소리를 듣게 된다. "주여, 뉘시오니까"라고 되묻는 사울에게 목소리는 다음과 같이 대답한다. "나는 네가 핍박하는 예수니라." 사울은 사흘 동안 눈이 멀었다가 다시 앞을 볼 수 있게 되는데, 이후 독실한 기독교도가 되어 바울로 이름을 바꾸고 남은 생을 기독교 전도에 이바지한다. '빛과 어둠의 화가'로 불리는 바로크의 거장 카라바조는 이 극적인 순간을 강렬한 명암 대비를 이용해 실감나게 그려냈다.

쏟아지는 빛 때문에 장님이 된 사울이 말에서 떨어졌다. 그의 머리 곁에 뒤집힌 채 떨어져 있는 헬멧의 속이 보인다. 붉은 망토 위에 장검이 놓여 있다. 그와 동행했던 노인은 사울이 갑자기 낙마한 데 놀라서 말을 달래려 하고 있다. 그림의 말 역시 기적에 반응하고 있다. 말은 관람자의 시선을 끌면서 사울로부터 고요히 성큼성큼 멀어져간다.

사울은 눈을 감고, 양팔을 벌린 채 기적에 감응하고 있다. 그런데 명색이 천주교 신자인 나는 장엄한 이 장면을 볼 때마다 감명을 받기는커녕 7년간 자신을 별러온 노새 뒷발굽에 채인 티스테 베덴을 생각하곤 한다. 걸음을 옮기기 위해 들어 올린 말의 앞다리 발굽 끝이 자빠져 있는 사울의 몸 위를 향하고 있어서, 그림의 주인공이 꼭 말에 채여 넘어진 것처럼 보이기 때문이다. 「교황의 노새」에 삽화로 쓰면 참 좋을 텐데……. 거장 카라바조는 과연 내 생각에 동의할까?

도데는 유머러스하면서도 교훈적인 이 이야기를 다음과 같이 끝맺는다.

> 노새의 발길질은 보통 사람을 연기로 변하게 만들 정도로 강력하지 않습니다. 하지만 이 노새는 교황의 노새였습니다. 게다가 7년 동안이나 발길질을 참고 있었다는 사실을 잊어서는 안 됩니다. 교회가 원한을 품으면 얼마나 무서워지는지, 이보다 더 완벽하게 보여주는 예는 없을 것입니다.

그 후 프로방스의 농부들은 복수심과 앙심을 품고 있는 사람을 두고 이렇게 말한다고 한다. "그 사람을 조심해! 그 사람은 7년 동안 발길질을 참아온 교황의 노새 같은 사람이야." 언젠가 내 주변 사람들도 그런 이야기를 할지 모르겠다. "그 사람을 조심해! 그 사람은 7년 동안 발길질을 참아온 곽아람 같은 사람이야." 그렇게만 된다면 얼마나 통쾌할까. '아름다운 발길질'을 꿈꾸며 나는 공상에 잠기곤 한다.

> 티스테 베덴은 아주 행복한 기분으로 커다란 홀에서 나왔습니다. 그가 그 다음날의 의식을 얼마나 애타게 기다려왔는지는 굳이 설명할 필요도 없을 것입니다. 하지만 궁전 안에는 티스테보다 더 행복한 기분으로 그 다음날을 애타게 기다리는 것이 있었습니다.
> 바로 그 노새였습니다. 베덴이 돌아온 순간부터 다음날 저녁기도 시간까

지 이 무서운 짐승은 한시도 쉬지 않고 귀리를 먹어대며 자기 뒤에 있는 벽에 발길질을 해댔습니다. 노새 역시 다음날의 의식을 위해 준비를 하고 있었던 것입니다.

조그만
시골 마을에서도
살인은
벌어진다

열세 가지
수수께끼

● **애거사 크리스티** | 자타가 공인하는 '추리소설의 여왕'. 추리문학 발전에 기여한 공로로 1971년 엘리자베스 여왕으로부터 데임(Dame) 작위까지 받았다. 제1차 세계대전 때 간호사로 일한 경험 덕에 약물에 대한 풍부한 지식을 갖추게 되었고, 그 지식을 자신의 작품에 백방으로 활용했다.

● **안나 도로테아 테르부슈** | 폴란드계 독일인이다. 종교적이고 신화적인 주제의 그림들과, 수많은 초상화들을 주문제작했다. 그와 함께 많은 자화상들을 남겼다. 당시로서는 드물게 남성의 영역에서 억세게 활동했던 여성으로서 굉장히 강한 자의식을 지녔나 보다. 18세기 독일의 나혜석쯤으로 생각하면 된다고 할까. 파스텔 작품과 드로잉을 포함해 200여 작품이 남아 있다.

● **인용문 출처**
애거사 크리스티 지음, 이은선 옮김, 『열세 가지 수수께끼』, 황금가지, 2009

처음 겪어보는 직장생활이 너무나도 버거웠던 수습기자 때의 일이다. 힘겨운 마음을 이기지 못해 집으로 전화를 걸었다. 그날따라 언제나 응석을 받아주는 어머니 대신 엄격한 아버지가 전화를 받았다. 잘못 걸린 전화인 양 전화를 끊고 싶었지만 타이밍을 놓쳤다. 하는 수 없이 나는 말했다. "힘들어요." 아버지가 물었다. "뭐가?" 나는 대답했다. "세상이 너무나도 비합리적이에요. 학교에서 배운 것과 너무 달라요. 나쁜 사람들도, 비상식적인 사람들도 너무 많아요." 잠깐을 생각하는 듯하더니 아버지가 말했다. "관찰해. 한 발짝 물러서서 다른 사람들이 어떻게 살아가는지 지켜본다고 생각하면 마음이 편해진다. 너 '마플 양' 좋아하잖아. 너 자신을 뜨개질하면서 창밖에서 벌어지는 온갖 일을 바라보았던 마플이라고 생각하면서 관찰해. 마플이 말하지? 한적하고 조그마한 시골 마을에서도 살인은 벌어지게 마련이라고. 회사도 마찬가지야. 결국 사회의 축소판이다."

문학작품을 예로 들어 교훈을 늘어놓는 것은 아버지의 말버릇이었지만 추리소설까지 등장할 줄은 정말 몰랐다. 어쨌든 아버지의 그 말은 의외로 마음의 짐을 더는 데 효과가 있었다. 나는 그때부터 나 자신을 '마플 양'이라고 생각했다. 이 사회에서 벌어지는 갖가지 악행들을 최전선에서 최대한 많이 관찰하고 기록하기로 결심했다. 경찰서를 제집 드나들 듯 하는 수습기자는 '마플 양 놀이'를 하기에 제격인 직업이었다. 평화로워 보이는 자그마한 동네에서도 매일 살인이 벌어지고, 누군가 목숨을 끊었다. 언젠가는 나도 마플 같은 탐정이 될 수 있지 않을까? 공상을 하다 보면 시간은 잘도 갔다. 수습기간 6개월을 버텨낼 수 있었던 것은 8할이 마플 양의 힘이다.

 '마플 양Miss Marple'은 '추리소설의 여왕'으로 불리는 영국 작가 애거사 크리스티Agatha Mary Clarissa Christie, 1890~1976의 작품에 등장하는 할머니 탐정이다. 풀네임은 제인 마플, 독신이기 때문에 '마플 양'으로 불린다. 은발에 반짝이는 푸른 눈, 빅토리아 시대의 엄격한 가정교육을 받아 의자에 앉을 때도 절대 등받이에 등을 기대지 않는다는 이 우아하고 영민한 노부인을 나는 애거사 크리스티의 작품에 등장하는 탐정들 중 가장 좋아했다. 벨기에 출신의 명탐정 에르퀼 푸아로는 그 결벽증적인 성격이 마음에 들지 않았고, 올리버 부인은 수다스러워서, 신비스러운 사나이 할리 퀸은 현실감이 없어서 싫었다.

 추리소설을 워낙 좋아하는 어머니의 영향으로 초등학교 고학년 무렵부터 해문출판사에서 나온 애거사 크리스티 전집을 읽었다. 어머니가 사 오는 것을 읽다가, 나중엔 용돈을 털어 당시 한 권에 1,500원 했던 낱권을 직접 사들이기 시작해서는 결국 출간된 80권을 모두 모으는 지경에까지 이르렀다. 새로운 작품을 읽을 때마다 부모님과 나는 자신이 어떤 방법으로 범인을 알아맞혔는지를 경쟁하듯 이야기하곤 했다. 마플 양은 『목사관 살인사건』, 『잠자는 살인』, 『복수의 여신』을 비롯한 여러 작품에 등장하는데 그중 가장 기억에 남는 작품은 『열세 가지 수수께끼』다. 13편의 단편을 묶은 이 작품집을 나는 어릴 때 『화요일 클럽의 살인』이란 제목의 해문출판사 판으로 처음 읽었다. 애거사 크리스티 스스로가 꼽은 베스트 10에 단편집으로는 유일하게 속해 있는 작품이다.

세인트 메어리 미드라는 작은 마을에 사는 전(前) 경찰, 변호사, 목사, 작가, 화가, 그리고 작가의 이모이자 평생을 마을에서 한 발짝도 나가 보지 못한 노처녀 마플 양이 등장인물이다. 이들은 매주 화요일 밤마다 모여 돌아가면서 각각 자신이 알고 있는 범죄에 대한 이야기를 하고, 범인이 밝혀지기 전에 각자 순서대로 범인을 알아맞히는 게임을 한다. 이 복잡한 두뇌 게임의 승자는 언제나 조용히 앉아서 뜨개질을 하고 있는 마플 양이다. 그녀는 항상 마을에서 일어났던 유사한 사건들에 비추어 답을 이끌어내는데, 세상 경험 없어 보이는 이 노부인의 지혜에 놀라움을 금치 못하는 사람들에게 마플 양은 입버릇처럼 이야기한다.

"시골에도 끔찍한 일들이 얼마나 많은지 몰라. 너희처럼 젊은 사람들은 부디 이 세상이 얼마나 끔찍한 곳인지 모르고 살아야 할 텐데."

혹은,

"인간의 본성이란 세상 어디서든지 마찬가지란다. 물론 시골에 살면 자세히 관찰할 수 있는 기회가 많기는 하지만."

오랫동안 병석에 누워 있으면서 각성제로 탄산암모늄 냄새를 맡곤 하던 신경질적인 여자가 어느 날 침대에서 시체로 발견된다. 죽기 얼마 전 여자는 "파란색 달맞이꽃은 경고를, 파란색 접시꽃은 위험을, 파란색 제라늄은 죽음을 뜻한다"는 내용의 편지를 받았다. 여자가 죽기 며칠 전부터 벽지의 분홍 달맞이꽃과 빨간 접시꽃이 파란색으로 변하더니, 여자가 죽은 날에는 마침내 붉은 제라늄마저 선명한 푸른빛으로 변해 있다. 이 수수께끼같은 사건의 용의자로는 여자의 남편이 의심받지만, 사실 범인은 죽은 여자를 담당했던 간호사라는 사실을 마플 양은 밝혀낸다. 이 책에 실린 단편 중 트릭과 플롯의 독창성이 뛰어나 내가 가장 좋아했던 「파란색 제라늄」의 내용이다.

마플 양은 말한다.

"간호사들은 항상 리트머스 종이를 지니고 다니거든요. 그러니까 음, 검사용으로 말이지요. 거북한 주제니까 이 부분은 건너뛸게요. 나도 잠깐 간호사로 일한 경험이 있답니다."

마플 양의 얼굴이 살짝 붉어졌다.

"파란색 리트머스 종이는 산과 만나면 붉은색이 되고, 붉은색 리트머스 종이는 염기와 만나면 파란색이 되지요. 빨간색 꽃 위에 붉은색 리트머스 종이를 붙이는 것쯤은 식은 죽 먹기 아니었겠어요? 물론 침대에서 가까운 꽃을 골라서 말이지요. 그런데 이 가엾은 부인이 방향 각성제를 들이마실 때마다 독한 암모니아 연기가 흘러나와서 붉은색 리트머스 종이를 파랗게 만든 거랍니다. 정말 교묘한 수법이었지요. 물론 제라늄이 처음부터 파랗게 변해 있지는 않았을 거예요. 방문을 열고 잠시 뒤까지 아무도 제라늄 색깔에는 신경을 쓰지 않았겠죠. 간호사가 각성제의 내용물을 바꾸면서 염화암모늄을 벽지 근처에 대고 있지 않았을까 싶군요."

마플 양은 피해자에게 온 우편물에 적혀 있던 꽃들의 꽃말을 해석해 범인을 찾아내고, 음탕하고 교활한 남자가 젊고 예쁜 처녀를 그냥 두지 않으리라는 사실에 주목해 추리를 펼치며, 정원사들이 성신강림절이 지난 첫째 월요일에는 일하지 않는다는 사실을 단서로 사건을 해결하기도 한다.

인간에 대한 통찰력과 오랜 세월 동안 얻은 삶의 지혜가 마플 양의 비기秘技인 셈인데, 더 많은 이야기들을 소개하고 싶지만 트릭을 밝히면 스포일러가 되어 이 책을 읽고 싶은 독자들을 분노하게 할까 봐 책 내용에 대한 이야기는 여기서 그치겠다.

오랫동안 나는 애거사 크리스티가 자기 자신을 모델로 마플 양을 창조했다고 생각해왔다. 그것이 아니라는 것을 알게 된 것은 지난해 9월, 영국 『데일리텔레그래프』 신문 인터넷 판에 실린 기사를 통해서다. 기사에 따르자면 크리스티의 외손자인 매슈 프리처드는 크리스티가 살았던 데번 주(州) 저택의 창고를 청소하다가 먼지투성이 상자에서 외할머니의 육성이 담긴 30분 분량의 테이프 27개를 발견했다. 1960년대에 자서전을 쓰기 위해 구식 녹음기를 사용해 혼자 직접 녹음한 이 테이프에서 크리스티는 "품위 있는 탐정 '제인 마플'은 내 할머니를 모델로 해 만들어냈다"면서 "마플 양이 결코 내 할머니의 화신(化身)이라고는 할 수 없지만 두 사람이 중요한 특색을 공유하고 있다"고 말했다. 크리스티는 또 "할머니는 굉장히 명랑한 분이었지만 언제나 모든 사람과 사물의 가장 나쁜 면을 추측하곤 했는데 무서울 정도로 정확하게 자신이 옳다는 것을 밝혀내곤 했다"면서 "할머니는 종종 '만일 여차여차한 일이 일어나더라도 절대 놀라지 않을 것'이라고 말하곤 했고, 전혀 근거가 없어 보이던 할머니의 추측은 꼭 사실로 밝혀졌다"고 이야기했다.

마침 기삿거리가 없던 참이라 이 기사를 번역해 쓰기로 한 나는, 『데일리텔레그래프』 홈페이지에 올라와 있던 오디오 링크를 통해 외손자가 발견한 테이프에 담겨 있던 애거사 크리스티의 육성을 처음 들었다. 느릿느릿하면서 허스키한 그 목소리는 '추리소설의 여왕'의 그것답게 신비스러우면서도 음산하게 들렸다.

마플 양은 대체 어떤 모습일까? 나는 오랫동안 궁금해했다. 마플 양이 등장한 작품들이 각종 영화와 TV 드라마로 만들어졌지만, 내가 상상했던 마플 양의 품위 있는 이미지와는 동떨어져서 여러 번 실망했다.

지난해 겨울 독일 출장을 갔다가 베를린 국립회화관에 들렀다. 그곳에서 우연히 마주친 한 점의 그림이 내가 생각해왔던 마플 양의 이미지와 꼭 맞아떨어져서 발길을 멈추게 했다.

은은한 연녹색 비단 드레스를 입고 은발에 베일을 쓴 노부인이 화면 밖을 바라보고 있다. 한 손에는 책을 들고, 등받이에서 등을 뗀 당당한 자세다. 노부인이 끼고 있는 외눈 안경 속에서 영리한 푸른 눈동자가 반짝인다. 지적이면서도 기품 있는 모습이 영락없는 마플 양이라고 생각하면서 그림 아래 붙어 있는 화가의 이름과 제목을 읽어보았다.

안나 도로테아 테르부슈Anna Dorothea Therbusch, 1721~82라는 독일 화가가 1777년경 그린 자화상이었다. 18세기 유럽에서 노년에 접어든 자신의 모습을 당당하게 그려낸 여자 화가가 대체 누구인지 궁금해 한국에 돌아온 뒤 그녀에 대해 찾아보았다.

베를린 출신의 안나 도로테아 테르부슈는 초상화가였던 아버지로부터 그림을 배웠다. 신동 소리를 듣던 안나는 여관을 경영하던 남편

자화상_ 안나 도로테아 테르부슈, 캔버스에 유채, 153.5×118cm, 1777, 베를린 국립회화관

과 결혼하면서 그림을 포기했다가 1760년경 가족을 저버리고 예술의 길로 돌아선다. 슈투트가르트에서 그림을 다시 시작한 그녀는 1765년 파리로 떠나 아카데미 회원이 되지만, 재정난에 시달리다가 1769년 다시 베를린으로 돌아온다. 화가로서 그녀의 삶이 꽃피기 시작한 것은 그때부터였다. 그녀는 프로이센에서 최고로 인정받는 화가가 된다. 프리드리히 2세의 초상화가로서 상수시의 새 궁전을 신화적인 장면들로 뒤덮었고, 러시아의 여황제 예카테리나 2세를 위해 프로이센 왕족 8명의 초상화를 그려 단 한 번도 러시아에 간 적이 없음에도 불구, 그곳에서 뜨거운 인기를 얻기도 했다. 괴테를 비롯한 여러 예술가들과 친분을 쌓았던 그녀는 베를린에서 예순한 살을 일기로 세상을 떠났다.

그림 속 노부인의 손에 뜨갯거리를 쥐여주면 어떨까, 하고 나는 생각했다. 책 대신 뜨개바늘을 쥐고 있더라도 노부인의 품위는 조금도 손상되지 않을 것처럼 보인다. 살인사건과 맞닥뜨려서도 "숙녀는 비탄에 잠겨 있다 하더라도 여러 사람 앞에서는 언제나 자신을 억제할 수 있어야 한다"는 어머니의 가르침을 떠올리고 평정을 잃지 않는 이 빅토리아풍의 고상한 노부인 '마플 양'을 크리스티는 다음과 같이 묘사했다.

> 마플 양은 허리 주변이 꼭 끼는 검은색 비단 드레스를 입고 있었다. 가슴 부분에 폭포 모양의 얇은 망사 레이스가 달린 드레스였다. 그녀의 손에는

검은색 레이스 장갑이. 높다랗게 올린 새하얀 머리 위에는 검은색 레이스 캡이 씌워져 있었다. 마플 양은 하얗고 부드럽고 폭신폭신한 실로 뜨개질을 하다 말고 다정하고 인정 많게 생긴 하늘색 눈을 들어 조카와 조카가 데리고 온 손님들을 즐겁게 훑어보았다.

달님이
내게 들려준
이야기

그림 없는
그림책

한스 크리스티안 안데르센 | 덴마크 코펜하겐 항구에는 '인어공주' 동상이 있다. 사랑을 위해 목소리를 버리고 공기의 정(精)이 되어버린 애달픈 인어 아가씨의 이야기를 만들어낸 작가를 기리기 위해서다. '동화의 아버지' 안데르센은 사랑했던 여인에게 거절당하고 평생을 독신으로 살았다. 세계적으로 명성을 떨쳤으나 평생 외로웠던, 대단한 이야기꾼의 진솔한 이야기들이 우리를 울린다.

마르크 샤갈 | 유대인으로 나치로부터 박해를 받자 미국으로 망명했다. 그래도 그림 속에서는 행복하고자 했다. 중력을 거슬러 하늘을 나는 사람들을 그렸다. 그 사람들 중에는 화가 자신과 화가가 그토록 사랑했던 아내 벨라도 있다. 아름다운 동화(童話)들이 쏟아져 나올 것만 같은 그림들로 어쩌면 화가는 자신을 위로하고자 했는지도 모른다.

인용문 출처
한스 크리스티안 안데르센 지음, 김영롱 옮김, 『그림 없는 그림책』, 인디북, 2007
이백 지음, 이병한 · 이영주 공편, 「정야사靜夜思」, 『당시선唐詩選』, 서울대학교 출판부, 2001

일 년에 한 번 서울의 밤하늘을 주의 깊게 바라본다. 추석 때다. 고층 빌딩들에 의해 조각난 비좁은 하늘을 비집고 나온 듯한 보름달을 쳐다보면서 이백李白의 「정야사靜夜思」를 읊어본다.

牀前看月光 침상 머리 밝은 달빛
疑是地上霜 땅 위에 내린 서리인가 하였네
擧頭望山月 고개 들어 산마루에 걸린 달 쳐다보다
低頭思故鄕 고개 숙여 고향을 생각하네

고향을 떠난 자들은 왜 꼭 달을 보며 고향을 그리는 것일까. 나는 아득한 당唐의 시인에서, 19세기 덴마크의 동화 작가에게로 생각을 옮겨간다. 서울의 달을 바라볼 때마다 안데르센Hans Christian Andersen, 1805~75의 단편동화집 『그림 없는 그림책』의 첫머리를 생각했다.

어느 날 저녁 우울한 맘에 창가에 서서 창밖을 바라보았지요. 아, 얼마나 기쁘던지! 낯익은 얼굴을 본 거예요. 둥그렇고 다정한 얼굴, 머나먼 고향에서부터 줄곧 바라본 가장 친한 친구의 얼굴을 말이에요. 바로 달님이었지요. 목초지와 늪지 사이에서 나를 굽어보던 바로 그 모습 그대로 변함없는, 오랜 친구 달님이었지요.

    초등학교 때 읽은 금성출판사의 '소년소녀 한국문학/현대문학 중·장편' 전집에서 특히나 즐겨 읽었던 이영희의 『달 속의 푸른 바람』에, 시골 외가에서 서울 어머니 집으로 갓 올라온 주인공이 낯설어 잠을 뒤척이다가 창으로 스며드는 달빛에서 『그림 없는 그림책』의 위 구절을 떠올리고는 비로소 마음을 놓는 장면이 나온다. 집을 떠난 후 오래도록 집이 그리울 때면 『그림 없는 그림책』을 생각했다. 고향집 창문을 들여다보는 동시에 서울의 좁은 골목, 잿빛 굴뚝들 사이로 얼굴을 내밀고 있을 달님을. 그리고 가난한 시골 구두장이의 아들로 태어나 세상을 쩌렁쩌렁 울리는 이야기꾼이 된 한스 크리스티안 안데르센을.

    안데르센의 1840년 작인 『그림 없는 그림책』의 주인공은 낯선 대도시의 다락방에서 살아가는 가난한 화가다. 향수鄕愁에 젖어 있는 이 화가에게 어느 날 달님이 찾아와 자신이 온 세계를 비추며 보고 들은 것들을 들려주기 시작한다. 화가는 서른세 밤 동안 달님이 들려준 이야기들을 하나하나 종이 위에 그려간다. 이 책의 이야기들은 달님이 들려준 이야기들을 화가가 다시 그림으로 그린 것인 셈이다. 일종의 연작 동화인 이 책의 제목이 『그림 없는 그림책』인 것은 그 때문이다.

    달님은 인도의 갠지스 강가를, 시골집의 작은 마당에서 놀고 있는 아이들을, 프랑스혁명 중의 파리를, 작가들의 책을 품평하고 있는 독일의 신문사를, 관객들의 야유를 견디다 못해 자살한 배우의 운구마차를 비춘다. 달님이 들려주는 이야기들은 때로는 모네의 풍경화처럼 서정적이고, 때로는 르누아르의 인물화처럼 따스하다가, 때로는 다비드의 역사화처럼 냉혹해진다.

어린 시절 나는 「인어공주」라든가 「성냥팔이 소녀」 같은 안데르센의 다른 동화들보다 이 책을 훨씬 더 좋아했다. 그림은 없지만 대신 머릿속에 그림이 그려지도록 하는 세밀한 묘사가, 꿈과 환상보다는 현실과 사실에 초점을 맞춘 안데르센의 이야기 방식이 마음에 들었다.

가장 좋아했던 이야기는 소식이 끊어진 연인의 생사$_{生死}$를 알기 위해 갠지스 강에 등불을 띄우는 힌두 처녀의 이야기였다. "영양처럼 날렵하고 이브처럼 아름다운" 이 처녀는 "기다란 비단실 같은" 속눈썹을 한 채 근심어린 눈길로 강물에 띄운 등불을 주시한다. 달님은 이야기한다.

> 등불이 더 이상 보이지 않을 때까지 꺼지지 않고 내려간다면, 사랑하는 이가 아직 살아 있다는 징표라는 것을 이 힌두 처녀는 알고 있었던 거지. 만일 등불이 꺼지면 사랑하는 이가 죽은 것이고 말이야. 그런데 등불은 위태위태하게 계속 타고 있었고, 이 힌두 처녀의 가슴도 그처럼 타들어가며 심하게 떨리고 있었어. 그녀는 무릎을 꿇고 기도를 했어. 바로 그녀 옆의 풀

숲에는 음산한 뱀 한 마리가 도사리고 있었는데도 개의치 않았어. 오직 브라마의 세계와 사랑하는 약혼자 생각만을 하고 있었던 거야.

"그이가 살아 있다!"

기쁨에 넘쳐 그녀가 소리를 질렀지. 그러자 산에서 메아리가 울려 왔어.

"그이가 살아 있다!"

나는 후텁지근한 열기가 채 가시지 않은 인도의 밤을 상상했다. 시커먼 강물 위에 은실처럼 내려쬐는 달빛도, 가녀린 손가락에 피가 묻어 있었다는 까무잡잡한 인도의 처녀도. 나는 조마조마한 마음으로 제발 등불이 꺼지지 않기를 바라면서 이야기를 읽어 내려갔다. "그이가 살아 있다!" 아마도 내가 알아들을 수 없는 힌두의 말로 처녀는 외쳤을 것이다. 간절한 염원을 담은 그 말이 내 귀를 뚫고, 뇌를 공명시켰다. 매년 가을 열리는 고향의 유등流燈 축제 때마다 나는 강물 위를 떠다니는 오색 등불을 바라보며 마음속으로 외쳐보곤 했다. "그이가 살아 있다!"

어느 날 밤 달님은 파리 루브르 궁전의 작은 방을 들여다본다. 남루한 행색의 할머니가 시종을 따라 커다란 옥좌가 있는 방으로 들어간다. 할머니가 옥좌를 가리키며 말한다. "그래, 내 손자가 여기서 죽었어!" 1830년 7월혁명 때 혁명군 속에서 용감히 싸웠던 어린 소년이 옥좌가 있던 방에서 총검에 찔려 쓰러진다. 사람들은 소년을 왕좌에 누이고 왕좌를 덮은 벨벳을 찢어 상처를 동여맸다. 달님은 말한다.

> 그 장면을 한 번 상상해 보렴! 화려한 궁전의 홀, 전투하는 무리! 왕궁의 깃발은 찢겨 땅바닥에 놓여 있고, 자유, 평등, 박애의 삼색기가 총검에 휘날리고, 옥좌 위의 소년은 핏기 없는 창백한 얼굴로 하늘을 응시한 채 사지가 죽음의 고통에 뒤틀리고, 그의 드러난 가슴과 남루한 옷은 은빛 백합으로 수놓아진 왕의 고급스런 벨벳으로 덮여 있는 모습을 말이야. 소년이 아직 요람에 있을 때 이런 예언을 들었지.
> "이 아이는 장차 프랑스 왕의 옥좌에서 죽을 것이다."
> 예언을 들은 소년의 어머니는 내심 제2의 나폴레옹을 꿈꾸지 않았을까. 나는 소년의 무덤에 새겨져 있는 불멸의 화환에 입맞춤을 하고, 밤에 꿈을 꾸며 그 광경을 바라보고 있는 그 늙은 할머니의 이마에도 입맞춰주었지. 지금 네가 이 책에 그려 넣 바로 그 광경 말이지. '프랑스 왕좌 위의 불쌍한 소년!' 말이야.

나는 소년의 할머니로부터 안데르센을 지극히 사랑했던 그의 할머니를 떠올렸다. 할머니가 어린 시절 들려주었던 이야기가 이후 그가 쓴 동화의 자양분이 되었다고 한다. 이야기 속 소년이 들었다는 예언은 안데르센이 고향 오덴세를 떠나 수도 코펜하겐으로 떠날 때 고향의 점쟁이가 그의 어머니에게 해주었다는 이야기를 연상시켰다. "이 아이는 훌륭한 사람이 될 거예요. 오덴세의 모든 사람들이 당신 아들을 위해 오덴세를 환하게 밝힐 테니 걱정 말아요." 옥좌 위에서 죽어간 소년 이야기로 미루어보자면 안데르센은 그 예언이 불길한 방향으로 이루어질까봐 염려했는지도 모르겠다. 그러나 예언은 좋은 방향으로 실현됐다. 1867년 안데르센은 오덴세의 명예시민으로 추대돼 전 덴마크 국민의 축하를 받았다.

달님은 슬프고 비참한 이야기들뿐 아니라 유머러스하고 따스한 이야기들도 들려준다.

네 살짜리 여자아이가 선물 받은 파란색 원피스와 장밋빛 모자로 근사하게 차려입었다. 기쁨에 겨워 빛나는 얼굴을 한 아이는 두 팔을 원피스 밖으로 뻗은 채 마치 인형처럼 서 있었다.

"내일 이렇게 나가자."

어머니가 이렇게 말하자, 그 아이는 모자를 올려다보다가 다시 자기가 입은 새 옷을 내려다보더니 아주 행복하게 웃고는 어머니에게 이렇게 말했지.

"엄마! 내가 이렇게 근사하게 차려입은 걸 보면 강아지들이 어떻게 생각할까요?"

어른들은 인간만의 시선을 염두에 두고 치장한다. 아이들에겐 동물과 자연도 인간과 동등한 지위를 지니는 친구다. 인간이 아니라 강아지에게 잘 보이고 싶은 천진한 동심童心을 잘 그려낸 이 에피소드는『그림 없는 그림책』중에서 동화의 묘미를 가장 잘 보여주는 이야기로 꼽힌다.

날이 흐려 달님이 찾아오지 못한 밤에 좁은 방 안에서 곱절이나 심한 외로움에 싸여 하늘을 우두커니 바라보며 화가는 이야기한다.

> 나의 오랜 친구여! 오늘밤에는 너를 보지 못하는군. 오늘은 네가 들려주는 이야기의 그림도 그릴 수 없겠고. 이런 생각에 끔뻑듯이 하늘을 바라보자 구름이 잠시 사라지고 하늘이 맑아졌습니다. 한 줄기 달빛이 비추더니 이내 사라졌습니다. 그 한 줄기 빛은 달님이 나에게 보내는 정다운 밤 인사였던 거지요.

안데르센은 열다섯 살에 배우가 되겠다는 꿈을 안고 무일푼 단신으로 상경했다. 도시는 촌뜨기 배우 지망생에게 냉혹했다. 그는 피나는 노력에도 불구하고 꿈을 이룰 수 없었다. 대신 평생 은인인 요나스 콜린의 도움으로 라틴어 학교에서 공부하고, 대학을 졸업한 후 글을 쓰기 시작한다. 달님이 들려주는 이야기를 그리며 객지 생활의 외로움을 달랬던『그림 없는 그림책』의 가난한 화가는 아마도 안데르센 자신을 모델로 했을 것이다.

『그림 없는 그림책』을 읽는 도중 연상되는 그림은 수없이 많았다. 갠지스 강의 인도 처녀 이야기에서는 물가에 앉아 있는 인도 여인을 그린 요코야마 다이칸橫山大觀의 「유등流燈」을, 루브르의 옥좌에서 죽어간 소년의 이야기에서는 다비드가 그린 「마라의 죽음」을 떠올렸다.

그러나 이 모든 세세한 이야기들을 넘어서서, 이 책의 중심축을 이루고 있는 화가와 달님과의 교감을 그림으로 표현하자면 샤갈Marc Chagall, 1887~1985의 「달로 가는 화가」가 제격일 것이다.

청보라 빛 밤하늘을, 한 손에 붓과 팔레트를 든 젊은 화가가 떠다닌다. 화가가 두고 온 지상의 세계, 교회와 집과 염소와 염소 모는 소년을 달빛이 부드럽게 비춘다. 갑자기 시작된 하늘 여행에 놀란 듯 손으로 입을 가린 화가의 오른편에 꽃무늬가 그려진 커튼이 나부낀다. 화가는 창을 통해 밤하늘의 달을 바라보고 있었을 것이다. 달빛 그윽한 밤하늘을 그리고 있던 중 한 줄기 바람이 불고, 커튼이 휘날리고, 화가는 창문을 통해 밤하늘로 둥실 떠올라 자신이 그리던 달을 향해 날아갔을 것이다.

공상적이고 몽환적인 주제의 그림들을 즐겨 그렸던 샤갈이 이 그림을 그린 것은 1917년. 모국 러시아의 페트로그라드에 머무르면서 사랑하는 아내 벨라, 갓 태어난 딸 이다와 함께 한창 행복한 결혼생활을 하고 있을 때였다. 샤갈은 객지 생활을 하면서 평생 독신으로 살았던 안데르센과는 정반대의 삶을 누렸지만, 이야기가 쏟아져나올 것만 같

달로 가는 화가 _ 마르크 샤갈, 종이에 과슈와 연필, 28.9×31.2cm, 1917, 개인 소장

은 그의 그림들, 화면 속에서 밤하늘을 날아다니는 사람들과 풍성한 달빛을 볼 때마다 나는 언젠가 달님이 그에게 찾아와 속삭였을 것이라고 생각한다.

"내가 이야기해주는 것을 한 번 그려 보렴."
첫날 밤 달님은 이렇게 말했어요.
"그러면 넌 아주 예쁜 그림책을 갖게 될 거야."
내 나름의 새로운 '천일야화'를 그림으로 그려낼 수도 있겠지만, 그렇게 되면 너무 많은 이야기로 지루한 책이 되지 않을까요? 여기에 그려 놓은 그림들은 내가 마음대로 고른 것이 아니라 달님이 내게 들려준 순서대로 나열한 것이에요. 위대한 천재적인 화가나 시인 또는 음악가라면 맘만 먹으면 좀 더 훌륭한 것을 만들어낼 수도 있겠지요. 내가 보여 주는 것은 종이 위에 서둘러 그려 본 스케치일 뿐이에요. 드문드문 내 생각도 들어 있지요. 달님이 매일 저녁 하루도 빠짐없이 내게 올 수 있었던 건 아니었어요. 때론 구름 한두 개가 달님을 가리는 날도 있었거든요.
달님이 들려준 이야기를 여기 그대로 옮깁니다.

신성이란
원래 낮은 곳으로
임하는 것

부엌의
마리아님

루머 고든 | 아주 어렸을 때부터 글을 쓰기 시작해 스물두 살 때 데뷔했다. 문학에서 이룬 공로로 대영 제국 훈장을 받기도 했다. 성인 소설을 주로 썼으나 우크라이나 가정부를 위해 이콘을 만드는 소년의 이야기를 그린 「부엌의 마리아님」과 인형 가족들의 이야기를 다룬 「인형의 집」 등 어린이를 위한 작품 도 여럿 남겼다. 예민한 어린아이의 심리를 이토록 잘 이해한 동화작가가 이제껏 있었던가.

인용문 출처
루머 고든 지음, 햇살과 나무꾼 옮김, 「부엌의 성모님」, 『비룡소 클래식 021: 인형의 집』, 비룡소, 2008

친구로부터 병풍 모양의 자그마한 성모자聖母子 이콘icon을 선물 받았다. 나무에 금빛 바탕칠을 한 세 폭 제단화triptych 형식으로, 중심부에는 아기예수를 안은 성모가 그려져 있고, 성모의 오른편에는 대천사 미카엘이, 왼편에는 가브리엘이 성모에게 예를 갖추고 있다. 뒷면에는 우둘투둘하게 꽃이 새겨져 있고, 천사가 그려진 양쪽 날개에는 경첩이 달려 있어서 양 날개를 접으면 고딕식 성당 특유의 장미창 모양이 된다. "프랑스 랭스 성당에서 기념으로 사온 거야"라고 친구가 일러주었다. "왼손으로 아기예수를 안고 오른손으로 예수를 가리키는 성모의 도상은 그리스어로 '호데게트리아Hodegetria', 즉 '길을 인도하는 성모'라고 부른대. 힘들 때마다 보고 기도해. 네게 힘이 되었으면 좋겠다."

선물 받은 이콘을 책상 위에 놓아두었다. 고마움과 행복감, 만족감이 치밀어 올랐다. 아주 오래 전부터, 이콘을 가지고 싶었다.

가톨릭 성인들을 그린 그림을 '이콘'이라고 부른다는 것을 알게 된 것은 영국 소설가 루머 고든Rumer Godden, 1907~98의 1967년 작 「부엌의 마리아님The Kitchen Madonna」을 통해서다. 서울 살던 사촌오빠의 책장에 가지런히 꽂혀 있던 동서문화사의 88권짜리 에이브 전집에 속해 있던 이 책을, 초등학생이었던 나는 매년 설과 추석 때 큰집에 갈 때마다 마치 의식이라도 치르듯 빼놓지 않고 읽었다. 「부엌의 마리아님」은 『빨강머리 앤』이나 『플랜더스의 개』, 『쿠오레』와 더불어 어린 시절의 내게 감동과 재미, 지식과 사유思惟를 안겨준 기념비적인 책이다.

런던에 사는 아홉 살 소년 그레고리의 집에는 우크라이나 출신 가정부 아줌마 마르타가 있다. 그레고리와 여동생 재닛은 마르타 아줌마로부터 "내 고향에서는 부엌에 성소聖所를 마련해두고 성모자 이콘을 장식해둔다"는 이야기를 듣는다. 마르타 아줌마의 이야기를 들은 그레고리는 아줌마에게 이콘을 선물하고 싶다고 생각한다. 자신의 다락방에 아무도 들여놓지 않고, 자신의 물건에는 아무도 손대지 못하게 하는 폐쇄적인 소년 그레고리가 타인에게 관심을 보이는 것은 이례적인 일이었다. 그레고리는 마르타 아줌마와 자신을 동류同類라고 느꼈다.

> 마르타 아줌마는 놀이도 할 줄 모르고 명랑하지도 않았다. 아줌마가 우크라이나 사람이라서 엄마는 "아줌마가 우울해하는 것도 당연해. 아줌마네 나라는 힘든 일을 많이 겪었단다"라고 했다. 하지만 그레고리가 볼 때 아줌마가 울적한 것은 조국 때문이 아니라 지금 상황 때문인 것 같았다. 아줌마는 마흔 살이 훌쩍 넘었고 그레고리는 아직 어렸지만, 그레고리도 가끔 그런 슬픔에 잠기고는 했다. 특히 저녁 어스름이 깔릴 무렵, '엄마가 아직 안 돌아오셨을 때' 그랬다. 물론 그레고리는 그런 말을 하지 않고 마음속에

만 담아 두었다.

그레고리는 모아놓은 용돈으로 마르타 아줌마에게 이콘을 사주려 하지만, 보석으로 장식된 이콘이 너무 비싸서 포기한다. 하는 수 없이 이콘을 직접 만들기로 결심하는데 그 순간 그간 지갑을 잃어버린다. 성모와 아기예수의 옷을 만들기 위한 벨벳을 살 돈도, 후광을 만들기 위한 레이스를 살 돈도, 무엇보다도 옷을 입힐 그림 자체를 살 돈도 없어진 것이다. 낙담한 그레고리는 자신이 본뜨려고 했던 폴란드 이콘이 있는 교회를 찾아가 성모 앞에서 고백한다. 나는 당신을 만들 수 없다고, 돈이 없기 때문에.

타인을 위한 자신의 순수한 호의가 돈이 없기 때문에 좌절될 수 있다는 사실을 처음으로 깨닫고 그 사실을 성모 앞에서 고해하는 아홉 살짜리의 마음을 그려보고 있자면 덩달아 슬퍼졌다. 어린 시절에도, 어른이 되어 이 작품을 다시 읽었을 때도 저절로 코끝이 찡해졌다.

> 미사가 없는 시간이라 교회는 텅 비어 있었고, 그레고리는 성모 그림을 다시는 못 볼 것 같았는데도 어느 틈엔가 그 앞에 서 있었다. 성모는 아무 일 없었다는 듯이 평온하게 제자리를 지키고 있었다.
> 그레고리가 성모에게 말했다.
> "이젠 성모님 그림을 못 만들어요."

이상하게도 그 사실이 너무나 마음에 걸렸다.

"그림을 못 만들어요. 돈이 없어요."

성모는 가만히 바라보고만 있었다.

그러나 그레고리의 계획은 실패로 끝나지 않는다. 오빠와는 달리 낙천적이고 적극적인 동생 재닛이 동네의 양품점에서 자투리 천을 얻어 오고, 신문에 실린 사진을 성모 그림의 본*으로 삼으면 된다는 아이디어를 냈기 때문이다.

소년과 소녀가 서투르게, 그러나 자신들만의 힘으로 성화聖畵를 만들어가는 과정에 대한 세밀한 묘사는 어린 나의 상상력을 자극하며 매혹시켰다. 그레고리는 신문에 실린 성모자 그림의 사진을 자르고 양품점에서 얻은 자투리 천을 접착제로 그림에 붙여서 성모와 아기예수의 옷을 완성한다. 남색 면 헝겊으로 성모의 망토를 만들고, 인형 목걸이에서 떼어낸 구슬로 베일과 왕관을 장식한다. 아끼던 그림을 잘라 성모의 배경인 하늘을 만들고, 반짝이는 사탕종이를 이어 그림 테두리에 붙인다.

나는 특히 여왕님의 모자를 장식했다는 고급스러운 감청색 리본을 망쳐버린 그레고리가 하는 수 없이 투박한 남색 면 헝겊으로 성모의 망토를 만드는 장면을 서술한 구절을 오랫동안 잊지 못했다.

"아까 것보다 훨씬 못해."

그레고리는 안타까워했지만, 성모 그림은 스스로 어울리는 것을 찾아가는 것 같았다. 남색 면 헝겊은 지네트 부인이 준 리본처럼 아름다운 감청색은 아니었지만, 이상하게도 그 칙칙한 천이 더 보기 좋았다. 성모 마리아는 자신이 부엌에 있게 될 줄 알기라도 하는 듯이 소박한 것을 좋아하는 것 같았다.

내가 계획했던 일이 뜻대로 되지 않고 영 엉뚱한 방향으로 흘러갈 때, '아, 이 일이 결과적으로는 내게 더 좋은 일이 될 거야'라고 마음을 다독이는 버릇을 가지게 된 것은 전적으로 어린 시절 이 책의 위 구절에서 입은 영향 때문이다. 대학에 떨어졌을 때, 연애에 실패했을 때, 회사에서 원하는 부서에 보내주지 않을 때, 나는 항상 마음속으로 기도했다. 이 모든 것이 "스스로 어울리는 것을 찾아가는" 그레고리의 성모 그림처럼 되게 해달라고.

마침내 그림이 완성되고, 그레고리는 부엌에 이콘을 장식해놓고 마르타 아줌마를 부른다. 마르타 아줌마가 감격한 것은 물론이고, 그레고리의 어머니마저 눈물을 흘리며 아들을 얼싸안는다. 자신만의 세계에 갇혀 있던 아이가 마침내 마음의 문을 열고 타인을 위해 행동했다는 사실이 기뻤던 것이다. 그러나 사실 나는 이 교훈적인 결말에는 별다른 흥미가 없었다. 다만 그림을 만들어가는 동안 그레고리의 내면에 펼쳐지는 풍경, 그 내면의 빛깔이 인상적이었다.

어릴 때, '같은 종류의 슬픔'을 가지고 있다는 이유로 그레고리를 좋아했다. 나는 내일이 오는 것이 두려워서 아무도 모르게 어둠 속에서 혼자 훌쩍이다가 잠이 들곤 하는 아이였다. 저녁 어스름이 깔릴 무렵 혼자 집 밖에 나와 우두커니 앉아 있을 때의 묘한 서글픔에 대해서도 잘 알고 있었다. 어른들은 나를 '아이답지 않은 아이'라고 부르며 수군거렸다. 초등학교 2학년 때의 어느 날, 사생대회에 나가기 위해 방과 후 교실에 남아 그림을 그리고 있던 나를 흘깃 쳐다본 옆 반 선생님이 담임선생님에게 말하는 것을 들은 적이 있다. "쟤는 애가 표정이 없네."

엄마는 한숨을 쉬며 말하곤 했다.
"재닛은 잘 안기는데 그레고리는 안기는 법이 없어. 너무 자기 속에만 갇혀 있어서 가끔은 이 아이한테 감정이란 게 있는지 걱정된다니까. 게다가 소유욕이 너무 강해."

나는 생각했다. '그레고리는 다만 감정을 표현하는 걸 어색해할 뿐인데.' 장난꾸러기에 모험심이 많거나, 밝고 긍정적이거나, 착하고 어른 말을 잘 듣는 다른 동화 속 주인공과는 달리, 드물게 어른들이 예뻐하지 않는 나 같은 아이가 나오는 이 소설을 '미운 오리 새끼' 같았던 내가 좋아할 수밖에 없었던 것은 당연한 일이다. 어른이 되고 나서도 좀처럼 이 책을 잊지 못했던 나는 우연히 대학 도서관에서 이 책의 영어 원서를 발견하고는 당장 학교 근처 제본소로 달려가 제본을 맡겼다. 소년이 완성한 성모자 그림의 삽화만은 특별히 컬러로 인쇄해 달라고 부탁하는 것도 잊지 않았다.

그레고리가 만든 성모자 그림을 생각나게 하는 이콘이 한 점 있다. 이콘화의 원조 격인 모스크바 트레탸코프 미술관의 「블라디미르의 성모」다. 깊고 새카만 성모의 눈동자와 오똑하고 긴 좁은 콧날, 꾹 다문 자그마한 입술의 진지하고 골똘한 표정이 다음에 들어서 좋아하는 그림이다. 오른손으로는 아기의 엉덩이를 받치고 왼손으로 가슴을 지탱해 안은 이 젊은 어머니는 오른쪽으로 고개를 기울여 아기의 얼굴에 뺨을 대고 있지만 품속의 아기에게 관심을 기울이기보다는 뭔가 다른 일에 신경을 쓰고 있는 것처럼 보인다. 성모가 예수의 얼굴에 뺨을 대고 있는 이 유형의 성모자상은 모자간의 애정을 강조한 것으로 '엘레우사Eleousa', 즉 '자비의 성모'라고 불린다. 서글픈 표정의 이 성모상은 일반적으로 성모가 곧 다가올 아들의 죽음을 측은히 여기고 있는 모습을 표현한 것이라고 해석되는데, 나는 그림을 볼 때마다 한눈을 팔고 있는 이 어머니가 금방이라도 아기를 떨어뜨릴 것만 같아서 아슬아슬하다.

그림은 12세기경 비잔틴 제국의 수도였던 콘스탄티노플에서 마르

블라디미르의 성모_ 콘스탄티노플 화파, 나무판에 템페라, 78×55cm, 12세기 초, 모스크바 트레탸코프 미술관

타 아줌마의 고향 우크라이나의 수도인 키예프로 전해졌다. 여러 도시 국가들이 흥망성쇠를 거듭하고 있던 중세 러시아 사람들은 이 이콘이 러시아를 수호하는 기적의 힘을 발휘한다고 생각했다. 여러 차례 전쟁이 거듭될 때마다 승리한 국가들은 이 그림을 전리품으로 쟁취해 자기 나라로 가져갔다. 1155년 안드레이 보골륩스키에 의해 블라디미르로 옮겨진 이 그림은 마리아 영면 성당에 보관되면서 「블라디미르의 성모」라는 이름을 얻게 되었고, 1395년 몽골군의 침입 때 모스크바 공국의 유리 돌고루키에 의해 모스크바로 옮겨져 몽골군을 퇴각시키는 '기적'을 발휘한다.

한때 성 누가가 그렸다고 전해지기도 했던 이 신비로운 그림은 중세 비잔틴화가 대개 그렇듯 인체 표현이 다소 서툴러 그 유명세에 걸맞지 않게 소박하고 다정해 보인다. 신성(神聖)이란 원래 낮은 곳으로 임하는 것이 아니던가. 어린 그레고리가 고사리 손으로 만든 성모도 이처럼 투박한 느낌이었을 거라고 나는 생각한다.

엄마가 책상 앞에 앉아 그림을 자세히 바라보자, 루틀이 가르랑거렸다. 가까이 들여다보니 아이가 만든 티가 났다. 아기 예수의 왕관이 약간 비뚜름하고, 성모의 한쪽 뺨에 물감이 번지고, 테두리를 감싼 종이도 두 장이 비뚤어졌지만, 엄마는 아빠의 손을 덥석 잡으며 말했다.

"우리 아이가 상상력과 사랑을 담아 만든 작품이에요."

그러고는 "아, 그레고리야! 그레고리야!" 하면서 울음을 터뜨렸다.

[…중략…]

마침내 그레고리가 금방이라도 울 듯이 물었다.

"왜 우시는 거예요? 제가 뭘 어쨌는데요?"

엄마는 눈물을 흘리며 말했다.

"네가 뭘 했느냐고? 많은 걸 했지. 처음에는 마르타 아줌마도 루를을 만지게 해주었지. 그러고는 네 그림을 포기했어. 시계도 포기하려 했고. 그리고 절대로 못 들어오게 하던 다락방에 우리를 들여보내줬잖니."

오늘밤에도
별이 바람에
스치운다

하늘과 바람과 별과 시

윤동주 | 소녀 시절, 지갑 안에 청년 윤동주의 사진을 넣고 다니는 같은 반 친구가 있었다. 안타깝게 요절해 '청년'의 대명사로 영원히 남은 시인. 아름다운 별과 하늘을 노래했으며, 젊은이다운 부끄러움을 알았던 시인. 연세대 캠퍼스에 갈 일이 있을 때마다 윤동주를 생각한다. 아주 오래전 그가 거닐던 곳을 밟고 있다는 생각에 고요해진다.

빈센트 반 고흐 | 별이 빛나는 밤을, 해바라기를, 아이리스를 사랑했다. 천형(天刑)으로 주어진 병에 의한 광적인 사랑이었다. 정신발작을 일으켜 자신의 귀를 잘랐다. 마음의 상처가 깊었던 화가가 그린 그림은 그러나 독특한 아름다움으로 관객을 매혹시킨다. 당신의 아픔이, 우리에겐 벅찬 감동을 주는군요. 어쩐지 죄송합니다.

인용문 출처
윤동주 지음, 『하늘과 바람과 별과 시(詩)』, 정음사, 1970년대
빈센트 반 고흐 지음, 신성림 옮김, 『반 고흐, 영혼의 편지』, 예담, 1999

'2009 광주세계광엑스포' 빛 축제 예술총감독을 맡은 세계적인 조명작가 알랭 귈로Alain Guilhot를 인터뷰한 적이 있다. '빛의 거장'은 "빛은 밤의 서체書體다. 종이에 쓰인 글씨처럼 보이지 않던 것을 보이게 하고 모르는 것을 일깨우는 역할을 한다"며 프랑스 사람 특유의 관념적인 수사修辭를 늘어놓았는데, 그의 말 중 가장 인상적이었던 것은 역설적이게도 빛에 관한 것이 아니라 어둠에 관한 것이었다.

"낮에는 어린아이를 제외한 대부분의 사람들이 바닥을 보고 걷습니다. 인간이 주위를 둘러보게 되는 것은 밤입니다. 밤의 어둠 속에서는 평소 보지 못했던 것들이 눈에 보이게 되지요."

듣고 보니 정말 그랬다. 나는 낮에는 바닥을 보고 걸었지만, 밤에는 사위四圍를 한껏 살펴보며 걸었다. 대부분의 인간은 빛의 찬란함에 매혹되어 어둠에는 주의를 기울이지 않는다. 여느 사람들이 알아차리지 못하는 어둠 속 인간의 양태를 짚어내는 당신이야말로 시인詩人이군요, 나는 생각했다. 이윽고 밤을 즐겨 노래한 젊은 시인 윤동주尹東柱, 1917~45를 떠올렸다.

별빛 가득한 밤하늘을 볼 때마다 감옥에서 짧은 생을 마친 청청한 시인을 생각한다. 그와 함께 『하늘과 바람과 별과 시詩』, 그의 사후인

1948년 정음사에서 출간된 그의 유고시집 제목을 기억한다. 표지가 너덜너덜해지고 책장이 누렇게 바랜 정음사판 『하늘과 바람과 별과 시』가 내 자취방 책장에 꽂혀 있다. 10년 전 상경上京하면서 가지고 온 몇 안 되는 책들 중 한 권이다.

아주 어릴 때부터 시를 들려주었던 어머니는 특히나 이 책 맨 앞머리의 「서시序詩」를 여러 번 읽어주며 소리 내어 외우게 했다.

    죽는 날까지 하늘을 우러러
    한점 부끄럼이 없기를,
    잎새에 이는 바람에도
    나는 괴로워했다.
    별을 노래하는 마음으로
    모든 죽어가는 것을 사랑해야지
    그리고 나한테 주어진 길을
    걸어가야겠다.

    오늘밤에도 별이 바람에 스치운다.

잘 돌아가지 않는 혀로 서툴게 "오늘밤에도 별이 바람에 스치운다"고 읊고 나면 눈앞에 아득한 밤하늘이 펼쳐졌다. 소슬한 바람 한 자락이 머리칼을 휘날렸다. 가을 잎새 사이로 반짝이는 별빛이 보였다. 나무 아래 빈사瀕死의 어린 짐승 한 마리가 웅크렸다. 이유를 알 수 없는 서글픔으로 에어오는 가슴을 안고 어린 나는, 상상 속에서 가녀리게 떨고 있는 어린 짐승을 안아 올렸다. 오직 별빛만이 내리쬐고 있는 한 줄기 길이 내가 서 있는 언덕 아래로 희미하게 보였다. 나는 숭고한 두려움에 몸을 떨었다. 환상에서 깨어나 현실로 돌아오는 것은 순간이었지만 별빛의 잔영만은 오래도록 남았다. 예닐곱 살 때 외웠던 이 시를 아직까지 막히지 않고 암송할 수 있는 것은 그 때문이다.

그와 함께 「별 헤는 밤」을 기억했다. 어머니는 "계절季節이 지나가는 하늘에는/가을로 가득 차 있습니다' 라는 시의 첫머리는 낮은 음성으로 읊기 시작했다가, '별 하나에 추억追憶과/별 하나에 사랑과/별 하나에 쓸쓸함과/별 하나에 동경憧憬과/별 하나에 시詩와/별 하나에 어머니, 어머니," 하는 넷째 연쯤 가면 감정이 잔뜩 고조돼 크레셴도crescendo로 한 행, 한 행을 읽어주곤 했다. 나는 특히 내가 미처 깨치지 못했던 아름다운 단어들이 많이 나왔던 다섯째 연과, 아스라한 그리움이 느껴지는 여섯 번째 · 일곱 번째 연을 좋아했다.

> 어머님, 나는 별 하나에 아름다운 말 한 마디씩을 불러봅니다. 소학교小學校 때 책상冊床을 같이 했든 아이들의 이름과, 패佩, 경鏡, 옥玉 이런 이국異國 소녀少女들의 이름과, 벌써 애기 어머니가 된 계집애들의 이름과, 가난한 이

웃 사람들의 이름과, 비둘기, 강아지, 토끼, 노새, 노루, 「프랑시쓰·짬」
「라이넬·마리아·릴케」 이런 시인詩人의 이름을 불러봅니다.

이네들은 너무나 멀리 있습니다.
별이 아슬히 멀듯이,

어머님,
그리고 당신은 멀리 북간도北間島에 계십니다.

    윤동주의 시들을 자주 접했던 것은 문학 교과서에 그의 시들이 실려 있던 고교 시절이었지만, 정작 그의 시들을 되새겨가며 읽은 것은 대학 시절이었다. 나는 "창窓밖에 밤비가 속살거려/육첩방六疊房은 남의 나라."로 시작하는 「쉽게 씌어진 시詩」를 좋아했다. 나뿐만이 아니라 당시 내 주변의 친구들은 모두 그 시를 좋아했다. 대부분 고향을 떠나 학교 근처에서 혼자 살고 있었던 우리들은 "땀내와 사랑내 포근히 품긴/보내주신 학비學費 봉투封套를 받어//대학大學 노트를 끼고/늙은 교수의 강의 들으러 간다"는 시의 3~4연을 되뇌며 훌쩍거리곤 했다. '노-트' 하고 길게 빼어 읽다 보면 그 외래어의 생경함 때문인지 저절로 콧날이 시큰해졌다. 고국을 떠나 일본 유학 중이었던 시인의 외로움이 우리 자신들의 것으로 전이되어 서글퍼졌던 것이다.

나는 윤동주의 시 중 어둠에 관한 구절들을 특히 좋아했다. 「쉽게 씌어진 시」 중 "등불을 밝혀 어둠을 조금 내몰고,/시대처럼 올 아침을 기다리는 최후의 나."라든가 「또다른 고향故鄕」 중 "어둔 방房은 우주宇宙로 통通하고/하늘에선가 소리처럼 바람이 불어온다.//어둠 속에서 곱게 풍화작용風化作用하는 백골白骨을 들여다보며/눈물짓는 것이 내가 우는 것이냐/백골白骨이 우는 것이냐/아름다운 혼魂이 우는 것이냐"라는 구절. '어둠=일제하의 시대상황'이라고 했던 고등학교 참고서의 주해를 나는 믿지 않았다.

"「쉽게 씌어진 시詩」의 '나'는 어둠을 끌어안고 자신의 내면을 성찰하고 있는 거지 결코 어둠을 부정하고 있는 게 아니라고. 「또다른 고향」도 마찬가지고. 왜 사람들은 어둠을 부정하는 걸까? 어둠이 얼마나 따스한데. 빛을 추구하는 인간들은 밝지만 따스하진 않아. 밝은 것과 따뜻한 것은 다른 것인데, 사람들은 왜 그 둘을 동일시하는지 모르겠어."

친구 W와 나는 자주 이런 이야기들을 나누곤 했다. 스스로의 내부에 깊은 어둠이 자리하고 있다고 여겼고, 제 안의 어둠을 긍정하고자 했던 우리는, 윤동주가 읊은 어둠도 우리가 느끼는 우리 안의 어둠과 동일한 것이라고 생각했다. 존재의 본질에 자리한 태초의 어둠, 빛 아래에서는 눈이 부셔 차마 들여다보지 못했던 자신의 참모습을 깨치게 하는 어둠. '베리타스 룩스 메아veritas lux mea, 진리는 나의 빛'라는 대학의 문장㍾을 나는 좋아하지 않았다. 갓 라틴어를 배웠을 때, 나는 학교 문구점에서 파는 노트에 인쇄돼 있던 문장의 'lux빛'를 가만히 지우고, 'obscuritas어둠'로 바꿔 넣었다.

빈센트 반 고흐Vincent van Gogh, 1853~90의 「별이 빛나는 밤」은 『하늘과 바람과 별과 시』를 읽을 때마다 항상 떠올리는 그림이다.

"Starry, starry night, paint your palette blue and gray—." 돈 맥린Don McLean의 노래 「빈센트Vincent」의 첫머리에 등장해 더욱 유명해진 「별이 빛나는 밤」에는 두 가지 버전이 있다. 화가가 아를에 머물던 1888년에 그린 론 강의 풍경(파리 오르세 미술관 소장)과 그가 생 레미의 정신병원에 있었던 1889년 그린 마을의 풍경(뉴욕 현대미술관 소장)이다. 두 작품 중 내가 더 좋아하는 것은 후자㉰㊊인데, 밤하늘을 읊은 윤동주의 「서시」나 「별 헤는 밤」을 그림으로 그린다면, 이 그림과 닮아 있을 것이라고 생각하기 때문이다.

청보라 빛 밤하늘에 노란 별빛이 소용돌이를 그리며 맴돈다. 화면의 오른쪽 위에는 노랗고 커다란 초승달이 떠 있다. 불꽃 같은 사이프러스 나무가 별빛이 휘몰아치는 하늘과 고요하게 정돈된 마을을 하나로 이어준다. 교회의 첨탑이 화가의 고향, 네덜란드의 풍경을 떠올리게 한다. 사이프러스는 전통적으로 묘지 및 장례의식과 연관된 나무지만, 화가는 죽음을 불길한 징조로 여기지 않았다. 그는 1888년 6월 동생 테오에게 보내는 편지에서 다음과 같이 썼다.

별이 빛나는 밤_ 빈센트 반 고흐, 캔버스에 유채, 73.7×92.1cm, 1889, 뉴욕 현대미술관

별이 반짝이는 밤하늘은 늘 나를 꿈꾸게 한다. 그럴 때 묻곤 하지. 프랑스 지도 위에 표시된 검은 점에게 가듯 왜 창공에서 반짝이는 저 별에게 갈 수 없는 것일까? 타라스콩이나 루앙에 가려면 기차를 타야 하는 것처럼, 별까지 가기 위해서는 죽음을 맞이해야 한다. 죽으면 기차를 탈 수 없듯, 살아 있는 동안에는 별에 갈 수 없다. 증기선이나 합승마차, 철도 등이 지상의 운송수단이라면 콜레라, 결석, 결핵, 암 등은 천상의 운송수단인지도 모른다. 늙어서 평화롭게 죽는다는 건 별까지 걸어간다는 것이지.

별을 사랑했던 화가는 별까지 가기 위해 지나치게 빠른 운송수단을 선택했다. 그는 정신발작에 시달리며 「별이 빛나는 밤」을 완성한 이듬해 권총 자살로 삶을 마감했다.

나는 신성한 어둠 속에서만 감지할 수 있는 고요한 생동감으로 가득 찼을 화가의 마음속 풍경을 상상해본다. 그림을 그리기 전 "오늘 아침 나는 해가 뜨기 한참 전에 창가에 서서 마을을 내려다보았어. 아무것도 없는 가운데 샛별만이 아주 크게 보였지"라고 아우에게 편지를 썼던 불우한 화가를 생각한다. 지극히 사랑했던 형의 죽음과 맞닥뜨리고 깊은 슬픔에 빠졌을 아우를 애도한다. 화가와 마찬가지로 별을 사랑했고, 지나치게 짧은 삶을 살았던 시인의 시 한 편으로 가엾은 아우를 위로한다.

붉은 이마에 싸늘한 달이 서리어
아우의 얼골은 슬픈 그림이다.

발걸음을 멈추어
살그머니 애띈 손을 잡으며
「늬는 자라 무엇이 되려니」
「사람이 되지」
아우의 설은 진정코 설은 대답對答이다.

슬며시 잡았든 손을 놓고
아우의 얼골을 다시 들여다 본다.

싸늘한 달이 붉은 이마에 젖어
아우의 얼골은 슬픈 그림이다.

— 윤동주, 「아우의 인상화印象畵」, 1938년 9월 15일 —

모든 기다림의 순간,
나는 책을 읽는다
그리고 책이 만난 그림들……
ⓒ 곽아람, 2009

1판 1쇄	2009년 11월 16일
1판 10쇄	2023년 1월 20일
지은이	곽아람
펴낸이	정민영
기획	서영희
책임편집	손희경 서영희
디자인	이현정
마케팅	정민호 이숙재 김도윤 한민아 정진아 이민경 정유선 김수인
제작처	(주)상지사 P&B
펴낸곳	(주)아트북스
출판등록	2001년 5월 18일 제406-2003-057호
주소	10881 경기도 파주시 회동길 210
전화	031-955-7977(편집부) / 031-955-2696(마케팅)
팩스	031-955-8855
전자우편	artbooks21@naver.com
트위터	@artbooks21
인스타그램	@artbooks.pub
ISBN	978-89-6196-047-2 03810

이 책에 사용된 일부 작품은 SACK를 통해 ADAGP와 저작권 계약을 맺었으며, 일부 작품은 갤러리현대, (재)장욱진미술문화재단의 허가를 얻었습니다. 저작권법에 의하여 한국 내에서 보호를 받는 저작물이므로 무단 전재 및 복제를 금합니다.

이 책에 사용된 예술작품 중 일부는 저작권자를 찾지 못했습니다.
저작권자가 확인되는 대로 정식 동의 절차를 밟겠습니다.

이 책에 사용된 저작권 관리 대상 작품 목록은 다음과 같습니다.
ⓒ PARK Soo Keun / Gallery Hyundai, Seoul, 2009 (p.47)
ⓒ René Magritte / ADAGP, Paris - SACK, Seoul, 2009 (p.205)
ⓒ (재)장욱진미술문화재단 (p.248)
ⓒ Marc Chagall / ADAGP, Paris - SACK, Seoul, 2009 (p.343)